发展如是说

中国发展高层论坛文选
（2023年年会）

陆昊｜主编

张来明 方晋｜副主编

中国发展出版社
CHINA DEVELOPMENT PRESS

图书在版编目（CIP）数据

中国发展高层论坛文选. 2023 年年会 / 陆昊主编；
张来明，方晋副主编 . — 北京：中国发展出版社，
2023.10

ISBN 978-7-5177-1391-3

Ⅰ . ①中… Ⅱ . ①陆… ②张… ③方… Ⅲ . ①中国经
济—经济发展—文集 Ⅳ . ① F124-53

中国国家版本馆 CIP 数据核字（2023）第 182034 号

书　　　名：中国发展高层论坛文选（2023 年年会）
主　　　编：陆　昊
副 主 编：张来明　方　晋
责 任 编 辑：吴　佳　王海燕
出 版 发 行：中国发展出版社
联 系 地 址：北京经济技术开发区荣华中路 22 号亦城财富中心 1 号楼 8 层（100176）
标 准 书 号：ISBN 978-7-5177-1391-3
经 销 者：各地新华书店
印 刷 者：北京博海升彩色印刷有限公司
开　　　本：710mm×1000mm　1/16
印　　　张：26.75
字　　　数：428 千字
版　　　次：2023 年 10 月第 1 版
印　　　次：2023 年 10 月第 1 次印刷
定　　　价：168.00 元

联 系 电 话：（010）68990625　68360970
购 书 热 线：（010）68990682　68990686
网 络 订 购：http://zgfzcbs.tmall.com
网 购 电 话：（010）88333349　68990639
本 社 网 址：http://www.develpress.com
电 子 邮 件：15210957065@163.com

P 序 言
REFACE

2023年是全面贯彻党的二十大精神的开局之年，是为全面建设社会主义现代化国家奠定基础的重要一年。站在新的历史起点上，中国坚持对外开放的基本国策，稳步扩大规则、规制、管理、标准等制度型开放，与世界各国共享发展机遇。

当前，世界百年未有之大变局加速演进，多重挑战和危机交织叠加，世界经济复苏艰难。在此背景下，中国发展高层论坛2023年年会自新冠疫情三年来首次在线下召开，以"经济复苏：机遇与合作"为主题，反映出各方各界对凝聚共识、加强团结、促进合作的共同期盼。论坛设置高质量发展、开放合作、产业链韧性、绿色低碳转型和数字经济发展等一系列主题，各方代表围绕重大议题坦诚交流、深入沟通，共寻世界经济复苏之道。

本届论坛受到中国政府的高度重视。中共中央总书记、国家主席习近平专门发来贺信，鲜明表达了中国坚持对外开放和促进全球共同发展的坚定立场，为论坛提供了根本指引。中共中央政治局常委、国务院总理李强会见出席论坛的境外代表并就大家关心的问题进行深入交流。中共中央政治局常委、国务院副总理丁薛祥出席开幕式，发表主旨演讲，提出携手建设开放型世界经济、推动世界经济稳健复苏的重要倡议。中共中央政治局委员、北京市委书记尹力出席论坛并演讲。来自国家发展和改革委员会、工业和信息化部、财政部、生态环境部、商务部等中央和地方有关部门的三十余位部长级官员参加了会议，向国际社会介绍了中国经济发展走向和政策主张。论坛鲜明阐述了中国政府坚持扩大对外开放的坚定立场，反映了中国政府对合作发展、互利共赢的意愿真诚而热切。

本届论坛得到各方各界一如既往的支持，其中境外代表的参与热情尤为高涨。今年共有一百余位国际企业界、国际组织、国际学术界代表参会，其中包括八十余位国际领先企业的领袖，涵盖能源矿产、金融保险、信息通信、装备制造、生物制药、消费品、咨询服务等十多个产业。国际企业界代表积极回应了中国稳步扩大制度型开放的举措，表达了要将行业最佳实践引入中国、积极参与中国现代化进程的愿望。国际组织代表和知名专家学者立足于自身研究优势，分享了对如何应对当前共同挑战具有重要启示意义的见解。这些充分反映了国际社会关注中国改革发展、参与中国现代化建设、共享中国发展机遇的热情。

通过坦诚交流、思想碰撞，与会各方在维护多边主义的全球化、应对气候变化、维护产业链供应链稳定、新一轮科技革命和产业变革等重要问题上形成了一系列共识，这是本届论坛的最大成果。本届论坛的成功举办说明，面对共同的挑战，各方更需要加强沟通，增进了解，凝聚共识，努力将共同的期盼转化为有效的行动。

作为论坛的主办方，国务院发展研究中心将继续发挥智库优势，加强重大战略问题研究，提高宏观政策决策咨询能力，以改革创新推动一流智库建设。我们将继续办好中国发展高层论坛，积极打造高水平国际交流平台，主动宣介习近平新时代中国特色社会主义思想和党的二十大精神，讲好中国式现代化故事、新时代中国经济高质量发展故事、构建人类命运共同体故事，回应国际社会关切，不断增进中国与世界的相互了解，为中国与世界发展凝聚更多共识、注入更多确定性。

当前，全球经济复苏的步伐依然缓慢，通胀、极端气候、地缘政治冲突等因素，都有可能令全球经济再度面临严峻的下行风险。这些挑战，愈发凸显凝聚共识、加强合作的重要性。虽然论坛年会已顺利闭幕，但其产生的思想成果对理解当下共同的挑战、寻求世界经济复苏之路具有重要启发意义。因此，本书将论坛年会上蕴含着深入研究和思考的发言结集出版，收录包括开幕式在内的全部公开场次的优秀发言稿，并按照推进经济复苏的全球合作、促进高质量发展、推动绿色转型、稳定全球产业链供应链、推进科技创新与数字化转型、共享发展新机遇六大主题整理成册，以飨读者。作为论坛年会所产生的智慧结晶，希望本书对于促进各方更全面、准确地了解中国，推动各方参与中国改革发展，传递以合作促复苏共识，能够有所帮助。

中国发展高层论坛主席

国务院发展研究中心主任、党组书记

C 目 录
CONTENTS

第一篇　推进经济复苏的全球合作

1

I

2 第二篇 促进高质量发展

3 第三篇　推动绿色转型

第四篇　稳定全球产业链供应链

5 第五篇　推进科技创新与数字化转型

第六篇　共享发展新机遇

总结篇

习近平向中国发展高层论坛
2023 年年会致贺信 *

3月26日，国家主席习近平向中国发展高层论坛2023年年会致贺信。

习近平指出，当前，世界百年未有之大变局加速演进，局部冲突和动荡频发，世界经济复苏动力不足。促进复苏需要共识与合作。中国提出全球发展倡议，得到国际社会的广泛支持和积极响应。中国将坚持对外开放的基本国策，坚定奉行互利共赢的开放战略，不断以中国新发展为世界提供新机遇。中国将稳步扩大规则、规制、管理、标准等制度型开放，推动各国各方共享制度型开放机遇。

中国发展高层论坛2023年年会当日在北京开幕，主题为"经济复苏：机遇与合作"，由国务院发展研究中心主办。

---

* 《习近平向中国发展高层论坛2023年年会致贺信》，《人民日报》，2023年3月27日。

I

李强会见出席中国发展高层论坛
2023年年会的境外代表 *

　　国务院总理李强 27 日下午在北京会见出席中国发展高层论坛 2023 年年会的境外代表并同他们座谈。有关国家政要、世界五百强企业负责人、国际知名学术研究机构专家学者、主要国际组织代表等参加。

　　李强对大家多年来为中国发展作出的贡献表示感谢。他指出，当前世界经济发展正处在一个复杂多变的困难时期，需要大家坐下来多作思考、多加探讨、加强交流。应对风险挑战，首先还是要坚定信心、稳定预期，特别是要把视野放开阔些，把眼光放长远些。这就好比雨天赶路，如果总是低头看脚下，看到的便是满地泥泞；如果能常常抬头看前方，就能看到雨后的彩虹。各方应当增进共识、加强合作，共同促进世界经济复苏。

　　李强强调，过去十年，在以习近平同志为核心的党中央坚强领导下，中国经济始终保持了稳健发展，发挥了世界经济"压舱石""动力源"的作用，为世界的和平与发展注入着越来越多的确定性。未来中国经济将在保持一定增长速度的同时，加快质量变革、效率变革、动力变革，努力实现更高质量的发展，让老百姓生活更美好。这些都将为世界经济增长提供新的动能，也为各国企业在中国的发展提供广阔空间。

---

* 《李强会见出席中国发展高层论坛 2023 年年会的境外代表》，《人民日报》，2023 年 3 月 28 日。

李强强调，中国经济已深度融入全球分工体系，中国发展离不开世界，世界发展也需要中国。无论国际形势如何变化，中国都将坚定不移扩大对外开放。我们将对接高标准国际经贸规则，深入实施准入前国民待遇加负面清单管理制度，继续提升贸易投资自由化便利化水平，稳步扩大制度型开放，着力打造市场化、法治化、国际化一流营商环境。中国开放的大门会越来越大，环境会越来越好，服务会越来越优。投资中国、扎根中国，就是选择了更好的未来。中国愿与各方携手，续写开放合作、互利共赢的新篇章。

安联保险集团董事会主席兼首席执行官贝特、苹果公司首席执行官库克、力拓集团首席执行官石道成、株式会社日立集团会长东原敏昭、波士顿咨询全球名誉主席博克纳等外方代表先后发言。大家表示，新冠疫情暴发后，时隔三年重返中国倍感振奋，赞赏中国经济社会发展取得的重要成就。战胜疫情、推动疫后经济复苏、应对全球性挑战，需要各国携手努力，期待中国在解决全球性问题中发挥重要作用。跨国企业从中国改革开放和快速发展中受益，也为中国发展作出积极贡献，未来将继续与中国深化合作。中国的成功就是全球跨国企业的成功。相信中国会继续扩大开放，为世界经济发展作出重大贡献，相信中国将拥有光明的未来。

中国发展高层论坛 2023 年年会开幕
丁薛祥宣读习近平主席贺信并发表主旨演讲 *

中国发展高层论坛 2023 年年会 26 日在北京开幕。中共中央政治局常委、国务院副总理丁薛祥出席开幕式，宣读习近平主席贺信并发表主旨演讲。

丁薛祥说，习近平主席专门发来贺信，充分体现了对中国发展高层论坛的高度重视。过去一年是中国发展进程中极为重要的一年。在以习近平同志为核心的党中央坚强领导下，我们沉着应对国内外多重超预期因素冲击，保持了经济社会大局稳定。今年是全面贯彻党的二十大精神的开局之年。我们将坚持稳中求进工作总基调，完整、准确、全面贯彻新发展理念，加快构建新发展格局，着力推动高质量发展，突出做好稳增长、稳就业、稳物价工作，实现经济质的有效提升和量的合理增长，为全面建设社会主义现代化国家开好局起好步。

丁薛祥强调，对外开放是中国的基本国策，是当代中国的鲜明标识。中国不断扩大对外开放，不仅发展了自己，也造福了世界。我们构建新发展格局，决不是封闭的国内循环，而是更加开放的国内国际双循环。我们将着力推动国内国际双循环相互促进，积极扩大高质量产品和服务进口，同各国各方共享市场机遇。持续扩大市场准入，全面优化营商环境，落实好外资企业国民待遇，更大力度吸引和利用外

---

* 《中国发展高层论坛 2023 年年会开幕　丁薛祥宣读习近平主席贺信并发表主旨演讲》，《人民日报》，2023 年 3 月 27 日。

资。更加主动对接高标准国际经贸规则，稳步扩大规则、规制、管理、标准等制度型开放，加快打造对外开放新高地，建设更高水平开放型经济新体制。拓展和优化区域开放空间布局，鼓励各地立足比较优势扩大开放，促进东中西互动协同开放，助力推动区域协调发展。扎实推进高质量共建"一带一路"，努力实现高标准、可持续、惠民生目标，为全球发展繁荣注入新动力。

丁薛祥表示，要携手建设开放型世界经济，在开放中共享机遇，在合作中应对挑战，推动世界经济稳定复苏。他提出五点倡议：一是加强国际宏观经济政策协调，避免政策激进调整产生严重负面外溢效应。二是坚持真正的多边主义，为世界经济复苏注入强大正能量，提供更多稳定性和确定性。三是深化国际科技交流合作，打造开放、公平、公正、非歧视的科技发展环境。四是打造绿色合作伙伴关系，加强清洁能源、低碳环保、污染防治等领域合作，培育绿色发展新动能。五是着力推动共同发展，积极落实全球发展倡议，共建团结、平等、均衡、普惠的全球发展伙伴关系。

本届中国发展高层论坛由国务院发展研究中心主办，主题是"经济复苏：机遇与合作"。国内外专家学者、企业家、政府官员和国际组织代表参加了开幕式。

第一篇

推进经济复苏的全球合作

增进共识、把握机遇、促进合作

陆昊

中国发展高层论坛主席，国务院发展研究中心主任、党组书记

首先，我代表国务院发展研究中心，对参加本届论坛的各位嘉宾和朋友们，表示热烈的欢迎和衷心的感谢！

相信大家已经深刻感受到了中国政府对本届论坛的高度重视。国家主席习近平专门发来贺信，鲜明表达了中国坚持对外开放和促进全球发展的坚定立场，为论坛提供了根本指引。李强总理 3 月 27 日将会见主要外方代表，就大家关心的问题进行深入交流。丁薛祥副总理刚刚发表的重要主旨演讲，回顾了过去一年和新时代 10 年中国经济社会发展的重要历程和重大成就，介绍了中国政府对 2023 年经济工作的主要考虑，围绕中国推动国内国际双循环、持续扩大市场准入、稳步扩大制度型开放、拓展优化区域开放空间布局、高质量共建"一带一路"等作出了全面深刻的阐述，并提出了携手建设开放型世界经济、推动世界经济稳定复苏的 5 点倡议。这都充分体现了中国政府对本届论坛的大力支持，对与会代表们积极参与的欢迎和期待，也为论坛研讨的方向和深度给予了重要指导。

本届论坛是 3 年来新老朋友们的首次线下相聚。过去 3 年，世界出现了许多新的变化。新冠疫情对人们生活的冲击、新技术的加速演变和局部的地缘政治冲突，引发了我们很多新的思考。过去这 3 年，也是中国极不平凡的 3 年。中国在以习近平同志为核心的党中央坚强领导下，克服各种困难和挑战，持续推进高质量发展，如期全面建成

小康社会，取得疫情防控重大决定性胜利。中国共产党第二十次全国代表大会对国家未来发展作出战略部署，开启了以中国式现代化推进中华民族伟大复兴的新征程。我们也深知，在新征程上，人民对美好生活的向往与不平衡不充分发展之间的矛盾仍然存在，推动高质量发展既充满机遇也有挑战。

当前，推动经济稳健复苏是各国共同的期盼，但共同的期盼能否转化为有效的行动，并不必然。正如习主席在贺信中指出的，促进复苏需要共识与合作。面对变化，更需要我们加强沟通，增进了解，努力形成积极正确的认知和力量，促使变化尽可能地朝着符合各国共同利益的方向发展。

我相信，在中外各界代表的深度参与下，论坛将取得重要成果，实现增进了解、凝聚共识、把握机遇、促进合作的目标。

预祝本届论坛取得圆满成功！

拥抱开放，参与中国现代化建设

奥利弗·贝特

中国发展高层论坛外方主席，安联保险集团董事会主席、首席执行官

感谢陆昊主任鼓舞人心的开场致辞，更重要的是特别感谢丁薛祥副总理亲自出席 2023 年中国发展高层论坛开幕式，听取了两位激动人心的发言，我深感荣幸！

在我的祖国德国乃至整个欧洲，经常有人问我对中德关系的看法。显然中德之间有着深厚的经贸关系，2022 年中国再次成为德国最重要的贸易合作伙伴，中德两国连续 7 年双边货物贸易额呈增长态势，此外再创新高，约 3000 亿欧元，让人非常钦佩。连接我们的不仅仅是贸易，中德两国更有很多相似之处。过去中国曾被简单描述为"世界工厂"，近些年中国的经济实力和居民收入显著提升，向世界展示出强大的潜力。这让我想起了我出生后的德国，1965 年的德国正经历经济腾飞，经济发展奇迹让德国摆脱了"二战"的破坏，跻身全球最大且最繁荣的社会之一，尽管当时德国的人口只有 4500 万人。在这个时期，"德国制造"也因其高品质，获得了全球认可，我们今天还对此感到非常自豪。很有意思的是，"德国制造"实际是英国在 1880 年左右强加于德国的标签，目的是将英国本土产品和他们认为市面上劣质的德国产品区别开来。所以这是历史轮回，因为现在"德国制造"已经成为质量精准、耐用和可靠的代名词。德国是怎么实现这些的呢？我认为这首先获益于德国的文化基因，我们的制造业在工艺精细化程度、人才培训方面作了大量的投入，既有公司层面的，也有社会层面的。此

外，我们大力提倡学习创新、推动生产力提升，以挖掘未被充分发挥的生产潜能，产品质量由此得到快速提升。

德国在工程和制造方面目前广受全球的认可和推崇，在汽车设计和制造方面更是世界的引领者，所以"德国制造"不仅是品牌优势，也是一国拥有的强大的软实力资产。软实力的基础当然是信任，包括对于产品质量的信任、对于工艺完整性的信任、对于德国制造产品的信任、对于大家可能经常忘记的公民的诚信和法治的信任等。信任有助于一国成为国际资本的首选目的地，从而有助于实现国内和全球的财富创造和共同富裕。

但是德国的成功故事还有另外一个启发，任何国家都无法通过一己之力实现这样的成绩。德国在"二战"后开展重建时如果没有来自国际社会的善意、合作和支持，是不会成为全球第三大经济体的。近期中国也在推动学习创新和提升生产力，给中国的经济发展创造独特的活力，为中国赢得了国际社会的高度尊重。中国在开辟现代化道路方面作出了不懈的努力，但是如果没有国际社会的大力支持和合作，中国也难以赢得今天的地位。中国比以往任何时候都更具有信心、更有能力，这会在中国未来的经济复苏中发挥关键作用，长远看，上述信心与能力可以帮助中国在推动全球范围的和平方面发挥更加重要的作用。

我非常荣幸能够成为2023年中国发展高层论坛的外方主席，对我而言，中国发展高层论坛是一个非常重要的平台，它将全世界商界、政界、学界的思想领袖汇聚在一起，以对话和合作谋共同发展，在一个国际分化、矛盾和冲突日益加剧的时代，论坛对于营造更加稳定、包容和繁荣的世界至关重要。因此，我特别感谢国务院发展研究中心和中国发展研究基金会给予我的担任外方主席的荣誉，同时，我必须说，过去 3 年由于新冠疫情大家无法线下见面，2023 年能够回到美丽的北京，我非常高兴。2023 年论坛的主题是"经济复苏：机遇与合作"，中共二十大也明确强调了要继续坚持对外开放，这是中国的一项基本国策，我感到非常振奋。

作为全球领先的保险和资管企业的负责人，我非常高兴听到中国非常坚定地作出这样一种继续开放的表态，安联保险集团深深受益于中国这一世界增长最快的经济体所提供的业务发展机会。同时让我们感到自豪的是，跨国企业在中国现代化进程的快速推进过程中作出了自己的贡献，所以这是互利的关系，中国政府在实现其宏伟目标，融入全球市场方面的努力让数以亿计的中国人民摆脱了贫困，跻身中等收入群体。我们可以从中清楚地看到合作的价值，我们期待继续支持中国推进现代化进程，国际社会比以往任何时候都需要中国。我们希望中国和世界同步发展，希望在经历了一场百年不遇的疫情以及随之而来的经济动荡之后，中国能够进入一个新的发展时期。我们希望从经济衰退中复苏，需要投资于让子孙后代的发展更有可为的未来，我们面临的挑战是全局性的，解决方案也必须是全局性的。

我想举一个应对气候变化这一最关键的挑战的例子。中国在帮助国际社会实现《巴黎协定》的相关目标方面发挥着关键的作用，中国也作出了雄心勃勃的承诺，力争 2030 年前实现碳达峰和努力争取 2060 年前实现碳中和的目标。这些承诺跟其他国家不同，我们看到了有实际行动的支持，中国现在已成为清洁能源和可再生资源部署方面的引领者，我们也非常乐意与中方紧密合作，去直面我们最具生存威胁性的挑战。我相信这也是论坛的精神所在，我们希望通过对话和开放的分享去寻求发展的解决方案，去应对经济复苏和生态环境保护所面对的挑战。我希望在经济复苏时期，中国能够通过其产业链、价值链的提升，发挥中国制造的质量潜力，同时在国际社会提升形象，与其他国家建立更深层次的信任，进一步夯实不断增长的软实力，为解决相关问题贡献中国智慧，我非常期待看到这样的发展。

随着时间的推移，我相信只有软实力才能成为制胜的武器，才能成为共同富裕的依托，人类历史也已经证明，暴力的衰弱是不可避免的。花若盛开，蝴蝶自来，我祝愿中国这块投资热土不断地开出鲜花，期待 2023 年的论坛取得丰硕的成果和圆满成功。

中国经济正在实现整体好转
成为世界经济恢复发展的强大助推器和稳定锚

韩文秀

中央财经委员会办公室分管日常工作的副主任（正部长级），

中央农村工作领导小组办公室主任

热烈祝贺在 3 年新冠疫情之后中国发展高层论坛以面对面的方式隆重回归！这届论坛以"经济复苏：机遇与合作"为主题，切合各国人民的共同期盼。我愿同大家分享几个观点。

第一，中国经济开局良好，全年将实现整体好转。中国的新冠疫情防控已进入新阶段，经济社会恢复常态化运行，经济发展按下了"快进键"，呈现加快恢复特征。一是经济运行加快循环。人流物流和商务出行已快速转向正常化，产业链供应链全面恢复。二是内生动力加快增长。国内需求明显恢复，消费由降转增，投资增速加快，服务需求加快释放，2023 年 1—2 月服务业生产指数同比增长 5.5%。供给侧和需求侧同时恢复向好，将促进中国经济在更高水平上实现均衡。三是政策措施加快落地。积极的财政政策加力提效，财政支出较快增长，用于支持项目投资的地方专项债券加快发行使用。稳健的货币政策精准有力，2023 年 2 月末广义货币增长 12.9%，金融服务实体经济的效能进一步提升。四是社会信心加快提振。2023 年 2 月制造业采购经理指数回升至 52.6%。很多企业和投资机构摩拳擦掌，准备大干一场，以弥补新冠疫情 3 年的损失。地方政府纷纷制订鼓励消费、扩大投资的计划，招商引资的积极性很高。总之，中国经济回升正如当前春暖花开、生机盎然，全年将呈现增长加快、物价稳定、就业充分、国际收支基本平衡的良好态势。

同时，我们充分估计到经济运行仍然面临诸多困难挑战和不确定因素。世界经济存在滞胀风险，一些发达国家大幅收紧货币政策，带来银行破产、外债困境、金融市场动荡等外溢影响，许多国家面临维护经济稳定、物价稳定和金融稳定的多难抉择，全球产业链供应链面临重构。中国经济恢复的基础还不够稳固。正因为如此，中国将 2023 年经济增长预期目标确定为 5% 左右，既考虑了扩大就业、改善民生的需要，也考虑了潜在增长能力和各种困难挑战，留有适当余地，体现了稳中求进。从目前发展势头看，实现这一目标是有把握的。国内外许多机构有更高的预测，我们乐观其成。最根本的是要贯彻新发展理念，构建新发展格局，推动高质量发展，努力实现经济质的有效提升和量的合理增长。不仅 2023 年这么做，今后也将长期坚持。

第二，中国经济是世界经济恢复发展的强大助推器和稳定锚。在风雨来袭、动荡变化的世界经济中，中国经济持续稳定发展将是难得的一抹亮色，将为不确定的世界经济提供宝贵的确定性。中国是世界经济恢复发展的主要引擎。过去 10 年中国对世界经济增长的平均贡献率超过 30%，2023 年的贡献率将会高于 2022 年，为全球经济恢复提供稀缺的市场需求和强劲动力。中国是全球产业链供应链的可靠提供者。按照比较优势客观形成的全球产业链供应链，具有全球公共产品性质，大家都应当维护。不顾经济规律强行推动"脱钩断链"，必然损害全球生产者和消费者利益，这是与全世界作对。中国是唯一拥有联合国产业分类中全部工业门类的国家，长期以来为各国提供性价比优良的最终产品和中间品，我们将一如既往地深化国际经济合作，共同维护全球产业链应链体系的完整性、稳定性、安全性。中国是国际金融安全的避风港。多年来，中国实施稳健的货币政策，坚守货币政策的自主性和常态化，在支持经济发展中稳住了金融体系，消除了大量风险隐患，守住了不发生系统性风险的底线，当前没有明显的通货膨胀或通货紧缩压力，货币政策具有较大的回旋余地。中国经济金融稳定，将为动荡不安的国际金融市场提供正效应。中国是跨国投资的乐土和高地。新冠疫情期间，中国实际利用外资由 2020 年 1444 亿美元提高到 2022 年 1891 亿美元，这是外资对中国充满信心的最好例证。中国将继续扩大市场准入，稳步推动规则、规制、管理、标准等制度型开放，持续打造市场化、法治化、国际化一流营商环境。我们欢迎各国企业来华投资，也期待外商树立长远眼光，深耕中国市场，在中国投资可以"放长线、钓大鱼"。中国是经济全球化和多边主义的坚定捍卫者。习近平主席提出共建"一带一路"倡议、全球发展倡议、全球安全倡议、全球文明倡议[①]，为构建人类命运共同体提供了中国智慧、中国方案。中国正在加快构建新发展格局，塑造开放包容的国内国际双循环，包括继续办好中国国际进口博览会，为各国提供更加广阔的市场空间和合作机遇。

第三，中国式现代化需要续写经济快速发展和社会长期稳定两大奇迹的新篇章。中国式现代化是前无古人的伟大事业，前进道路上要克服各种艰难险阻，特别是要努力克服两个因素对中国经济中长期发展的影响。一是有效应对外部遏制打压。经过改革开放 40 多年的持续快速发展，中国已经拥有强大的物质基础、完整的产业体系、最具潜力的国内市场，这为应对国内外环境变化创造了条件。多年来，我们勇于将外部压力变为内生动力，将危机转化为机遇，把坏事变成好事。

① 《踔厉前行，开启中俄友好合作、共同发展新篇章》，《人民日报》，2023 年 3 月 20 日。

例如，应对全球气候变化的挑战，催生了中国的新能源产业和新能源汽车。新的外部压力也将形成新的倒逼机制。面对无理的外部遏制打压，中国将在扩大国际创新合作的同时，加快推动高水平科技自立自强，实现更高质量、更可持续、更为安全的发展。二是有效应对人口负增长和老龄化。我们将建立健全生育支持政策和养老服务体系，同时，着力在 3 方面培育增强中国经济的中长期发展动力。首先，向人才红利要发展动力。中国劳动力资源仍很充裕，受教育水平持续提高，还要进一步提高人口素质，加快由人口红利向人才红利转变，提高人力资本与产业升级之间的适配性。其次，向创新驱动要发展动力。中国的研发投入规模位居世界前列，占 GDP 比重达到 2.55%，创新驱动发展的动能不断增强。最后，向改革开放要发展动力。我们将不断完善社会主义市场经济体制，坚持高水平对外开放，提高全要素生产率，拓展生产可能性边界，为高质量发展创造更加广阔的空间。

此时此刻，世界迫切需要以最大的合作创造最大的机遇，实现最大的共赢。我们将在以习近平同志为核心的党中央坚强领导下，奋力推进中国式现代化，为世界繁荣与安全注入强大动力和正能量。

变化中的世界秩序

瑞·达利欧

美国桥水投资公司创始人、首席投资官导师、董事会成员

我们现在处于一个非常有趣的时代，我们都在这里分享对现在时局的看法，每个人的观点都受自己的一些经历的影响，我来表达一下我的看法。

过去的55年，我一直都是全球宏观经济的投资者，我的重点是试图了解并押注于所有主要国家的经济和市场将会发生什么。除了美国以外，我待得最久而且最亲近的国家就是中国。我38年前就开始了解中国。在我看来，世界正处于一个危险的边缘，可能会面临3个痛苦的地震式剧变，如果它们发生，将会以我们一生中从未见过、但在历史上已经发生过多次的方式改变世界秩序。这3种力量始于几年前，已经达到危机点，并且正在推动几乎全局的变革。

一是巨额债务的产生及货币化。换句话说，就是国家中央银行通过印发钞票为债务买单。二是我们一生所见财富和价值观的鸿沟引发的巨大内部冲突，由此引发民粹主义者的出现及彼此间的争斗。三是国际间的大国冲突。自"二战"以来，这3种力量目前都是以最大数量出现。

当我遇到以前从未发生过的事情时，我会去研究历史，了解它们在过去是如何运作的。因此，我开始研究1500年间主要大国的兴衰，包括它们的货币、市场、经济和其他优势。我还研究了中国王朝的兴衰，可以追溯到公元前221年的秦朝，看看是什么导致了它的兴衰。

我研究它是想要了解现在实际发生的事情，以及未来几年可能发生什么事。

当然，我不可能在8分钟内充分表达我所学到的东西，但是我尽量以简单的方式概述大意。如果大家有兴趣看看我学到的东西，可以在我的书《原则：应对不断变化中的世界秩序》中找到，书中有数据和图表，这些数据和图表为我现在要简要传达的内容提供了客观的衡量标准。

我在对历史的研究中发现，有很多度量福祉的指标，如人均收入、人均寿命、营养水平和健康状况等，是可以随着生产力的提高长期得到改善的。我发现这种上升周期在演化过程中存在着大的周期性波动，这些周期性波动由短周期组成，短周期相互影响，便形成了大周期。这个大周期里有我们所认为的好时光和坏时光。短周期平均发生在7年以上，大约需要3年形成，而大周期的时间大约为75年，大约需要50年形成。大周期的出现是由于逻辑因果关系而非根据时间线，因此，它们不是命中注定的，是可以管理的。

图1（a）中向上倾斜的直线代表了我谈到的因生产力提高而带来的进化演变。另外两条线反映了围绕这种上升演变趋势而产生的大幅波动的短周期和大周期。例如，短期信贷—债务—经济周期，也称为商业周期，由以下5个阶段组成：经济疲软和通货膨胀下降，我们称之为衰退，从而导致中央银行刺激信贷增长和经济增长，最终导致通货膨胀，紧接着促使中央银行收紧货币和信贷导致信贷债务经济问题并出现经济衰退。这种情况循环往复。随着时间的推移，许多短周期累积形成一个大周期，当债务资产和负债变得太大而难以维系时，便要通过债务减记和债务货币化的方式进行债务重组。

由于经济和政治相互影响，伴随金融经济周期变化的还有国家内

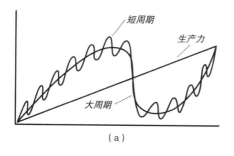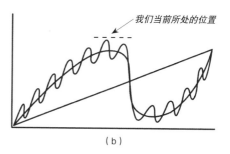

图1 三大因素

资料来源：作者自绘。

部的政治周期，以及国家之间的地缘政治周期。很遗憾的是，我没有时间向大家展示例如政治冲突以及财富和收入差距等因素的图例，但是它们都十分相似，都是短周期叠加成大周期。

当这3种力量同时产生影响时，历史告诉我们，这便是导致动荡的过渡时期，往往会导致巨大的内部和外部冲突以及国内和世界秩序的剧变。换句话说，如果由于债务过多而引发金融危机和经济危机，国家内部经济条件和价值观的巨大差异引发巨大的内部冲突以及只能通过战争解决不可调和的外部分歧时，那就会出现导致国内和世界秩序发生巨变的大危机。

1945年是上一次新的世界秩序和货币秩序建立的时候，我们可以把它叫做美国和美元的世界秩序。到现在已经经历了12.5个短周期，累积形成一个债务相对于GDP在不断上升的债务大周期。这种时候以美联储为首的央行收紧货币和信贷以对抗通胀，使得市场走向崩溃、经济即将走弱。在美国，我们很快要进入2024年总统大选，民粹主义者很可能发生争斗，因为双方都不愿意妥协，也不愿意接受失败。同时我们所处的时代，大国之间存在着看似不可调和的分歧，且它们愿意为之而战。每个国家的紧张局势都可能会加剧其他国家的紧张局势，从而使每一个个体环境和整体环境更加危险。

如图 1（b）所示，这样的时期很考验人。历史证明，这种时刻最重要的是要有这样的领导人：他们既足够强大，能够领导人民不畏艰难做正确的事情来驾驭动荡的局势；又足够智慧和克制，能够避免因挑衅而引发的弊大于利的内部或外部战争。

我祈盼相互理解、智慧、克制和持续的和平与繁荣。

世界经济的新挑战：金融风险上升、经济增长放缓

朱民

中国国际经济交流中心副理事长

我们讨论的是"全球经济展望"，我认为当今世界，金融风险是在上升的，而经济增长在放缓，地缘政治充满了不确定性。我先谈一谈金融风险。我们大家都看到硅谷银行倒闭了，硅谷银行本身不是系统重要性银行，这家银行的倒闭本身也不一定是系统性风险，但是硅谷银行倒闭的性质确实是系统性风险。

硅谷银行倒闭的原因有管理不善和监管失误，但最主要的原因是资产负债表错配，这与美国 14 年的长期宽松和零利率，以及 2022 年美联储猛烈加息产生的宏观金融环境变化有关。2008 年国际金融危机后，美国金融持续宽松，零利率。2020 年新冠疫情暴发，美联储再次推行货币宽松政策。和 2007 年相比，目前美联储的资产负债表从 1 万亿美元增长到 8.7 万亿美元，增加了 7 万多亿美元。和 2007 年相比，美债市场规模也从 9 万亿美元上升到了 29 万亿美元，增长了 20 万亿美元。这些钱都去了哪里？现在的银行业持有大量的美债，而保险公司和养老基金持有 7 万亿美元，很多都是在过去 3 年买入的，大都是零利率的时候买入的。2022 年美联储加息从历史上看是在短时间最猛烈的一次，基准利率已经提升了 500 个基点，我想所有金融行业的专业人士都没有见过这样的阵势，在短时间内一下改变了银行经营的宏观金融环境。现在银行与以前有很大不同，所有资产都需要重新定价和调整，会有抛售和大量的买入。金融机构如果把这些在零利率时买

入的资产放在可出售资产的会计科目，就必须用市场值计价，会立即产生当期损失，损失是巨大的。如果把它放在持有到期这个会计科目，由于预估利率不可能再次降到零，持有到期后，银行业面临收益损失和估值损失。如果发生存款大量被取走的情况，就会出现流动性危机。

我在2021年就批评美联储落后于通胀，加息慢了。当时通胀已经很高了，而到2022年美联储又加息太快，这才造成了现在的问题。这是美国的系统性金融风险，金融机构面临两难，一方面，金融机构很难在短期内把过去多年形成的资产负债表错配调整过来；另一方面，迅速的调整必然产生损失，会损伤金融机构的资本金，同样产生金融波动。这也是全球性的问题，因为美国货币宽松，美元流出美国走向世界，世界都吸收了大量的零利率美元债券，今天面临美债估值变化损失和美元回流的流动性问题。美国财政部迫于形势，只能全面担保居民存款，这又打破了美国的监管制度，引发美国国内的法律之争。如果更多的银行出现危机，就会增大美国的政府债务，这将形成金融危机和政府债务危机。硅谷银行倒闭不是孤立事件，我们已经看到居民存款在流出美国地区银行后进入货币基金，地区银行不稳，股价下跌。我预计还会有银行陷入困境。我们看到乌云密布，风暴似乎就要来了。

在增长方面，从需求端看，美联储升息，流动性收紧，未来财政刺激的空间已经不大了，总需求在下降。供应端的能源和劳动力的成本都在很高的位置，而供应链又不那么稳定；整体通胀有下落，但仍在高位，黏性很大。所以经济增长在下降，美联储预测说美国2023年的经济增长可能会低于市场的预期。我在国际货币基金组织工作的时候观察到，在一次危机出现后，未来几年的经济增长率一定会比危机前要低：2001—2007年，全球平均经济增长率是3.5%；2008年国际金融危机后，2009—2019 年的全球平均增长率只有 3.12%，这主要是因为供给侧受到损伤。新冠疫情之后，考虑到目前金融体系的稳定性和地缘政治面临风险情况下的供应链变动，未来全球的平均经济增长率将继续下滑，预计下滑至每年 2.6% ～ 2.8% 的增长水平。我们将面临一个低增长的环境。

我想我不用再提能源和地缘政治风险了，人们已经说得很多了，这是中国采取稳定和审慎政策的原因。大家都希望中国经济能够快速反弹。5% 的增长目标是一个非常审慎和可持续的增长目标，这种稳定和审慎的目标对全球来说都是有益的。中国已经稳定住了房地产市场，消费市场在 2023 年 1—2 月内已经开始反弹，我们的绿色转型也在顺利地进行，尤其是高科技行业，增长非常快。中国的经济增长模式正从"投资＋房地产＋出口"转向"国内消费＋制造业＋绿色转型"的新增长模式。我认为，中国经济的这些变化都会支撑中国实现 5% 的经济增长。从全球来看，新兴市场和亚洲国家，尤其是中国仍将是世界增长的主要贡献者，中国 2023 年有望继续贡献世界经济增长的 35%。中国经济的稳定和可持续增长，对全世界都是有益的。

重新调整经济政策　应对时代核心挑战

尚达曼

新加坡国务资政，新加坡金融管理局主席，G30 理事会主席

听了诸位同场演讲者的发言之后，我想在此补充几句，以更长远的眼光去看待我们所面临的挑战。这场讨论的主题与宏观经济政策有关，所以我们应该问问自己：我们应对的是什么？我们应对的根本挑战又是什么？

重新调整经济政策以应对这个时代的核心挑战。

首先，我们正在面对宽松货币政策下的一段特殊时期所带来的后果。这主要是发达国家面临的问题，但对全球也有影响。在这段特殊时期里，实际利率很低，甚至达到了负利率。外加大规模的量化宽松，这或许会逐渐被视为数十年来在宏观经济政策上所犯下的最大错误。我们即将面临结束这个政策的后果，而让宽松货币政策持续太久所造成的不稳定性，已开始导致一些后果。

其次，我们面对的挑战主要是一些冲击和破坏，这些已成为经济、社会和政治环境的常态。过去 20 年，我们经历了几场大流行病，包括新冠疫情。我们也经历过一场严重的国际金融危机。很重要的是，我们也面对越来越严重和频繁的环境冲击。中国 2022 年遭遇了人类史上最严重的热浪袭击。欧洲则在过去一年经历了极度干旱。世界各地也发生了前所未有的洪灾，其中以巴基斯坦的情况最为严重。除此之外还有森林火灾。这些环境冲击不再是偶发事件，而已然成为地球的常态。

再次，一些潜在而缓慢的变化，也让我们所面对的风险不断积累扩大。最重要的原因是，气候变化和生物多样性的流失正在加剧。与此同时，气候变暖、天然资源消耗，以及日益严重的水资源危机，形成了三重的全球环境危机。这是一股暗流，是在表面下积累且时不时会爆发的风险，而这或许是我们所面临的最大挑战。

最后，我们当然也面临人口挑战。人口结构正在发生根本的变化，而这不仅仅是在中国或几个亚洲国家发生。纵观全球经济体系，我们正进入所谓的"刘易斯拐点"，即劳动力过剩的时代已接近尾声。南亚和撒哈拉以南非洲地区仍有很多富余劳动力，但就全球经济而言，劳动力过剩的时代快要结束了。我们如今需要寻找其他方式来提高生产力和促进收入增长，而不是把劳动力从低生产力的农村转移到城镇。我们要做的是提高个别行业和企业的生产力。我们要致力于取得集约型增长，而不仅仅是通过资源转移来取得粗放型增长。这是全球经济步入的新阶段。

整体来看这些挑战，我认为我们把太多的注意力放在宏观经济周期和需求管理上，没有用足够的精力来避免一些冲击。这些冲击正成为人们生活的一部分。我们在事发后才来应对，并为此付出巨大代价，而没有早作准备，投入资源，未雨绸缪。最重要的是，我们赶不上地球系统变化和环境风险日益积累的速度。

我们必须重新调整经济政策和政治策略，以便应对这个时代的核心挑战。这些核心挑战不是增长、信用和通胀等不同的周期，尽管它们也十分重要。我们要应对的是未来的冲击，不管是大流行病，还是因为地球系统变化而不断出现的问题或是地缘政治的动荡。

按经济学的说法，我们必须更关注供给而不是需求方面的问题。

我们必须意识到货币政策的作用是有限度的。货币政策在抑制通胀周期方面固然重要，但如果推行货币政策的野心太大、实施的时间太久，就会产生后果，而且会造成不稳定的后果。过去，私人领域的整个商业模式是在实际利率为零或负利率的环境中形成的。如今，这些商业模式已不再可行，没了低利率的环境，我们必将面对一些不稳定的局面。因此，我们需要更谨慎周详地思考，通过货币政策能达到什么样的效果。

此外，我们也必须思考财政政策是如何运作的。财政政策如何解决供应方面的一系列核心问题？如何创造促进生产力增长的新模式？如何应对全球多个国家和地区面临的人口老龄化问题？以及如何处理我们所面对的环境挑战？在高债务和债务占国内生产总值（GDP）的比例偏高的情况下，财政政策该如何解决这个问题？

首先，我们需要更有雄心、更大胆地促进创新，尤其是绿色经济的创新。我们可以通过财务优惠和监管政策，激发私人业界在绿色经济中投入创新。如果我们能满足过渡到低碳环境所需的投资需求，绿色经济将能显著刺激经济增长，每年为 GDP 贡献大约一个百分点的增长，是一个巨大的机遇。

其次，我们必须重新关注国内和全球的公共产品。我们目前对公共产品的投资不足，必须重新关注公共产品，尤其是预防危机和冲击并为其作好准备。这包括应对大流行病所需的科研工作和医疗基础设施，以及让成年人继续提升技能的能力。我们知道该怎么做，但我们在全球投入的资源很有限。在经历了记忆中最严重的疫情之后，大家为下一次大流行病投入的资源仍非常有限。这一点是让我非常惊讶的。我们又回到经济上不负责任和政治上短视的行为，这有可能导致未来的灾难。

我想就投资终身教育这个课题进一步讨论。我并不是在说教，因为投资终身教育对于应对人口挑战是至关重要的。老龄化的社会不一定就是悲观的社会，也不一定会是前途有限的社会。我们必须在每个人生阶段进行投资，才能确保人们不会失业。更重要的是，确保所有人都能为生产力和创新出一份力。我们不能只依赖市场力量，还需要公共部门、私人企业界和民间合作。这也必须是个重点处理的事项。

再次，我们必须确保各国在调整产业政策以建设其能力时有意识地保持全球经济开放。近期的产业政策明显地被保护主义笼罩着，如果继续照此发展下去的话，我们不单单会看到全球经济分裂的局面，而且会面临集团斗争的真实风险。这样一来，情况会变得更差，不仅影响创新能力和生产力增长，各个集团也都会受到伤害。因此，在制定产业政策以提升能力并促进创新时，我们必须发挥更大的想象力，同时也要更加意识到，开放的全球经济是每个国家的力量源泉。

最后，中国和美国之间的紧张关系未来如何处理将对全球经济和各国产生重大影响。两个大国之间竞争空前激烈的时代，也必须是两国相互合作的时代，以应对我们共同面对的重大挑战，包括气候变化、全球水资源供应危机和生物多样性的流失，以及全球恐怖主义和核扩散风险等依然存在的挑战。中美两国之间如何将竞争和合作结合在一起，包括完全合乎常理的经济竞争，将需要相当大的战略雄心和技巧。但这无论对美国还是中国都很重要，对全世界更为重要。

显然，我是以新加坡这样一个国家的角度发言，我们依赖全球经济稳定和自身预先投资的能力，以预判未来的冲击，塑造我们的未来。但我相信不仅是小型经济体依赖这一点，所有的经济体都是如此。

所以，我们不该单单把精力完全放在需求周期，而是要重新聚焦在供给方面。让我们重新聚焦我们所面临的最大挑战，这些挑战将产生人口危机，影响人类生存。让我们继续保持乐观的态度，并意识到开放才是我们每一个国家建立韧性的最佳因素。

世界正面临多重且相互作用的威胁

鲁里埃尔·鲁比尼

美国纽约大学教授，鲁比尼宏观研究公司主席、首席执行官

非常高兴，也非常荣幸能够来到北京，新冠疫情基本结束了，可以和朋友们面对面交谈了。我希望这个年代有更多的稳定与和平。

目前，我认为市场还是前所未有地动荡。我们现在看到的是，大稳定的时代已经结束了，我们可能会进入一个充满不确定性和混乱的世界。

金融和经济方面的问题已经与三四年前截然不同，过去我们曾担心的问题不复存在，而更让人担忧的现象逐渐出现。我们曾经担心通货膨胀率过低，如今我们不得不担心很多领域的通货膨胀率上升。我们曾经担心利率过低，如今利率高企让经济体负债比率处于高位。在利率高企的情况下，房地产、公司部门、银行、金融和政府机构，甚至个人及家庭的负债违约风险都在增加。我们曾担心过度全球化，如今我们担心去全球化以及全球经济的"巴尔干化"，供应链风险逐渐增长，曾经完整的供应链被分裂成碎片。数年前，我们还怀疑在诸如私募股权、加密电子货币等领域中遍布泡沫，现在则担心萧条。我们之前说"自由"贸易，现在却说"安全和公平"的贸易。之前说的是要进行全球化布局，现在说要进行供应链回流、"友岸外包"。

2022 年英国《金融时报》提出了一个观点"多重危机"。在我的新书《超级威胁：危及我们未来的十大危险趋势，以及如何生存》（*Megathreats: Ten Dangerous Trends that Imperil our Future, and How to*

Survive Them）中，也提到了现在的世界正处于各类威胁并存、相互叠加的时刻。主要危机包括：

一是债务危机。我们要应对发达国家和某些新兴经济体的高通胀。新冠疫情期间，过度宽松的财政货币政策带来了一些冲击，导致了某些商品价格的飙升，也影响了全球供应链、劳动力和服务业。

二是去全球化。大国之间的摩擦，会使全球经济更加碎片化，导致全球经济的衰退。

三是人口老龄化。发达国家和新兴经济体都面临这个问题。

四是气候灾难。气候可能会持续恶化。我们现在确实是要减少对化石燃料的投资，加大对新能源、替代能源的投资。

五是人工智能。人工智能、自动化有可能会推动经济蛋糕做大，但是也会带来一些失业，导致收入的鸿沟进一步扩大。这些问题可能会使年轻人的收入少于他们父母一代，导致出现一些激进的政治观点。这样的问题在发达国家和新兴经济体都可能出现。

从某种意义上说，今天我们正面临着与 20 世纪 70 年代类似的冲击。当时的中东战争导致了石油价格的飙升，导致了全球经济的衰退。国际金融危机后造成债务问题，包括房屋债务、抵押债务以及银行债务。因此，各国出台了大规模的货币政策和相当宽松的财政政策，以防止大衰退的到来。另外，还有地缘政治的压力，并没有因为工业化就避免了"一战"。"一战"之后又出现了西班牙流感、股市大崩盘、货币战争、高通胀、超级通胀、金融危机等一系列的问题，造成德国、意大利、法国等国 20% 的失业率，随后爆发了"二战"。

目前的情况似乎比当时更糟，因为那时候我们不必担心全球气候变化，也不用担心人工智能的发展，不必担心人口老龄化、社会保障、健康监管等问题。如果大国之间发生冲突，将不再是传统的冲突，而是变得更非常规化。我们在全球面临很多问题，包括经济安全、金融安全、气候变化安全等，需要全球大国像朋友那样寻找更多合作和协调的方式。

全球债务危机的新阶段

李扬

中国社会科学院学部委员，国家金融与发展实验室理事长

经过 3 年新冠疫情，当大家走出家门，重新面对这个世界的时候会发现，这个世界变了，有些方面变得很陌生。但是也有一些情况依然未变，其中之一就是债务问题仍然存在，而且似乎更加严重了。今天我想就这个问题谈一些自己的看法。非常有幸的是，前面的几位演讲者或多或少地提到了这个问题。

债务问题始终是这个世界经济的主要风险之一。大家知道，自"二战"结束以来，这个世界一共经历过 4 次全球范围的"债务危机"。第四次债务危机从 21 世纪初开始，它和前 3 次债务危机最大的不同是，主要的债务国是发达经济体，尤其是掌控国际储备货币发行权的美国。大家知道，前 3 次债务危机都发生在发展中国家和新兴经济体，这些国家为了本国发展，弥合本国储蓄不足的缺陷，无不大规模对外借债，债务管理不善，便发生了外债危机。通常的解决方案都是由美国和国际货币基金组织、世界银行等出手救助，同时要求这些国家调整国内经济政策和经济结构，引发国内经济波动。21 世纪以来债务危机的显著特点是，债务人主要是美国这个最富有的国家，同时，很多欧洲富有的国家也成为重要的债务人。

21 世纪以来，围绕全球债务问题，我参加了好几个国际研讨会，讨论的主题主要是"全球经济失衡"。这里的"失衡"，一方面说的是实体经济的失衡。当时，以中国为首的新兴经济体占全球 GDP 比重不

断提高，对全球增长的贡献也不断提高。另一方面，美国的债务占全球 GDP 的比重也在不断提高。可以说，21 世纪以来的 20 多年，我们就是在这样的失衡状态之中度过的，全球宏观政策的协调也主要围绕寻找"再平衡"之路而展开。

经历了 20 多年，我们逐渐发现，全球失衡与债务危机的大格局虽然没有多大变化，但是其性质已经开始转变，其对经济金融运行的影响更加深入。我认为，本轮债务危机已进入一个新的阶段。

更准确地说，2021 年作为分界线，此前和此后的全球债务危机呈现的样貌已然不同。在此之前，虽然美国的债务不断累积，规模越来越大，但是，它对美国乃至全球经济和金融运行造成的危害并不明显。我们可以用美国现任财长耶伦在其被提名时在美国众议院的一个发言来分析这个问题。她说：关于美国的债务问题，议员们普遍关注债务的规模和债务的上限，这是有偏颇的。在她看来，分析债务主要应从两个角度出发：第一，发债的目的是什么？其对美国经济恢复和发展的促进程度如何？第二，债务可否持续？到没到债务危机的程度？对这两个问题，耶伦财长都给了正面的回答，她的看法是：美国政府的债务增长既是为了弥补总需求的不足，也是为政府新一轮基建投资筹款，总的说，其对经济恢复和增长的影响是正面的。关于债务的可持续性，不应主要分析债务规模本身，还要分析美国政府债务的利息支出占财政支出和 GDP 的比重变化情况。在她发言时，美国庞大的政府债务的利息支出占其财政支出的不到 3%，对政府财政的正常运行的影响可以忽略。这样看，美国政府的庞大债务对于美国经济和金融运行基本上没有大的不利影响。应当说，在 2021 年之前，整个美国政府债务市场基本上是按照耶伦所判断的状况在运行。而且，不可忽视的是，正是因为美国政府债务市场相对稳定，在 21 世纪以来的 20 多年里，美国政府债务市场已经稳定地成为全球金融体系的流动性来源，这个市场的任何波动都对全球的货币政策和金融体系产生影响，如果这个市场规模稍有萎缩，全世界都会感觉到流动性紧缩。

另外还有一个不能忽视的事件，就是长期作为全球利率基准的伦敦同业拆借市场利率（LIBOR）形成机制的改革。大家知道，围绕 LIBOR 这个全球利率基准的定价体系的变革也在 2022 年正式转向，主要机制转到了美国政府债务市场上。从一年来运行的情况看，这个转变尚属顺利。

总体上看，从 21 世纪初开始，以美国互联网泡沫破灭为标志，全球事实上进入了长期低增长时期，低利率（20 年的超低利率乃至负利率）、流动性泛滥、债务膨胀是主要表现。然而，由于全球化不断深入，特别是中国深度融入全球经济体系，通货膨胀却微不足道，从而形成了"全球增长—就业稳定—流动性泛滥—债务膨胀—低通胀—低利率"的某种"内洽"循环。这种循环支撑了美国的高赤字和高债务。可以说，耶伦的上述论断就是基于这种"内洽"格局的。

2021 年，由于通货膨胀突然降临，而货币当局在短时间内找不到它的原因，因此也找不到最合适的应对方法，于是就拿起了旧武器加以应对——加息。急剧的加息之后，经济金融的整个格局发生了变化，全社会各类机构的资产负债表都出现程度不同的失衡。对于美国政府来说，急剧的加息也加重了政府的债务利息负担，最近的资料显示，美国国债利息支付占其财政支出的比重已经达到 7% 左右。

失衡过于严重且不断发酵，便会产生危机，所以我们看到了美国硅谷银行的倒闭，接下来，这个多米诺骨牌还会延续。硅谷银行的倒闭以及由此引发的美国金融系统的"地震"，暴露出美国金融体系深层次问题，使得美国政府左支右绌，始终不得要领——从宏观审慎角度来看，相对健康的硅谷银行因宏观经济政策剧烈变化而倒闭；货币政策的操作与财政政策的操作矛盾日益显著。以上种种说明，美国金融体系已经严重失衡，可以认为，以美元为核心的全球金融体系遇到了问题。

债务问题显然不是一个国家所能解决的，因此需要深度和全面的国际合作。我们感觉到，现在比任何时候都更需要国际合作、更需要宏观政策的协调。非常遗憾的是，目前世界格局的发展与我们的愿望完全背道而驰。

说到债务，很多人肯定会说到中国。因为时间有限，我简单地说几个要点。应当说，中国的债务风险也达到了一定的程度。2022年年末已超60万亿元。当然我们的问题是结构上的，总体看，中央政府的债务问题不太大，但是地方政府的债务存在一定的问题。由于中国地方政府过去的还债来源，一方面是靠它的投资收入，另一方面要靠出售国有土地使用权收入，而出售土地使用权的收入又和房地产市场连在一起。因此，中国地方政府的债务问题确实是下一步我们需要认真解决的。

由于时间有限，我没有时间展开对中国政府债务问题的深度分析，但我特别想同大家分享的看法是，中国地方政府的债务问题，其实是有办法解决的。最近10余年来，我所在的国家金融与发展实验室致力于编制中国的国家资产负债表。我们着重分析中国的各经济主体都有怎样的负债，债务资金都做了什么，是否形成资产以及形成了怎样的资产。在作了负债和资产两个侧面的全面分析之后，我们才去分析资产负债表是否平衡，以及由此引发的问题。我们的分析结果显示，中国的负债确实是在上升，但是并没有上升到外界说的那样一种非常危险的程度。我们的负债率、债务率、偿债率都在国际的安全线内。更重要的是，与西方国家不同，我们各级政府的负债大都对应地形成了资产，而且，各级政府拥有的资产规模，以及占 GDP 的比重都是越来越高的。这样一种特殊的资产负债表，就为我们提供了一个解决问题的思路，即可以通过处置资产来进行。换言之，如果我们在资产和债务之间进行一些调换，进行一些对应的操作，着力在资产方面做一些工作，解决好中国的债务问题，并没有实质性困难。当然，如此操作，涉及的就不仅是经济问题。总之，我认为中国下一步的经济增长，不会被债务所困扰，我们还会按照现在的计划顺利地实现我们的增长目标。

保持经济发展更加均衡，维持金融稳定

克里斯塔利娜·格奥尔基耶娃

国际货币基金组织总裁

在这初春时刻，我非常荣幸能够亲临现场与大家相聚一堂。随着春天的到来，包括北京在内的各个城市都变得花团锦簇、五彩缤纷。城市的美丽与活力预示着新的希望和机遇。

然而，全球经济的春天还未到来。

我们预计，2023 年将是全球经济的又一个艰难之年：新冠疫情造成的长期创伤效应、俄乌冲突、货币政策紧缩对经济活动造成的拖累——在这些因素影响下，全球经济增速预计将放缓至 3% 以下。2024 年的前景预计会有所改善，即便如此，全球增速仍将远低于 3.8% 的历史平均水平。

全球经济面临着极大的不确定性，包括由地缘经济分裂导致的风险，这可能意味着世界分裂为相互竞争的经济集团——这是一种"危险的分裂"，会让每个人境况变差、更不安全。同时，全球经济的中期前景很可能也将继续疲软。

此外，金融稳定风险也明显上升。加息是对抗通胀所必需的，但在较高的债务水平下，从长期低利率环境向远高于先前水平的利率快速过渡，将不可避免地带来压力和脆弱性——近期，发达经济体部分银行的情形清晰地说明了这一点。

为应对金融稳定风险，政策制定者们已经采取了果断行动，发达经济体央行已经加强了美元流动性供给。这些措施在一定程度上缓解了市场压力，但巨大的不确定性显示，各方仍需保持警惕。

因此，我们持续密切监测形势，评估对全球经济前景和全球金融稳定的潜在影响。我们正在密切关注脆弱性最高的国家，特别是债务高企的低收入国家。我们在《世界经济展望报告》和《全球金融稳定报告》中提供了详细的评估。

幸运的是，全球经济并不只有坏消息。我们可以看到一些"绿芽"正在萌发，包括在中国。

中国经济正在强势复苏。国际货币基金组织1月的预测认为，2023年中国GDP的增速将达到5.2%，相较2022年大幅提高了2个百分点。推动这一增长的主要原因为：随着经济重新开放、经济活动恢复正常，私人消费预计将迅速反弹。

这对中国来说非常重要，对全球也同样意义重大。

中国经济的强劲反弹意味着其将在2023年为全球经济增长贡献约1/3，这将为世界经济带来可喜的拉动作用。除了直接促进全球经济增长以外，我们的分析还显示：中国的GDP增速每提高1个百分点，就会使其他亚洲经济体的平均GDP增速提高0.3个百分点——这种提振令人欣喜。

有了这种稳健的复苏，中国眼下可以通过实施全面的政策来巩固良好势头，继续保持向发达经济体趋同的增长。

那么，政策制定者可有何作为呢？我要强调两个机遇。

第一个机遇是提高生产率，推动经济再平衡，从投资驱动型增长转向更多倚重消费拉动的增长——这种增长更加持久、更少依赖债务，且有助于应对气候变化挑战。

为实现这一目标，社会保障体系需要发挥重要的作用。应不断提高医疗和失业保险福利，为家庭应对冲击提供缓冲。此外，应通过市场化改革为私人部门与国有企业营造一个公平的竞争环境，同时加强教育投资 —— 这将大幅提高经济的生产力。

这些政策加在一起，将产生巨大的影响。

国际货币基金组织的研究表明，如果中国能实施这些提高生产率的改革，其实际 GDP 到 2027 年将额外提高 2.5%，到 2037 年将额外提高约 18%。而且，这种经济增长的质量更高、包容性更强。此外，它还有助于抵消人口压力，更快缩小中国与发达经济体的收入差距。

经济再平衡的好处并不止于此。我要强调第二个机遇 —— 绿色增长。

中国提出努力争取 2060 年前实现碳中和的目标，这一承诺凸显了应对气候变化对于长期发展的重要性。

与许多国家一样，中国也很容易遭受极端天气事件的影响 —— 这些事件正变得日益频繁、严峻。例如，2022 年的严重干旱导致水力发电量下降，这给电力行业造成了压力。

更重要的是，中国气温上升的速度高于全球平均水平，因此，中国的经济增长面临着更大的风险。若全球升温得不到减缓，中国的 GDP 可能最早于 2030 年就承受损失，其幅度估计将达到 GDP 的 0.5% ～ 2.3%。

好消息是，经济再平衡政策将同时帮助实现中国的气候目标。因为中国的二氧化碳排放大部分来自电力行业和工业活动，因此，转向消费拉动型增长将降低能源需求并缓解能源安全压力。

从数字上看，我们的研究显示：在未来 30 年里，这种再平衡可以使二氧化碳排放量降低 15%。而这对全世界也大有裨益：这将使同一时期的全球二氧化碳排放量下降 4.5%。

重要的是，碳排放量的下降意味着更清洁的环境。这将有益于民众 —— 因为可以减少污染，提高空气质量，改善公共卫生状况。这也有利于保护生物多样性。

在艰难的时刻，我们常常会用花朵来表达友谊、同情与团结。

在当前全球经济的艰难时刻，我们急需这种团结精神。国际货币基金组织的作用是让各个成员国走到一起，共同应对全球性的挑战。在这方面，中国已经发挥了建设性的作用，包括为我们的"减贫与增长信托"提供了捐助，为我们新成立的"韧性与可持续性信托"提供了资金，以及对债务高企的国家施以援手。

未来的几个月乃至几年，继续为世界上最脆弱的国家提供支持是十分重要的。唯有各方齐心合作，我们才能应对世界上最大的挑战，避免陷入全球分裂的陷阱。

让我们携手共建一个更加和平与繁荣的世界，让全球经济之花绚烂绽放。

中国经济长期可持续发展赋能世界经济复苏繁荣

阿克塞尔·冯·托森伯格

世界银行常务副行长

2023 年的中国发展高层论坛是在世界经济运行轨迹面临相当大的不确定性的背景下举行的。我们在世界各国的经济预测中目睹了这一点，我们需要面对通胀、俄乌冲突和持续存在的供应链中断等多重挑战。

任何国家都无法逃避这些压力，所有国家都需要应对短期以及长期的挑战，才能实现具有包容性的可持续经济增长。

我今天着重谈谈中国经济增长的长期方面。

中国在过去的 20 年里实现了令人印象深刻的经济转型，从根本上消除了极端贫困，并造就了庞大的、日益富裕的中产阶层。

在这个基础上，现在可能是政策制定者把重点放在实现三大长期目标上的良好时机，三大长期目标分别是：通过生产率主导和环境可持续的增长，到 2035 年成为高收入国家；力争 2030 年前实现碳达峰，努力争取 2060 年前实现碳中和；在中国人民中更公平地分配财富收益。

我想重点谈谈有助于实现上述目标并支持中国从高速增长转向高质量发展的关键结构性改革。

首先，重启生产率增长已成为优先事项。中国的生产率增长已经从 2008 年国际金融危机之前 10 年的平均超过 3% 放缓到金融危机之后 10 年的平均 1% 左右。加上劳动力缩减，这对中国的中期增长潜力形成压力。

为了重启生产率增长，政策制定者将重点放在促进创新上。近年来，中国的创新能力稳步提高，在电子商务、金融科技、高铁、电动汽车和其他领域处于全球领先地位。

然而，中国的平均生产率水平仍然只有经合组织平均水平的一半左右，这意味着中国仍然可以通过采用和推广先进技术迎头赶上。

提高资源配置效率是生产率增长的另一个来源。这需要深化改革，加强市场导向，维护公平竞争。完善对严重资不抵债企业的重组、破产管理机制，可以激发企业活力，方便市场准入和退出，把资源重新配置给生产率更高的企业。

其次，为了实现气候目标，中国需要在人均收入和碳排放量更低的水平上，以相比当今发达经济体更快的速度走向碳中和，正如我们旨在融合气候与发展的新系列《中国国别气候与发展报告》所述。

这将需要大量投资。根据世界银行的估计，从现在到 2060 年，仅交通和电力部门，中国就需要平均每年增加相当于 GDP 的 1.1% 的绿色投资。以美元计算，在此期间累计需要 14 万亿～17 万亿美元。

然而，仅靠公共投资是不够的。重大的挑战将是大规模动员私营部门，在这方面，激励措施和私营部门友好型环境尤为重要。

雄心勃勃的改革可以包括在整个经济范围内实行碳定价、推进能源市场改革、加强对农业低碳土地利用的激励措施。创新也有助于推动绿色转型。私营部门还需要一个可预测的监管环境、融资和市场准入的公平竞争环境。尤其是对中国一些主要依赖煤炭及其他碳密集型产业的欠发达内陆省份而言，向低碳和气候适应型发展转型将会带来经济和社会风险。对这些风险需要加以管控，以确保转型快速且公平，不让受影响的民众掉队。

这就引出了我的最后一点：政策制定者越来越重视确保了发展转

化为全体公民的共同富裕。

当前，中国达到了消除极端贫困（定义为每天生活费低于 1.90 美元）这个了不起的里程碑。

随着中国向高收入国家迈进，需要应对新的不平等挑战。虽然近年来有所缓解，但沿海省份与内陆省份之间以及城乡之间的收入和机会不平等仍然是一个令人关切的问题。我们估计约有两亿中国人每天的生活费相当于或低于 6.85 美元，这是世界银行用于衡量中高收入国家的贫困标准。这些低收入家庭特别容易受到气候变化、转型风险和其他经济冲击的影响。

进一步优化财政政策，织密社会安全网，有助于遏制不平等。在收入方面，加强累进所得税和财产税的作用有助于减少不平等。在支出方面，调动医疗卫生和教育领域的公共投资，有助于缩小地区之间和城乡之间在获得优质服务方面的差距。在建立统一的、全国统筹的社会保障体系方面取得进展，有助于实现社会保障水平均等化，也便于劳动者在跨省流动时不会丧失退休金或其他社会福利。

这些改革建议的基础是地方政府的融资能力。扩大地方政府财政收入自主权，提高政府间转移支付的可预测性，可以确保地方政府拥有织密社会安全网、提高公共服务质量和进行气候变化减缓与适应投资的资源。

最后，令人鼓舞的是，全世界对于需要做哪些事已经形成很强的共识。事实上，我刚才提到的许多改革都已经是中国政府的优先事项，列在"十四五"规划中。

现在，经济复苏提供了一个独特的契机，可以加快中国向绿色、韧性和包容性发展的转型步伐。

关于气候目标，仅仅关注气候变化带来的内部挑战是不够的。同样重要的是，国际社会共同努力推动《巴黎协定》的全面实施，确保把升温限制在 1.5℃ 以内的目标仍是可以实现的。在这方面，我认为我们确实需要在全球范围加倍努力。

世界银行作为发展中国家气候融资的最大融资机构，将充分发挥作用。世界银行也致力于加强与中国的合作，将经济转型转化为增长机遇，造福中国人民，为构建可持续的未来作出贡献。

坚定秉持多边主义　携手应对全球不确定性

金立群

亚洲基础设施投资银行行长、董事会主席

在当今全球格局发生重大变化的背景下，相关讨论非常及时。通常来说，如果多边体系不能适应未来的经济挑战，在这个体系中参与度越低的经济体再次面临风险的几率将会越大。

后疫情时代世界经济面临挑战。一方面，全球通胀持续高企的风险日益凸显，促使各国央行采取更为紧缩的货币政策。如果通胀没有出现明显的下降，该政策仍将在近期继续实施。另一方面，与新冠疫情相关的大规模财政刺激政策导致全球债务水平上升，而且更高的借贷成本将进一步加重全球债务负担。

过去 3 年，发展中经济体经历了空前剧烈的波动和冲击。以利率为例，新冠疫情前许多亚洲基础设施投资银行成员国政府债券的收益率保持较低水平，平均约为 3.7%，但在 2020 年第二季度的疫情高峰时急剧上升到 7.7%。此后，随着发达经济体推行宽松货币政策，2020 年年末收益率又迅速回到疫情之前的水平。而进入 2022 年，平均借贷成本再次飙升至 5.5% 左右。对于一些发展中经济体而言，其经历的波动性甚至更大，导致自身脆弱性和外部冲击出现共振。

全球不确定性指数达到了历史最高水平。2020 年第二季度，国际货币基金组织衡量经济不确定性的指标 ——"全球不确定性指数"，创下了 1959 年有记录以来的最高水平。

对未来的预测比以往任何时候都更加充满分歧。关于低通胀和低利率是否回归以及何时回归，或是我们是否已经过渡到高利率和高通胀的常态，专家们的看法差别很大。更高的不确定性降低了投资者的风险偏好，引发负反馈循环。面对不确定的前景，有必要加大在基础设施等领域的投资力度。同时，在流动性趋紧的环境下，我们必须帮助发展中经济体渡过难关，为其投资计划提供支持。

亚洲基础设施投资银行随时准备帮助最脆弱国家，努力支持成员应对各类危机。2022 年，我们向斯里兰卡和巴基斯坦提供了纾困援助，我们也正考虑为土耳其近期地震巨灾提供支持。灾难发生时，援助速度对于防止情况恶化至关重要。

在这个充满不确定性的时代，多边治理体系能否有效运作对于人类福祉至关重要。人类文明漫长的演进历程表明，我们应对挑战的方案须有助于全球经济一体化和多边合作。

在复杂的地缘政治环境下，多边主义为发展中国家与欠发达国家提供了一个其自身力量无法企及的发声渠道和影响力平台。亚洲基础设施投资银行治理结构的一个重要创新是能够在构建共识的同时赋予发展中成员国更大的发言权。亚洲基础设施投资银行欢迎新想法和不同意见。通过妥善解决观点冲突，我们可以更好地洞察问题本质，制定有效支持成员可持续发展的政策和战略。

多边治理体系的改革是一个持续不断的过程，应着眼长远并持续努力。同时，就像园艺一样，有些地方需要彻底变革，有些只需要修剪和微调。

通过现代多边主义增进互信，各国人民的生活才能更加美好，人类文明才能持续进步，未来才能更加光明。只有各国人民都过上好日子，世界才能实现长期繁荣和安全发展。

中国式现代化对世界具有深远意义

齐普策

宝马集团董事长

2023 年是中国共产党新一届中央领导集体率领中国迈向中国式现代化的开局之年，具有里程碑意义。这项宏大的事业不仅会塑造中国的未来，而且对整个世界亦具有深远意义。

我们坚信合作是经济发展的基础。下面请允许我从 4 个方面加以说明。

首先，经济增长是共同繁荣的驱动力。中国人口规模巨大的现代化，将释放对创新产品和服务的需求。我们在华业务发展情况反映了这一潜力：中国是宝马集团在全球最大的单一市场，也是最具战略意义的市场之一。我们把德国以外的最大研发中心设在中国。2022 年 2 月，我们的合资企业华晨宝马新合资合同正式延长至 2040 年，为宝马在华长期、可持续的商业成功奠定了基础。宝马在中国的发展和成功，为中德两国都创造了繁荣。

其次，在中国和欧洲的外商直接投资将我们的经济紧密相连，这是对"脱钩"观念的强有力回击。强大的工业基础一直是德国经济的基石。做强中高端制造业也是中国式现代化的坚实支柱。汽车工业提供了许多例子，说明外国投资可以带来新的机遇。2010 年以来，我们在沈阳的生产基地投资已超过 945 亿元。向电动出行迈进为欧洲工业和中国企业均带来了增长机遇。我们与宁德时代的合作就是一个很好的例证。正如宝马在中国的投资创造了大量就业机会一样，宁德时代在欧洲的投资也给当地带来了繁荣。合作创造繁荣，"脱钩"两败俱伤。

再次，可持续发展是我们的共同信念，也为深化经济合作创造新的空间。我们与中国合作伙伴携手同行，采取了"两手抓"策略：一是着眼于产品全生命周期减碳，二是坚定不移推进循环经济。我们在沈阳的生产基地已实现100%可再生能源供电，并连续6年获得全国绿色工厂认证。从2023年开始，我们将在中国使用低碳钢，并计划在2026年前转向绿钢。2021年，我们与中国发展研究基金会及其他利益相关方共同启动了"产业链绿色转型倡议"。此后，我们在可再生能源发电、绿钢、循环经济和低碳标准等领域展开了深入研究。在循环经济方面，我们携手浙江华友循环科技有限公司打造高压动力电池闭环回收和梯次利用业务模式，将使采矿过程中的碳排放量降低70%。可持续发展将我们团结在一起，并为经济的长期稳健增长提供了巨大机遇。

最后，中国式现代化也是世界的机遇。我们同长城汽车共建的合资企业光束汽车有限公司恰如其分地体现了这一点：我们选择了各占50%的出资比例，以形成优势互补。一起合作生产长城汽车和宝马MINI品牌旗下的纯电动车。此外，在服务中国国内的同时，也出口国外市场。我对光束汽车有限公司的未来发展前景感到非常乐观。这将是中德合作伙伴关系共生共赢的又一完美例证。

我深信，一个真正的现代化应该是包容而不排他，鼓励合作而不鼓吹"脱钩"，主张"和而不同"，反对"同而不和"。对于创新、可持续和发展繁荣的追求，应是放之四海而皆准的。

中国式现代化不仅为世界带来新的增长机遇，更给全球规模的创新和可持续技术发展提供契机，还在国际间架设友谊的桥梁，释放出多边合作的强烈信号。作为欧洲人和一家全球企业的负责人，对我来说，这就是 2023 年中国发展高层论坛的应有之义。

立足当前、着眼长远　携手保障全球能源安全

赵东

中国石油化工集团有限公司总经理

能源是人类社会赖以生存和发展的重要物质基础，可以说，能源安全是全球最广泛的利益。近年来，受地缘政治、新冠疫情、气候变化等因素影响，能源供需格局发生深刻变化，能源价格特别是油气价格大幅震荡，2021—2022 年，国际原油最高价与最低价之差达到 76.9 美元 / 桶，天然气最高价与最低价之差达到 66.6 美元 / 百万英热单位，给全世界人民的生活造成重要影响，全球能源安全面临严峻挑战。如何保障能源安全，为经济发展提供坚实支撑，是全球能源行业的共同责任。

短期看，要把防止油气价格大幅波动作为重中之重。当前，石油、天然气在全球一次能源消费中仍然分别占比 31%、24%，确保油气供应安全和价格稳定是能源安全的基本盘，需要各方共同发力。一是充分挖掘油气供应潜力。加大油气开发投入，充分释放现有产能，增加全球油气供给。同时，要保持稳定的油气勘探投资。近 10 年来，全球油气勘探投资从 2013 年的 1000 亿美元下滑到 2021 年的 300 亿美元左右。勘探上的投资不足，必然导致产量上的增长乏力。有研究指出，即使考虑技术进步因素，全球年均油气勘探投资稳定在 500 亿美元左右，才有可能实现储采总体平衡和产量基本稳定。二是加强油气储备体系建设。进一步增强油气储备能力，用好战储、商储等各类储备资源，充分发挥储备在平衡供求、平抑价格、平稳供应上的调节功能和

兜底作用。三是保持能源政策平稳有序。近年来，全球油气供应偏紧、价格大幅波动，也与能源转型政策出台实施有关。这提醒我们，能源政策的推出，须立足现有能源体系平稳运行和有序演进，并与原有政策做好衔接过渡，避免因政策调整过快给油气安全稳定供给带来冲击。

长远看，要把构建清洁低碳、安全高效的能源体系作为关键。一是坚持统筹兼顾，把握"能源三角"动态平衡。要把握"安全稳定""经济高效""绿色低碳"三者之间的平衡，在确保全社会用能需求在总量上合理满足、能源供应在结构上总体优化、能源供需在体系上保持韧性的基础上，降低能源资源开发利用过程对环境的破坏，促进清洁能源和低碳能源使用比例持续增加。二是坚持先立后破，做好立破衔接。一方面，要做好新能源"立"的文章，加快构建风能、太阳能、核能等非化石能源的多元供应体系，推动可再生能源规模发展、稳定供应、提质增效。另一方面，也要把握化石能源"破"的节奏，推进绿色低碳高效利用，发挥其在推动绿色低碳转型进程中保障能源安全的兜底支撑作用。三是坚持创新驱动，全力攻坚低成本能源技术。近年来，全球化石能源清洁高效利用技术不断完善，可再生能源技术发展日新月异，但是风光发电效率、绿氢和生物燃料等经济性还有不小提升空间。要深化全球能源科技合作，聚焦电解水制氢与可再生能源发电一体化协同、高效安全储运、高性能燃料电池等技术加强协同攻关，力争早日实现根本性突破和规模化应用。

作为负责任的能源公司，中国石化近年来加强勘探开发的投入和生产，大力推进能源产供储销体系建设，在全球 23 个国家运营多个油气勘探开发项目，境内外油气产量当量保持在 1 亿吨规模，为保障中国能源供给、促进全球能源安全作出了应有贡献。同时，中国石化坚持把新能源业务摆在突出位置，目前已建成 98 座加氢站，成为全球建设和运营加氢站最多的企业，新疆库车2万吨/年绿电制绿氢项目于2023年6月30日投产运行，全球最大绿氢耦合煤化工项目——鄂尔多斯风光融合绿氢化工示范项目开工建设，未来将把氢能作为公司新能源业务的主要方向，围绕绿氢炼化、氢能交通领域进行重点布局，加快打造中国第一氢能公司。积极引领地热发展进程，累计建成地热供暖能力8334万平方米，每年减排二氧化碳420万吨，未来年新增供暖能力将达到1000万平方米以上。此外，我们大力发展清洁电力，风光发电累计装机规模突破852兆瓦，2023年新增绿电装机规模将超1000兆瓦。加快推进碳捕集与碳封存/碳捕集、利用与封存技术产业化规模化应用，已建成百万吨级碳捕集与碳封存/碳捕集、利用与封存技术示范装置，同时与壳牌、中国宝武、巴斯夫开展联合研究，在华东地区共同启动我国首个开放式千万吨级碳捕集与碳封存/碳捕集、利用与封存技术项目，积极助力实现"双碳"目标。

新征程上，中国石化愿与各方一道，积极参与全球能源治理，维护国际能源市场秩序，深化能源战略合作，共同为保障全球能源安全、推动世界经济加快复苏发挥更大作用，贡献企业力量。

创新合作模式 携手应对挑战

伊泽正

日中经济协会理事长

近些年在经济全球化浪潮席卷世界的同时，很多国家出现了以本国为优先的保护主义势头，由此带来的动荡则以"脱钩"的形式成为阻碍世界经济稳定发展的因素，我们认为这样的动荡局面应当早日得以平息。

当前的中日经济合作已超越双边关系，迈入了进军第三方市场的新阶段，各方都在关注如何拓展新的商业模式。时任日本首相安倍晋三在 2018 年 10 月访华时，第一届中日第三方市场合作论坛在京举行，来自中日两国企业与政府的 1500 多人参与了论坛，并且签署了 52 项合作备忘录，涉及基础设施、金融等诸多领域。这是中日两国企业在第三方市场的项目挖掘和业务拓展切实获得进展的证明。2022 年及最近签署的《全面与进步跨太平洋伙伴关系协定》（CPTPP）和《区域全面经济伙伴关系协定》（RCEP）等，也作为有力推动第三方市场合作和"一带一路"建设的框架而备受期待。

在开展这些合作的同时，中日两国企业充分运用各自的优势，构建新的互补型商业模式。近些年来，中国的技术发展日新月异，尤其是在数字领域，可以说中国走在了日本的前面。这些技术如果能够与日本所擅长的底层技术相结合，将能够催生出前所未有的新商品和新服务。

换言之，这有望通过开放式创新创建的高层次业务，向"一带一路"沿线国家和地区等第三方市场拓展。主要的"一带一路"沿线国家和地区包括东南亚、中亚、东欧、中东等地，未来随着经济发展和国民收入的增长，对于高附加值商品和服务的需求无疑会增加。中日两国在第三方市场开展合作，相信也会大大有助于联合国可持续发展目标的实现。

但是在推动第三方市场合作和"一带一路"建设之际，也存在一些问题需要克服。第一，商业习惯原本就不同的中日两国企业合作开展业务本身就有难度，在这个基础上中日两国企业还要到陌生的第三方市场去开展业务，更是难上加难。第二，"债务陷阱"的问题也是很多人都在担心的，如何建立相关机制避免出现问题就是难点所在。

当然，有一些成功的例子说明中日之间的问题早已得到解决，这样的案例就明显降低了向第三方市场拓展的难度。实际上作为中日两国企业合资项目的水泥余热发电和干熄焦等，已经在东南亚开展并获得成功，成为了这方面的先例。

我们还应该努力推动基于全球标准、更具有透明度和秩序的投资和项目。投资方单方面加大资金供应，接受投资的第三方市场如果不履行债务，就会导致投资方企业遭受损失。据有些智库的测算，在"一带一路"建设中，2020—2021 年，中国减免利息的债权已经达到了 520 亿美元，规模是 2018—2019 年的 3 倍以上。

习近平主席在 2021 年 9 月的第七十六届联合国大会一般性辩论上提出全球发展倡议[①]。由此可以看出中国已提高对该问题的认识，准备予以应对。

我们期待，今后在推动"一带一路"建设和第三方市场合作的过程中，基于全球标准、高度透明的措施能够得以执行。

---

① 《习近平出席第七十六届联合国大会一般性辩论并发表重要讲话》，《人民日报》，2021 年 9 月 22 日。

第二篇

促进高质量发展

创新完善宏观调控 推动经济向上向好

郑栅洁
国家发展和改革委员会主任

在这样一个春回大地、万物复苏的时点，非常高兴和大家相聚北京共谋发展。在此，我谨代表国家发展和改革委员会，对长期以来关心支持中国改革发展事业的各界朋友表示衷心感谢！根据今天论坛的主题，我围绕中国宏观经济怎么看和怎么干发言。

关于中国宏观经济怎么看，我认为重在看"势"，看中国经济过往的态势、当前的形势和今后的趋势。

从新时代 10 年态势看，在以习近平同志为核心的党中央坚强领导下，中国经济经受住了重重风险挑战，取得历史性成就、发生历史性变革。具体体现在 4 个"新"：一是经济总量迈上新台阶，国内生产总值年均增长 6.2%、达到 121 万亿元，是全球经济发展的最大动力源。二是经济结构实现新优化，工业增加值首次超过 40 万亿元，新业态新产业新模式蓬勃发展，城乡区域发展协调性持续增强。三是经济动能取得新优势，中国全球创新指数排名提升至第 11 位，重大科技成果持续涌现，中国进入创新型国家行列。四是经济活力得到新释放，社会主义市场经济体制改革向纵深推进，高质量共建"一带一路"走深走实，中国已成为 140 多个国家和地区的主要贸易伙伴。

从当前形势看，2023 年以来，中国经济运行持续回升，增长动力不断增强，发展走势稳中有进、整体向好。从供给看，稳健提升。农业保持平稳，工业增长加快，服务业强势复苏，住宿和餐饮业同比增长 11.6%，软件和信息技术服务业增长 9.3%。从需求看，稳步复苏。社会消费品零售总额增长 3.5%，前期受抑制的服务消费需求复苏较快，固定资产投资增长 5.5%，在内需加快恢复的同时，出口克服重重困难增长 0.9%。从信心看，稳定增强。2023 年 2 月制造业采购经理指数和非制造业商务活动指数均创近年来的新高，市场预期明显改善。同时，我们清醒地认识到当前经济发展也面临一些困难挑战，我们正在采取有效措施推进解决。

从今后趋势看，中国发展迈上全面建设社会主义现代化国家新征程，经济韧性强、潜力大、活力足、长期向好的基本面没有变。作为全球第二大经济体、第一大工业国、第一大货物贸易国，中国有 14 亿多人口和规模最大的中等收入群体，有世界最完整的产业体系和潜力最大的内需市场，有持续深化改革扩大开放的坚定决心和有力行动，有在实践中不断完善提升的国家治理体系和治理能力。我们相信，只要全面落实中共中央、国务院决策部署，把各方面潜力和活力充分发挥出来，中国经济必将在高质量发展新征程上阔步前行，不断取得中国式现代化建设新成就。我们有决心、有信心，也有能力！

党的二十大报告擘画了推进中国式现代化的宏伟蓝图，部署了推进高质量发展这个首要任务；中共中央经济工作会议和全国两会明确了 2023 年经济工作的目标任务和政策举措。接下来，我们的工作就是抓好落实，更好统筹国内国际两个大局，更好统筹新冠疫情防控和经济社会发展，更好统筹发展和安全，全力办好中国自己的事，推动经济运行持续整体好转，实现质的有效提升和量的合理增长。

我们将创新完善宏观调控，持续扩大国内需求。加强财政、货币、就业、产业、投资、消费、价格、环保、区域等政策协同配合，形成共促高质量发展的合力。充分发挥消费对经济增长的基础性作用，增强消费能力，培育消费热点，创新消费场景。积极扩大有效投资，有力有序推进"十四五"规划102项重大工程建设及其他经济社会重大项目建设，鼓励和支持社会投资健康发展。

我们将坚持创新驱动发展，加快建设现代化产业体系。深入实施创新驱动发展战略，全面提高知识产权创造、运用、保护和服务水平，强化企业创新主体地位，深化国际科技合作。积极培育壮大新兴产业，推进传统产业改造提升，加快发展数字经济，协同推进降碳、减污、扩绿、增长。

我们将全面深化改革开放，持续增强发展动力和活力。坚持"两个毫不动摇"，推动有效市场和有为政府更好结合，扎实推进高标准市场体系建设，营造市场化、法治化、国际化一流营商环境。实施高水平对外开放，合理缩减外资准入负面清单，高标准落实好外资企业国民待遇。促进外贸稳规模优结构形成，推动共建"一带一路"高质量发展。

我们将统筹推进城乡区域发展，提高发展平衡性、协调性。全面推进乡村振兴，培育农村产业新业态新模式，拓宽农民增收致富渠道。稳步推进以人为核心的新型城镇化，加快农业转移人口市民化。扎实推进京津冀协同发展、长江经济带发展、粤港澳大湾区建设、长三角一体化发展、黄河流域生态保护和高质量发展，提升区域发展的协调性、平衡性。

我们将统筹发展和安全，以新安全格局保障新发展格局。确保粮食、能源重要资源安全，不断提升产业链供应链韧性和安全水平。加强重要基础设施安全保障。防范化解金融、房地产等领域风险，构建防范化解风险长效机制。

习近平主席指出，中国的发展惠及世界，中国的发展离不开世界①。中国经济的巨大潜力和平稳健康发展，将推动世界经济复苏进程走稳走实，也将为国内外投资者提供极其广阔的合作空间和非常宝贵的发展机遇。可以讲，与中国同行就是与机遇同行，投资中国就是投资未来。我们衷心希望也非常愿意与海内外各界朋友加强沟通合作、共享发展成果，也真诚欢迎各方朋友来华投资兴业，深耕中国并分享中国发展红利。让我们精诚合作、互利共赢，推动建设开放型世界经济，创造更加美好的明天！

---

① 《在第十四届全国人民代表大会第一次会议上的讲话》，《人民日报》，2023 年 3 月 14 日。

推动高质量发展的财政政策

刘昆

财政部部长

推动高质量发展，是遵循经济发展规律、实现中国式现代化的客观需要。新时代10年来，在习近平主席的领导下，我们坚持贯彻新发展理念，统筹国内国际两个大局，推动高质量发展取得历史性伟大成就，经济实力实现历史性跃升，中国经济总量从2012年的53.9万亿元提升到2022年的121万亿元，发展的平衡性协调性包容性持续提升，对全球经济增长的贡献率总体上保持在30%左右，货物贸易规模居世界第一，是140多个国家和地区的主要贸易伙伴。中国的大发展成为世界的大机遇，为全球共同发展提供了中国方案和中国力量。

新冠疫情3年来，中国高效统筹疫情防控和经济社会发展，积极推动全球抗疫合作，在国内取得疫情防控重大决定性胜利的同时，经济保持4.5%左右的年均增长，成为世界经济增长的主要动力源，为促进全球经济复苏作出了重要贡献，充分证明了中国经济的强大韧性和广阔空间，充分彰显了中国践行人类命运共同体理念、促进全球发展繁荣的决心。

过去10年，财政改革发展成效也十分显著。财政实力日益壮大，全国财政收入从2012年的11.73万亿元增加到2022年的20.4万亿元，全国财政支出从2012年的12.6万亿元增加到2022年的26.06万亿元，政府法定债务负债率控制在50%左右，财政运行健康、安全、可持续。财政宏观调控不断完善，在确保财政健康、可持续的前提下，连续实施大规模减税降费，2012—2021年新增减税降费累计8.8万亿元，全国税收收入占国内生产总值比重从18.7%下降至15.1%，2022年全年新增减税降费和退税缓税超过4.2万亿元，力度是近年来最大的。财政保障更加精准有效，加强对科技攻关、乡村振兴、区域重大战略、基本民生、绿色发展等重点领域保障，着力解决发展不平衡不充分问题。国际财经合作深入开展，加强多双边财经对话，积极参与全球经济治理，促进高质量共建"一带一路"走深走实。多次自主降低关税，推动关税总水平从9.8%大幅降至7.4%。财税体制改革不断深化，基本建立现代财政制度框架，财政治理水平和治理效能稳步提高，在推动高质量发展方面发挥了重要作用。

党的二十大提出，高质量发展是全面建设社会主义现代化国家的首要任务。2023年全国两会期间，习近平总书记强调要牢牢把握高质量发展这个首要任务①。当前及今后一个时期，经济发展环境面临深刻复杂变化。从全球看，百年变局加速演进，新冠疫情影响深远，地缘政治冲突加剧全球政治经济风险，全球经济复苏乏力，不稳定、不确定、难预料的因素比较多，世界经济形势总体不容乐观，如何稳增长对各国都是一个考验。从中国看，国内经济运行也存在一些堵点卡点，但经济韧性强、潜力大、活力足、长期向好的基本面没有改变，市场规模巨大、产业体系完备、人力资源丰富，中国经济发展基础厚实、前景广阔、未来可期。

按照中国政府工作报告确定的各项目标，围绕推动高质量发展，我们将加力提效实施积极的财政政策。"加力"主要是从3个方面加大财政政策力度。一是在财政支出强度上加力。我们统筹财政收入、财

---

① 《牢牢把握高质量发展这个首要任务》，《人民日报》，2023年3月6日。

政赤字、贴息等政策工具，适度扩大财政支出规模，赤字率按 3% 安排，比 2022 年提高 0.2 个百分点。二是在专项债投资拉动上加力。新增地方政府专项债务限额 3.8 万亿元，比 2022 年增加 1500 亿元，并适当扩大地方政府专项债券投向领域和用作资本金范围。三是在推动财力下沉上加力。进一步增加中央对地方转移支付，并向困难地区和欠发达地区倾斜。

"提效"主要是从 3 个方面提升政策效能。一方面，完善税费优惠政策，增强精准性和有效性。另一方面，优化财政支出结构，加大对经济社会发展薄弱环节和关键领域的投入，强化预算绩效管理，提高资金使用效益。同时，加强与货币、产业、科技、社会等政策的协调配合，形成共促高质量发展合力。未来财政政策将重点支持做好以下工作。

第一，加强对市场主体的支持，进一步增强高质量发展内生动力。10 年来，我们持续深化"放管服"改革，实施大规模减税降费，"放水养鱼"培育市场主体，中国市场主体数量从 2012 年的 5500 万户，增加到 2023 年初的 1.7 亿户，是高质量发展的活力源泉。我们将切实落实"两个毫不动摇"，对包括民营经济、外资企业等在内的各类市场主体一视同仁、平等对待，不断优化发展环境，增强市场主体活力。进一步完善财税政策措施，突出对中小微企业、个体工商户和特困行业的支持，让市场主体多减一些负担，增添更大发展动力。

第二，充分发挥财政政策调节作用，有力推动经济平稳运行。落实稳字当头、稳中求进重要要求，坚持有效市场和有为政府有机结合，统筹国内国际两个市场两种资源，加强财政宏观调控。更好发挥政府投资引导作用，着力在打基础、利长远、补短板、调结构上下功夫，加强交通、能源、水利、农业、信息等基础设施建设，积极发挥财政资金"四两拨千斤"作用，鼓励和带动全社会投资。着力促进扩大消费需求，加大转移支付调节力度，完善税费优惠政策，多渠道增加居民收入，加快培育和发展文化、旅游、养老服务等消费增长点，促进销售渠道和物流畅通，有效释放消费潜力。加力稳定外贸外资，完善关税、进口环节税收政策，鼓励发展外贸新业态，有序扩大产品进口，促进外贸外资稳定、产业优化升级。

第三，加快实施创新驱动发展战略，支持建设现代化产业体系。过去10年，中国在全球创新指数排名从2012年第34位跃升至2022年第11位，研发投入强度突破2.5%，科技进步贡献率提高到60%以上，进入创新型国家行列。我们将继续把支持科技创新摆在优先位置，加大投入力度，提升管理效能。更好发挥企业科技创新主体作用，促进创新链产业链深度融合。坚持把发展经济的着力点放在实体经济上，落实完善财税支持政策，推动传统产业改造升级，加快发展战略性新兴产业。

第四，大力实施区域发展战略，着力推进以人为核心的新型城镇化。中国各地区之间差别很大，发展不平衡不充分的问题比较突出。近年来，我们实施了一系列重大战略，推动城乡区域协调发展取得积极进展。2023年，进一步增加了衔接推进乡村振兴补助资金，支持增强脱贫地区和脱贫群众内生发展动力。加快农村公共服务设施和基础设施建设，打造宜居宜业和美乡村。持续加大对地方转移支付力度，继续向中西部地区倾斜，向革命老区、民族地区、边疆地区倾斜，改善这些地区生产生活条件，促进基本公共服务均等化，增强区域发展平衡性。支持构建优势互补、高质量发展的区域经济布局，推进京津冀协同发展、长江经济带发展、粤港澳大湾区建设等重大战略实施，支持西部大开发形成新格局、东北全面振兴取得新突破、中部地区加快崛起、东部地区加快推进现代化。

第五，持续增进人民福祉，不断提高人民群众获得感幸福感安全感。近年来，我们坚持以政府过紧日子，换老百姓过好日子，通过压减一般性开支，腾出更多财政资源，支持保障和改善民生。与 2017 年相比，2022 年中国城市最低生活保障平均标准增长 39.2%，农村最低生活保障平均标准增长 62.4%。我们将继续加大民生投入力度，坚持尽力而为、量力而行，为群众谋好事、办实事，努力让人民群众的获得感成色更足、幸福感更可持续、安全感更有保障。落实落细就业优先政策，支持减负稳岗扩就业，帮助重点群体就业创业。持续健全财政教育投入机制，支持建设高质量教育体系。深化以公益性为导向的公立医院改革，提高医疗卫生服务能力。深入实施企业职工基本养老保险全国统筹，推进多层次、多支柱养老保险体系建设，完善生育支持措施和应对人口老龄化财政政策举措。坚持"绿水青山就是金山银山"理念，持续改善生态环境质量。2022 年，中国政府推动实施的山水林田湖草沙一体化保护和修复工程，成功入选联合国首批十大"世界生态恢复旗舰项目"，为全球生物多样性保护提供了中国样板和中国智慧。

我们将深入推进改革创新，进一步激发高质量发展活力。深化国际财经交流合作，推进更高水平对外开放，进一步放宽市场准入，加快营造市场化、法治化、国际化一流营商环境，更好保护外商投资权益。

当前，中国人民正万众一心，全面推进中国式现代化建设。我们将坚持与时俱进、守正创新，紧紧围绕更好发挥财政在国家治理中的基础和重要支柱作用，推进国家治理体系和治理能力现代化，不断完善财税体制，优化财税政策，加强资金保障，提升治理效能，推动实现高质量发展，为中国式现代化建设作出积极贡献，为世界各国提供新的发展机遇。

深化医药卫生体制改革　推进健康中国建设

毕井泉

第十四届全国政协常委、经济委员会副主任，

中国国际经济交流中心常务副理事长

党的十八大以来，中国卫生健康事业发展取得了巨大的进步。

生物医药产业正走在高质量发展的轨道上。近 10 年来，我国批准上市新药数量占全球 15% 左右，本土企业在研新药管线占全球 33%，数量仅次于美国，居全球第二位。通过仿制药质量和疗效一致性评价的仿制药已达 6200 个品规，覆盖 940 多个品种，医疗机构常用的仿制药质量疗效基本与国际标准一致，实现了对原研药的临床替代，降低了全社会的医药费负担。

医疗卫生服务体系逐步完善，人均预期寿命从 74.8 岁提高到 78.2 岁，婴儿死亡率、5 岁以下儿童死亡率分别下降到 5.0‰和 7.1‰。

基本医疗保险实现人口全覆盖，参保人数超过 13.6 亿人。很多上市的新药当年即可进入医保报销目录，使患者能够及时用上最新的治疗手段，有力地促进了生物医药的创新发展。

在新冠疫情冲击下，中国公共卫生和医疗体系经受住了考验，但也暴露出了一些问题。生物医药创新的质量，与发达国家还有差距；统筹职工医保和城乡居民医保、统筹基本医保与商业医疗保险发展还有很多工作要做；医疗资源过多地集中在大城市，农村和社区公共卫生和医疗服务薄弱问题仍然突出。

党的二十大报告强调，要完整、准确、全面贯彻新发展理念，着

力推动高质量发展，主动构建新发展格局；推进健康中国建设，促进医保、医疗、医药协同发展和治理，发展壮大医疗卫生队伍，把工作重点放在农村和社区。这些重要论断，为我们深化医药卫生体制改革、推进健康中国建设指明了方向。我想谈三点看法，与大家一起讨论。

一、推进健康中国建设，必须鼓励创新，推动生物医药产业高质量发展

生物医药产业是战略性新兴产业，是国民经济的重要组成部分。建设有韧性的医疗服务体系，必须加快生物医药产业的发展，这是提高人类健康水平的根本途径，也是促进健康中国建设的重要内容。

推动生物医药产业高质量发展，必须稳定市场预期，增强投资者的信心。生物医药的创新需要巨额投入。2008年起，中央政府设立新药创制重大专项，截至2020年累计投入200多亿元。2015年药品医疗器械审评制度改革后，吸引了社会资本大量投资生物医药研发，截至2022年投入生物医药研发的社会资金累计超过1.7万亿元，其中2021年超过3000亿元。2021年下半年以来，社会资金投入有所减少，这一现象应引起高度重视。

推动生物医药产业高质量发展，必须把为患者带来更多益处作为新药研发和批准上市的基本原则。要鼓励原创性新药研发，为突破性疗法、同类最优的药品上市提供更多的便利。要提高药品审评审批的透明度，公开药品审评结论和安全性有效性数据，发挥专家咨询委员会的作用，公开论证与公众利益密切相关的重大决策。

推动生物医药产业高质量发展，必须加强知识产权保护。专利保护和数据保护，是鼓励生物医药创新的重要制度安排，是对发明人的奖励，本质上是一定时期内的市场独占。没有自主定价，专利保护就失去了市场独占的意义，就很难有持续的创新。任何一个新药的研发，投资人和科学家都会有一个预期价格。这个预期价格能否实现，应当由市场来决定。

推动生物医药产业高质量发展，应当允许医院自主采购批准上市的新药，不受医院用药目录的限制。在很多国家，新药批准上市的第二天，医生就可以开出新药的处方供患者使用。一种新药获批上市，一定是能够比原来的治疗手段有更多的治疗优势，给患者带来更多的益处。及时用上最新的治疗手段，既是患者的期望，也是医生的企盼。

推动生物医药产业高质量发展，应当允许企业与医疗机构协商确定新药价格。新药定价是一个极其重要且敏感的问题，对这类风险极大、需要不断探索试错的决策，应当由企业自主决定，医保部门可以根据资金承受能力灵活制定支付标准，不受固定报销比例的限制。

二、推进健康中国建设，必须明确基本医疗保险和商业医疗保险的边界，促进商业医疗保险发展

由于筹资有限，基本医疗保险能够保障的范围与人民群众的期盼还有很大的差距。现在推行的"惠民保"、大病保险、健康险等商业医疗保险，对保障患者治疗疾病的需要，发挥了重要作用，但也存在范围界定不清、投保人数不多、投保人获益有限等诸多问题，还没有做到与基本医疗保险的有序衔接，难以形成对基本医疗保险的有效补充。

推动商业医疗保险发展，对于支持生物医药创新，满足人民群众不断增长的健康需求，具有重要意义。

推动商业医疗保险发展，应当按照促进多层次医疗保险有序衔接的要求，划清基本医疗保险和商业医疗保险的边界，明确商业医疗保险的市场范围。商业医疗保险应当主要解决投保人找专家、住单间、吃好药等多层次需要。商业医疗保险保障的范围应当是扣除投保人基本医疗保险报销后的多层次医疗需求的花费。

推动商业医疗保险发展，应当向社会公开分地区、分年龄、分病种的疾病发生率及医疗费用等数据，便于保险公司在精算的基础上推出适当的医疗保险产品，供投保人选择。要加快建立全国统一的电子病历电子处方制度，既便利数据统计，又减少医生重复劳动，减少处方差错，提高诊疗效率。

推动商业医疗保险发展，应当抓紧制定商业医疗保险法，依法规范商业医疗保险的行为。要明确"即收即付、当年平衡、限制回报、鼓励竞争"的原则和相关政策，明确投保人和承保人的权利义务，促进市场竞争，提高理赔效率，给投保人提供优质的医疗保险服务。

推动商业医疗保险发展，应当由医保部门对基本医疗保险和商业医疗保险实行统一管理，真正实现有序衔接、无缝对接，发挥医疗保险作为人民生活安全网和社会运行稳定器的作用，解除投保人的后顾之忧，防止因病返贫、因病致贫。

三、推进健康中国建设，必须理顺医疗服务价格，加快基层医疗卫生队伍建设

多年来，我们一直强调"强基层""小病不出乡、大病不出县"，这些年有一定改观，但是基层医务人员待遇低，留不住人的现象依然普遍存在。这次新冠疫情，暴露出社区和乡村基层公共卫生、医疗服务薄弱的短板。

基层医疗服务薄弱的根源在于，现行以医院为载体的医疗服务体系和以药养医的体制机制。医院的政府拨款不足，诊疗费、手术费严重偏低，医生的收入很大部分来源于药品、耗材、检查、检验的结余。这种结余很大程度上又是执行政府定价的结果。这种以药养医的机制，造成医疗资源的浪费，医务人员和患者向大型医疗机构集中，经过规范化培训的全科医生下不到基层社区和乡村。

为贯彻党的二十大报告中强调的"发展壮大医疗卫生队伍，把工作重点放在农村和社区"，以及中共中央办公厅、国务院办公厅印发的《关于进一步完善医疗卫生服务体系的意见》等要求，补齐基层公共卫生和医疗服务短板，提出以下建议。

一是改"以药养医"为"以医养医"。按照"总量控制、结构调整"原则，在不增加社会医药费总负担的前提下，把诊疗费、手术费、护理费提高到能够覆盖医务人员工资性支出的水平，节约的医药费、检查检验费足以覆盖劳务费提高增加的支出。由各级医院的院长负责落实"总量控制"的责任。

二是改"多点执业"为"个体执业"。劳务性收费提高后，医生收入主要来源于诊疗服务和手术服务，医生一定会走出医院，开办个体诊所。医院的门诊药房自然与医院脱离，实现医药分开。

三是改"医院门诊"为"家庭医生门诊"。所有经过规范化培训并取得行医执照的全科医生，由所在医疗机构列出名单，供周边居民选择，由居民以家庭为单位与医生签署服务合约，约定收费标准和服务内容。向签约医生支付诊疗费属于基本医疗，纳入基本医保报销；非签约医生的诊疗费属于非基本医疗，扣除基本医疗保障报销部分，由个人或商业医疗保险支付。要研究制定相关政策，鼓励医生到基层开办诊所。

四是提高医生准入门槛。全面落实全科医生培养与使用激励机制，抓紧建立专科医生规范化培训制度，逐步过渡到未经过规范化培训的医学生不能当医生，让患者在任何一家诊所和医院，都能够得到可以信任的医疗服务。

五是改革医生职称评定制度。取消现有的主要靠发表论文评定医生技术职称的做法，改为由各专科医师协会根据医生技能评定职称。

六是对边远地区执业的全科医生给予适当补助。医生在边远地区服务，生活条件艰苦，其收入水平应当高于大城市同等资历医生的收入，这样才能把医生留在边远地区的乡村，发挥居民健康"守门人"的作用。

加速构建首都高质量发展新优势

司马红

北京市人民政府副市长

很高兴在这春意盎然、万物复苏的美好时节，与大家相聚在中国发展高层论坛。我代表北京市人民政府对出席本次会议的来宾表示热烈欢迎！

党的二十大强调，高质量发展是全面建设社会主义现代化国家的首要任务。北京作为中国首都，正紧紧围绕全国政治中心、文化中心、国际交往中心、科技创新中心的城市战略定位，按照高质量发展要求，努力建设国际一流的和谐宜居之都。2022 年，北京实现地区生产总值超 4.1 万亿元，是全国仅有的两个地区生产总值超过 4 万亿元的城市之一；实际利用外资 174 亿美元，同比增长 12.7%；北京地区进出口总值超过 3.6 万亿元，对全国进出口增长贡献率达到 19.9%。500 强企业总部数量连续 10 年位居世界城市榜首。首都经济韧性强、潜力大、活力足，正在坚持"五子"联动服务和融入新发展格局，创新驱动高质量发展，奋力谱写中国式现代化的北京篇章！

第一，以科技创新为动力，推动高质量发展迈出新步伐。

北京科技、人才资源高度集聚，研发人员数量超过 40 万人，拥有中国一半以上的科学院和工程院院士，全社会研发投入强度保持在 6% 左右，位列世界知识产权组织发布的全球百强科技集群前三名。

着眼于更好服务国家创新驱动发展战略，北京努力建设成为世界主要科学中心和创新高地，加快建成国际科技创新中心。一是大力发展战略性新兴产业，推动高端制造业与现代服务业深度融合，对新一代信息技术、医药健康、集成电路、智能网联汽车等高精尖产业给予重点支持，并出台了配套扶持政策，助力企业加速发展。二是以"三城一区"为主平台，聚焦优质创新要素，加强基础研究和战略前沿高技术创新，打造具有全球影响力的高精尖企业主阵地和承载地。三是设立了科技创新基金，相继成立了知识产权法院和互联网法院，并依托在京高校院所、企业、医院等创新主体，形成央地协同、政企结合、产研融合、国际合作的创新格局，为广大投资企业提供坚实的法治保障、人才智力和资金支持。

第二，以开放为引领，构筑高质量发展新优势。

北京是中国对外开放的践行者和引领者，已有超过 165 个国家和地区，累计 45000 家外商投资企业在京设立；35000 家外国常驻机构、4000 多家地区总部和研发中心、50 余家世界 500 强企业总部在京聚集。

作为全国唯一拥有服务业扩大开放综合示范区和自由贸易试验区"两区"政策叠加优势的城市，北京市获得了全国最好的金融、信息、科技、文化等服务业发展支持政策。一是对标国际高水平经贸协定规则，持续开展制度创新，累计推出 42 项全国突破性政策，如重点领域高新技术企业认定报备即批准、公司型创投企业税收优惠等。落地 61 项全国标志性项目，比如成立全国首家外商独资货币经纪公司、全国首家外资独资保险资管公司等，有 34 项改革创新经验向全国复制推广。推动服务业扩大开放重点园区特色化差异化发展，吸引一批标志性、首创性、引领性项目落地。二是不断提升"三平台"影响力，擦亮中国国际服务贸易交易会金字招牌，打造全球最具影响力的服务贸易展会，高标准办好中关村论坛、金融街论坛，加强国际交流合作，集聚更多的国际高端资源要素。三是着力优化外资企业和外籍人才服务，陆续出台了稳外资工作若干措施、投资便利化改革行动方案、鼓励外资研发中心发展等系列措施，全面支持外资企业在京投资发展；首创性实行外国人工作许可和居留许可"一窗受理、两证联办"，实施境外职业资格认可机制，并在签证、工作许可、"绿卡"办理等方面给予了更加便利的政策。同时，持续增强教育、医疗、居住等生活层面国际化服务能力，解决外籍人员在京发展的后顾之忧，外资企业和外籍人才在京生产生活越来越便利。

第三，深入推进"放管服"改革，打造国际一流的营商环境。

北京作为全国首批纳入营商环境创新试点城市，迭代推出了5个版本的营商环境改革方案，近千项改革举措，加快推进简政放权、放管结合、优化服务。一是打造更加公开透明的市场环境，围绕企业全生命周期服务，推行"证照分离"改革全覆盖，压减审批环节，提高审批效率，降低企业制度性交易成本，为企业创造国际领先的发展条件。二是打造公平公正的法治环境，确定了以告知承诺为基础的审批制度、以信用为基础的监管制度、以标准化为基础的政务服务制度、以新一代信息技术为基础的数据共享和业务协同制度、以法治为基础的政策保障制度。推进《北京市外商投资条例》立法工作，通过立法推动外资权益保护和外资企业服务工作。三是打造更加便捷高效的服务环境。推行"一网通办"，市区两级98%以上的事项实现网上办理。优化办事流程，减环节、缩时间、降成本，企业全面进入"一次填报、一网提交、一窗办理、一天全办好"的"1时代"。建立了企业"服务包""服务管家"机制，开通了"12345"企业服务专线，建立了外资企业投诉受理工作机制，解决企业的困难和问题。四是打造优质的投资服务环境，推动项目促进、企业服务、招商推介活动、渠道建设创新发展，推进投资促进数字化转型，积极为来京投资企业提供专业化的投资促进服务。

北京正在中国式现代化建设的新征程上阔步前行。人才、科技、教育、医疗、文化、城市基础设施等优势领域持续巩固；跨国公司、国际组织、金融机构等国际高端要素加速集聚融合；天蓝、地绿、水清的城市环境更加宜居。国际科技创新中心建设、"两区"建设、国际消费中心城市建设、全球数字经济标杆城市建设、京津冀协同发展将持续带来新的政策红利、发展空间和投资机遇。北京未来可期，衷心希望各位企业家朋友们一如既往地关注北京、支持北京，欢迎大家来京投资，与北京携手共进！

激发创新活力　赋能中国式现代化天津实践

杨兵

天津市人民政府副市长

2022年党的二十大胜利召开，2023年全国两会圆满闭幕，描绘了以中国式现代化推进中华民族伟大复兴的宏伟蓝图。在这春意盎然的美好季节，能够与各位嘉宾共话创新驱动、共谋高质量发展，我非常高兴、非常荣幸。在此，我谨代表天津市人民政府对主办方的诚挚邀请表示衷心感谢，对各位嘉宾的莅临表示热烈欢迎。

创新是第一动力，引领我国经济实力、科技实力、综合国力跃上新台阶。天津作为全国构建新发展格局的重要区域，作为京津冀协同发展重大国家战略的海上门户，有着尊重创造、崇尚创新的城市基因。

开放是天津的城市底色。天津是一座开放包容之城，拥有港口"硬核"优势，集装箱航线覆盖全球，吞吐量突破2100万标箱，是世界十大港口之一。拥有外资集聚优势，269家世界500强企业深耕天津，是外商投资回报率最高的地区之一；拥有外贸创新优势，聚齐跨境电商、市场采购等6种新业态，形成"买全球、卖全球"大商贸格局；拥有会展载体优势，建成北方最大的国家会展中心，打造北方会展之都，作为夏季达沃斯永久举办城市之一，世界智能大会永久展示基地，旅博会和矿业大会永久举办城市，实现天津机遇世界用，世界舞台天津用。

创新是天津的城市基因。天津是一座科教资源富集之城，教育实力雄厚，拥有天津大学、南开大学等57所高校，有中小学1400余家，优质教育覆盖全市。创新氛围浓厚，拥有国家级创新平台 151 家，聚集包括两院院士在内的国家级团队 182 个，国家级高新技术企业突破 1 万家，全社会研发投入强度达到 3.66%。自贸创新活跃，推出制度创新 581 项，飞机租赁规模全球第二，保税维修门类最全、模式最丰富。

发展是天津的城市主题。天津是一座繁华常驻、活力迸发之城。消费具有吸引力，拥有中西合璧的城市风貌、深厚的历史文化底蕴，文旅与商贸深度融合，展现城市的独特魅力。工业具有竞争力，拥有完整的七大工业体系，智能科技与城市发展相辅相成。服务业具有支撑力，信息服务、科技服务等新经济业态加速成长，服务业扩大开放试点深入推进，服务业创新度、开放度和贡献度持续提升。生态具有承载力，实施"871"重大生态工程，875 平方公里湿地保护、736 平方公里绿色生态屏障建设、153 公里海岸线综合治理，已经成为天津绿色发展的新名片。

当前，天津市委、市政府全面贯彻落实党的二十大精神行动化、具体化、实践化，部署京津冀协同发展走深走实、实施港产城融合发展等"十项行动"，把各项优势转化为高质量发展胜势，为城市赋能增势。我们将从 4 个方面创新用力。

我们将在重大国家战略中强化协同创新。京津冀协同发展是天津的主战略、大战略。我们将立足"一基地三区"功能定位，深度推进体制机制创新，共建京津冀国家技术创新中心，高水平建设滨海中关村科技园、京津中关村科技城等创新载体，推动三地港口合作、交通互联、产业互促、服务共享、生态共治，实现协同发展走深走实。

我们将在高水平对外开放中推动制度创新。大力发展港口经济，在智慧绿色港口建设、口岸通关便利化等领域加大制度、政策创新力度，加快建设北方国际航运核心区。赋予自贸试验区更大自主权，对标国际经贸规则，开展创新实践和探索试验，提升首创性和显示度。以国际消费中心城市建设为牵引，抓体制机制创新，丰富消费场景，做强山水、洋楼等特色品牌，以文旅促商贸、以商贸兴文旅，为城市创新发展赋能加力。

我们将在科教强市战略中突出科技创新。依托天津大学和南开大学等高校院所，建设天开高教科创园，形成大学与城市相互滋养、相互赋能的格局。连续举办六届世界智能大会，习近平主席为 2019 年第三届世界智能大会发来贺信①，天津已经成为全球智能科技的风向标。我们将深入实施科教兴市人才强市行动，构建创新生态，打造自主创新的重要源头和原始创新的主要策源地。

我们将在一流环境建设中打造创新生态。天津因商而兴、重商而盛，市委、市政府不遗余力改善营商环境，亲商暖商、富商安商的理念深入人心。我们将坚持市场化、法治化、国际化标准，硬环境和软环境同时发力，倾心服务各类市场主体，让企业和人才放开手脚、轻装上阵、大胆发展，让天津成为企业家的福地、创新创业者的乐土、人才竞相逐梦的港湾。

推动天津高质量发展有赖于各类企业机构和创新主体的倾情参与。我们诚挚邀请各位嘉宾到天津走一走、看一看，投资中国、投资天津，期待与大家携手前行，共同书写新时代天津创新发展、合作共赢的新篇章。

---

① 《习近平致第三届世界智能大会的贺信》，新华社，2019 年 5 月 16 日。

在扎实推进中国式现代化的河北场景中
共享新机遇、共创新未来

金晖

河北省人民政府副省长

当前，全球经济正面临着通胀高企、需求转弱、地缘政治冲突等多重挑战，复苏之路艰难而曲折，迫切需要开辟新的发展领域、新的赛道，创造新的发展动能和新的活力。2023年的全国两会向国际社会传递了中国高质量发展的战略方向，将为世界经济复苏注入新动能，带来新的发展机遇。河北省作为京津冀城市群的重要组成部分，在立足京津、服务京津中加快发展自己，将在推动中国新一轮高水平开放、高质量发展中展现我们新的作为，作出新的贡献。我愿向各位朋友隆重介绍一下河北，也诚邀大家共同抓住新的发展机遇，共创新的发展未来。河北是京畿重地、沿海大省，面积18.8万平方公里，人口7420万人，沿海岸线487公里，经过多年的发展，我们主要有以下几个方面的优势和特点。

大家都知道，我们坐拥京津，这个地缘优势将为我们未来的发展带来前所未有的潜力和机遇。河北交通优势明显，是国内南下北上、东出西联的重要通道，铁路、高速公路通车里程分别位居全国第二和第五，拥有7个民用运输机场和三大港口，港口通货能力居全国第三位，钢铁、装备制造等工业产业基础扎实，电子信息、新能源、生物医药、节能环保等新兴产业发展迅猛。域内171个省级以上开发区、4个自贸区片区、5个综合保税区等高层次的产业合作平台正在不断发展壮大之中，为项目落地提供了有力支撑，建设全国现代商贸物流重要基地是河北省的重要功能定位。京津冀协同发展、雄安新区建设发展等国家重大战略将深入实施，燕赵大地处处呈现蓬勃生机。

中国式现代化展现了现代化模式的新图景，创造了人类文明的新形态，将为世界带来新启迪、新机遇、新福祉，河北将牢牢把握国家战略部署与自身发展实际的结合点，精心谋划提出打造中国式现代化的一系列河北场景，将为广大海内外客商来冀投资兴业、创新创业带来无限商机，提供广阔机遇。

我们愿与大家共享建设新型能源强省的战略机遇，未来 2～3 年全省火电、风光电、海上风电、抽水蓄能并网装机将跃上新的水平，在满足省内需求的同时，新能源的发展必将为京津冀"双碳"目标的实现作出新的贡献。

我们愿与大家共享建设临港产业强省的战略机遇。唐山、秦皇岛、黄骅等沿海城市的临港产业进入快速发展阶段，到 2027 年沿海地区将建成世界一流的精品钢铁基地、国内重要的石化产业基地、特色鲜明的高端装备制造基地和国际知名的海滨旅游胜地。

我们愿与大家共享建设物流强省的战略机遇。我们将在环京津地区打造面向世界、辐射全国的物流发展高地，支持石家庄国际陆港打造京津冀中欧班列集结中心，不断完善三大港口集疏运体系。到 2027 年，全省港口设计年通过率达到 14 亿吨，全省内陆港达到 80 个以上，中欧、中亚国际班列开行量跃居全国前十位。我们欢迎国际知名物流企业来河北发展，支持国内外航空公司和快递龙头企业在河北设立航空货运基地。

我们愿与大家共享建设数字河北的战略机遇。河北为国家"东数西算"工程北方重要枢纽节点，正在规划建设国家级互联网骨干直联点和国际互联网数据专用通道，是互联网数据中心服务商竞相布局的重要区域。到 2027 年，雄安新区将建成全球数字城市新标杆，张家口将加快建设成为全国一体化算力网络关键节点。廊坊、保定、秦皇岛将建成以电子信息、智慧医疗等为核心的数字产业集群。

我们愿与大家共享建设旅游强省的战略机遇。河北历史文化悠久，自然风景秀美，是全国唯一的兼有高原、山地、丘陵、平原、湖泊和海滨的省份。涿鹿黄帝城，5000 年的中华文明从这里走来；巍巍太行西柏坡，新中国从这里走来；冰雪之城崇礼，冬奥会从这里走来。全省拥有 4 个世界文化遗产和 11 个国家 5A 级旅游景区，我们将着力打造京张体育文化、长城文化、大运河文化、太行山和渤海滨海旅游带，欢迎各界朋友到河北纵览风光，投资旅游产业。

营商环境是地区发展的重要软实力，也是核心竞争力，河北坚持把优化营商环境摆在突出的位置，通过参照世界银行指标体系，对标京津等重点功能区，探索开展全域营商环境综合评价等一系列举措，推动营商环境不断改善，更多政务服务事项实现就近办、网上办、掌上办和省内通办、跨省通办。截至 2022 年 12 月，进出口整体通关时间分别压减至 24.93 小时和 0.8 小时，通关效率比肩京津，全省市场环境、政务环境、金融环境、法治环境、信用环境持续向好，尊商、亲商、安商的氛围更加浓厚。

2023 年 6 月 16—21 日，我们与商务部、海关总署在河北廊坊共同举办中国·廊坊国际经济贸易洽谈会，这是全国唯一以现代商贸物流为主题的国家级专业性会展。

风好正是扬帆时，奋楫逐浪天地宽。开放的河北、创新的河北、美丽的河北正张开怀抱迎接四方宾客，让我们携手同行，行而不辍，在扎实推进中国式现代化的河北场景中实现互利共赢，共创美好未来。

打造市场化、法治化、国际化营商环境

肖芸

国家市场监督管理总局登记注册局一级巡视员

党的二十大报告强调，营造市场化、法治化、国际化一流营商环境。党的二十届二中全会指出，要进一步优化市场化、法治化、国际化营商环境。好的营商环境就像阳光、水和空气，是一个地区市场环境、政务环境、法治环境、社会环境等方面的综合体现，是建设现代化经济体系、实现高质量发展的重要基础。

党的十八大以来，面对世界经济持续低迷和国内经济转型发展的新形势，以习近平同志为核心的党中央推动各项改革向纵深拓展，市场监管部门积极贯彻落实党中央、国务院的决策部署，下大力气优化营商环境，深化商事制度改革，激发市场主体活力。围绕百姓经商创业的难点痛点，市场监管部门坚持问题导向，坚持市场化改革方向，在登记注册领域先后实施注册资本实缴制改认缴制、企业登记全程电子化、压缩企业开办时间、企业注销便利化等一系列改革，推动市场准入制度发生了根本性变革；积极推进"先照后证""三证合一""五证合一""多证合一""证照分离"等涉企证照事项改革，以"减证"促"简政"，有效降低了企业进入市场的制度性交易成本，极大激发了市场活力，促进了创业就业和民生改善。我国市场主体快速增长，2018年3月16日，全国市场主体总量突破1亿大关。截至2023年2月底，我国市场主体已达1.7亿户。

　　习近平总书记强调，营商环境只有更好，没有最好[①]，当前，中小微企业、个体工商户生产经营困难依然较多，唯有加大力度打造更好营商环境，才能帮助他们解难题、渡难关。市场监管部门将认真贯彻落实党的二十大和二十届一中全会、二十届二中全会精神，紧紧围绕坚持"两个毫不动摇"，服务企业和个体工商户健康有序高质量发展。做到李强总理在回答中外记者提问时讲到的，我们将在新起点上大力营造市场化、法治化、国际化营商环境，平等对待各类所有制企业，依法保护企业产权和企业家权益，促进各类经营主体公平竞争，支持民营企业发展壮大[②]。

　　一是建设全国统一大市场，打造更加市场化的营商环境。党的二十大报告提出"构建全国统一大市场"，这是充分发挥我国超大规模市场优势的重大举措，是增强国内大循环内生动力和可靠性、提升国际循环质量和水平的重要内容。市场监管部门将坚持制度、监管、改革一体推进，加强高标准市场体系建设，构建市场化的营商环境。充分激发各类市场主体活力，进一步完善简约高效、公正透明、宽进严管的准入准营制度体系，深化"证照分离"改革，加大"照后减证"和简化审批力度，最大限度减少对微观经济的干预，保障市场配置资源的决定性作用得到充分发挥。进一步规范涉企收费，切实加强市场秩序治理，降低市场主体制度性交易成本，提振市场信心。着力强化公平竞争政策基础地位，加强反垄断和反不正当竞争，着力清理废除含有地方保护、市场分割、指定交易等妨碍统一市场和公平竞争的规定和做法，打通制约经济循环的关键堵点，促进商品要素资源在更大范围内畅通流动。

---

① 《习近平：共建创新包容的开放型世界经济》，《人民日报》，2018 年 11 月 6 日。
② 《李强总理出席记者会并回答中外记者提问》，《人民日报》，2023 年 3 月 14 日。

二是加快完善统一的市场监管制度规则，营造更加法治化的营商环境。法治是最好的营商环境，在法治的框架下，各类市场主体才能享受平等保护、公平竞争、稳定预期，才能充分激发市场活力和社会创造力。市场监管部门将统筹一体推进法治监管、信用监管、智慧监管，以法治为根本、以信用为基础、以智慧为手段，不断提高市场监管现代化水平，为营造法治化的营商环境提供有力的支撑。全面提升依法监管能力，从法律上、制度上把支持各类市场主体平等参与市场竞争的要求落下来，加快推动市场准入、合规指引、监管执法标准化规范化建设，把行政行为全面纳入法治轨道，不断提高运用法治思维、法治方式推动发展、破解难题、防范风险的能力，以完善的立法、严格的执法支撑营商环境建设，构建与现代化市场经济相适应的市场监管制度体系。

三是对接国际通行制度规则，建设更加国际化的营商环境。2020年以来，世界银行先后发布《中国优化营商环境的成功经验》《中国商事制度改革案例研究》等营商环境专题报告，对我国营商环境的成功要素、改革驱动力、经验等进行介绍，认为我国在企业开办、执行合同、获得电力等领域已经接近或位于全球最佳实践的前沿。营商环境是政府和市场关系的一个集中的反映，更是展现一国治理体系和治理能力的一个缩影。在当前全球经济复苏曲折前行的背景之下，哪个国家的营商环境好，哪里的投资吸引力就强，哪里的市场主体活力就高，这个国家经济的内生增长动力和韧性就好。建设更加国际化的营商环境，市场监管部门将进一步对标国际一流标准和国际通行规则，进一步优化各类市场主体发展环境，加快建设更加成熟定型的全国统一市场主体登记管理制度，持续优化外资企业市场准入环境，推动外资企业登记注册业务全流程网上办理，积极服务高水平对外开放。积极参与世界银行营商环境评价，正视自身存在的短板弱项，尤其是与国际前沿的差距，以企业需求为第一需求、以企业感受为第一感受，继续全力做好对标国际一流标准，做好优化营商环境的改革工作。

2023 年是全面贯彻党的二十大精神的开局之年。党的二十大描绘了以中国式现代化全面推进中华民族伟大复兴的宏伟蓝图，开启了充满光荣和梦想的新征程。市场监管部门将坚持以习近平新时代中国特色社会主义思想为指导，全面贯彻党的二十大精神，认真落实党中央、国务院决策部署，不断提高市场监管现代化水平，为打造市场化、法治化、国际化一流营商环境，充分激发市场活力和内生动力，进一步减轻企业负担，提振市场信心，服务各类市场主体健康有序发展作出新的更大贡献！

打造一流营商环境　促进外企在华发展

克雷格·艾伦

美中贸易全国委员会会长

今天的主题是美中贸易全国委员会一直以来的核心任务，就是要建立一个一流的营商环境。这对于我们来说是一个非常重要的主题，我今天很高兴就此话题来分享一二。

目前来说，我看到中国发展高层论坛在意见发表方面非常直抒胸臆、非常开放，我非常受鼓舞。很多的首席执行官，包括美国、日本等的首席执行官都关注中国。但是现在视角不同了，从企业角度来说，对华投资的风险增加了，很多首席执行官需要努力去说服董事会增加对华投资。在技术和科技领域，中国非常重视自主创新。这种自主、自力更生的科技，对于外国企业来说到底意味着什么？并且，中国的经济现在面临结构性以及周期性的挑战，高速增长的时期可能已经结束，大多数经济学家预计中国未来 10 年的增长速度是 2% ～ 5%。同时企业对产业链供应链也有更多的顾虑和担忧。所以，由于成本上升、风险上升，以及可能的投资回报率下降，对于企业的首席执行官来说就更难说服他们的董事加大对华投资。

面对这些挑战，中美的企业还是非常有韧性的，美国对华的出口仍然达到了历史的高水平。实际上，根据美中贸易全国委员会研究数据显示，有 100 万美国人的工作基于美国对华的出口。美国企业在华生产的 77% 的产品是在华销售，供应中国市场，只有 7% 是回到美国销售，中国对美国来说并不只是离岸制造。

我们美中贸易全国委员会每年都会作一个年度调查，关注美国企业所面临的挑战、如何解决这些挑战，以及如何优化投资环境。

我来说几个长期的挑战：

一是需要更透明的监管，尤其在数据、隐私方面的法律执行，应该推动数据的自由流动。

二是产业政策更透明并遵守国际规则，尤其是科技领域的补贴，各国的企业都应该有一个平等的竞争环境。

三是更平衡的国有企业和私营企业之间的竞争。

四是由于中国已承诺进一步缩减外资市场准入负面清单，我们认为有一些领域可以进一步开放，以鼓励更多的竞争，如云计算、互联网服务、农业生物技术、人类遗传信息处理、法律服务、媒体和娱乐等。

五是我们感谢中国在知识产权（保护）方面的持续加强，同时期待在商业秘密保护、商标保护、专利权无效等方面可以取得更大的进展。

六是更透明、更公平的政府采购机制和定价，尤其是在医疗领域，通过平衡创新、质量和价格让患者得到更有效的治疗，而且可以激励外国企业更多地在中国进行研发。

这些都是美中贸易全国委员会长期以来推动倡导的。我们也非常感谢有机会和中国政府讨论交流这些挑战，来解决这些问题，从而改善整体的营商环境。所以这个利害关系非常清楚，给中美两国的经济体所带来的潜在好处也非常清楚：更好、更有竞争性的营商环境会带来更多就业、创新、效率和增长。

本届中国发展高层论坛齐聚了非常杰出的经济界领袖，我们如何更好地获取改革开放的果实？我们不能止步不前，必须继续前进。如果经济的运行是向好的，同时商业环境也可以进一步改革来满足企业的需求，我相信美国企业会愿意在中国这样一个好的市场里加大投资。

外资企业营商环境优化路径简述

马骏

国务院发展研究中心学术委员会副秘书长

在 2023 年全国两会期间，李强总理在记者会上谈到对外开放的时候讲道，中国开放的大门会越开越大，环境会越来越好，服务会越来越优①。我们可以看到在李强总理的施政思路里，将对外开放和优化营商环境放在同等重要的地位，我认为这个思路是非常契合实际的，因为营商环境不好，外资企业就不会来了，即使来了也会走掉。

我本人作为政策研究人员，和我的同事一起长期研究企业营商环境。判断营商环境好不好，关键看企业的感受。企业调研是我们研究营商环境的重要手段，我们在研究外资企业营商环境的时候，重点调研了一些在中国投资的跨国公司，还走访了一些外资企业商会。我们还仔细阅读了美国企业商会、欧洲企业商会、日本企业商会三大外资企业商会每年发布的白皮书，它们做了非常了不起的调研工作，它们把外资企业面临的问题和提出的诉求，分行业进行梳理，提出了非常具体的建议，这些对我们政策研究者来说是一个很好的参考。

我们将外资企业的调研信息作了条理化的整理分析和数量统计，有两个主要发现：一是外资企业明显感受到中国营商环境的改善，在企业注册、纳税、通关、建筑许可等方面都感受到便利化的提高；二是外资企业有一些重要的诉求，与国内企业不一样，这些诉求我们要

---

① 《李强总理出席记者会并回答中外记者提问》，《人民日报》，2023 年 3 月 14 日。

给予重视。

我个人认为应该关注外资企业在以下 5 个方面的诉求，作为进一步优化营商环境的重点内容：

一是提高政策的可预期性和透明度。外资企业，特别是制造业企业在中国投资金额非常大，尤其是固定资产投资数量大、流动性差、回收周期长，它们非常需要稳定、透明、可预期的政策环境。比如：在政策制定过程中，欢迎更多的企业参与讨论，听取各方面意见并作出及时反馈，提高政策决策透明度。实际上，中国的《优化营商环境条例》已经在这方面作了具体的规定，要求在制定涉及企业生产经营的相关政策时，要在媒体上向全社会征求意见，而且要提前不少于 30 天。再比如：我们要参照国际先进水平公布相关的政策信息和统计数据，最好在网上提供查询服务或者提供电话咨询，这对于企业决策很重要。

二是改进政策和监管的执行方式。很多外资企业反映监管的执行方式有时候也会对生产经营活动带来一些困扰，比如，对于一些重大的监管政策出台，执行的时候要给予必要的过渡期，让企业有时间进行内部调整，或者是维持外部供应链的稳定。有些时候安全监管存在"一刀切"现象，出现安全事故就区域停产，一些基础性化工产品断供对整个产业链稳定带来重大影响。所以说，监管措施要考虑产业需求，不要对市场造成过大冲击。

三是优化技术标准、规范、检验检测和认证管理。外资企业特别是制造业跨国公司，在技术上总体处于先进水平，但常常碰到不适应我国技术标准、检验检测和认证管理的情况。我们要帮助外资企业适应中国的质量基础设施的相关监管，比如，及时跟踪全球技术变革，尽量与国际上先进的做法接轨；再比如，有很多新的技术，像智能医疗装备，我们一时还没有国家标准，但是市场有需求，对于这些新的技术我们能不能有一些包容性的监管办法，基于科学的数据，允许一些区域或者行业试行过渡性的办法。

四是在鼓励创新和市场采购方面平等对待内外资。现在中国已经发展为全球的超大规模市场，外资企业越来越重视中国这个大市场，它们也希望中国市场是公平竞争的市场。我们要重视外资企业提出的建议，比如：外资企业反映比较多的是能不能对不同路线的新技术公平对待，不要厚此薄彼，让不同的技术都可以在中国市场公平竞争。这对于产业长期发展和消费者福利增进都有好处。

五是在数字经济规则方面加快与国际接轨。数字经济发展越来越快，数据资源已经成为企业经营的关键要素，很多跨国公司的全球运营离不开数据的有效使用和自由流动，这一点对于跨国运营来说非常迫切，所以我们应该更加主动地申请加入高标准的国际经贸协议，比如《数字经济伙伴关系协定》《全面与进步跨太平洋伙伴关系协定》，加入之前我们还应该主动进行改革，尽可能地与国际规则接轨。

将科技创新推动中国高质量发展落到实处

郑永年

香港中文大学（深圳）教授，前海国际事务研究院院长

党的二十大提出了中国式现代化，要把高质量发展作为我们国家下一阶段发展的重点目标。我认为，发展是非常重要的，2023 年大家都在强调发展。各个地方 2023 年的 GDP 都有指标，为 5% ~ 6%。全国两会把 2023 年发展目标定在 5%。但是，我们必须意识到，GDP 增长跟高质量发展之间还是有很大的鸿沟。我自己觉得，很多地方有了 GDP 增长的指标，但并没有回答高质量发展是什么、高质量发展从何而来等问题。

前些年我们讨论中国如何跨越中等收入陷阱，现在则讨论如何实现高质量发展，我一直在思考这些问题。最近我提出一个新的观点，就是无论是要规避中等收入陷阱还是要实现高质量发展，关键是跨越中等技术陷阱。工信部原部长苗圩先生曾说过，在制造业领域，美国是第一梯队，欧盟和日本是第二梯队，而中国处于第三梯队。从价值链、供应链、产业链的角度看，我们国家还处于中等技术水平。这当然是站在全球角度比较而言的。现在我们的国际环境变化很大，美国对我们"卡脖子"，搞系统性"脱钩"。在这样的情况下，科学技术是第一生产力的判断变得意义尤其重大。我认为长三角地区、珠三角地区、京津冀地区 3 个大的经济区域，包括成渝地区要进行分工合作。

经过对世界经济发展史的观察，我们认为，一个经济体或者一个社会要跨越中等技术陷阱需要 3 个条件：一是必须具有一大批能够从

事基础科研的大学和研究机构；二是必须具有一大批能够把基础科研成果转化成应用技术的企业和机构，企业既可以是国有企业，也可以是民营企业；三是必须拥有支撑基础科研和应用技术转化的金融支持。没有这3个条件，就很难实现可持续的科技发展。从学术峰会到经济峰会，我发现我们现在讨论的发展还是围绕着以前的传统三驾马车（投资、消费、贸易）来谈。这当然很重要，但是我觉得这三驾马车中的任何一驾都已经拉不动中国经济增长了，中国的经济体量已经很大，投资、消费、贸易三大发展抓手很难成为我们的经济支柱。我们讨论的房地产对中国虽然具有重要性，但我觉得房地产很难成为拉动中国经济的动力。贸易也是，2023年贸易额一直在下降。从基础设施投资部分看，东南沿海地区基本上都已经达到饱和状态，如果依然按照以往的方式投资，会造成大量的浪费，尤其是我们国家现在人口减少了。看看我们的邻居日本就知道，过度投资会造成巨大的浪费。

我们所说的高质量发展不是追求单纯的GDP增长，因为GDP增长不见得可以带来国民财富，无效的投资会使GDP增加的同时财富减少。我们现在追求的是可以增加国民财富的GDP增长模式，其中，科学技术进步是关键。无论是从欧美发达国家来看，还是从亚洲"四小龙"来看，这些发达经济体能够实现可持续发展，关键在于科技是第一生产力。科技是第一生产力是一个普遍的真理，我们现在如何来实现这一点呢？刚才大家讲到了营商环境，即市场化、法治化和国际化的营商环境，我觉得这些都非常重要。但是还有一点需要关注，即党的二十大特别强调的要做到规制、规则、标准、管理的制度型开放。我现在越来越发现，我们这几年强调内循环，但为什么内循环跑不起来呢？我曾经跟浙江商务代表团去一个西北省份访问。企业家给我反馈说我们两个省之间的谈判甚至比两个国家之间的谈判更难，因为行政阻隔非常厉害。京津冀地区这几年，尤其党的十八大以后的融合非常好，特别是环保方面。长三角地区三省一市也做得很好。我发现长三角地区在很多领域都已经实现了跨省统筹，比较而言，粤港澳大湾区在区域融合发展这一块相对不足，粤港澳大湾区同一个省内城市的统筹都还没有做到。大家需要重点看看党的二十大报告中的诸多重要论述。对规则、规制、标准、管理的制度型开放的论述，对市场化、法治化、国际化的营商环境的论述，对科教、科创的大篇幅论述，对乡村振兴的详细论述。这些论述都已经回答了什么叫高质量，如何实现高质量发展的问题。现在的问题是需要切实地落实中央的政策，并讲好实践故事。

推动政府创新

林奈莉

牛津大学布拉瓦尼克政治学院院长

今天早上，我们听到对于经济前景的预判整体是偏悲观的，在午餐期间有人跟我说，悲观是一种态度，乐观意味着你手中是有计划的、胸有成竹的。早上虽然我们听到的是乌云密布的未来，但是我们在心中仍存希望，我们能够在这样一个具有挑战性的时代，作好政治经济方面的计划以应对冲击。

我是牛津大学布拉瓦尼克政治学院的院长。我们研究的一个课题是关于如何帮助政府形成创新思维，激励社会的创新。政府有很多的理由不去创新，我们听到之前几位发言人提到，要有非常密切的协作，才能让创新真正落地。政府之间的协调较为困难，政府很多部门都是各自为政，以自己的职能为首，因而要在政府之间促成合作是非常困难的。我们也听到另一个观点，认为创新有另外一个推手，也就是要促进竞争。全球主要国家在绿色转型方面日益激烈的竞争有可能引发更加有利的创新浪潮，各国通过这样一种创新竞争可以带来更多的机会。但是我们也知道，很多部门不太愿意参与竞争，而且政府在很多情况下有垄断的倾向。很多时候，政府对于自己的政绩很难评判。企业评判自己的业绩是比较容易的，但政府就比较困难。因此，政府机关工作人员可能更关注的是问责，而不是自己的工作。

提到创新，可能会有一系列的选择要做，它的结果不确定，你的选择可能会导致引火上身，所以很多的流程设计总是会作规避风险的安全考虑，不让自己有失败的风险。我作为教授有义务帮助企业改变这种思路，进而能够以开放式创新的心态积极创新？想跟大家分享3个可能起到作用的实践。

第一，国际经验并不是在各种实践中都奏效。多边组织作为一个最佳实践的"寄存器"，汇总不同国家的经验，比如某个国家作的实验，让创新的思路能够流向其他国家。但不同国家的国情不同，由别人来帮你解决问题，借鉴它们现成的经验可能不太可行。

第二，危机。政府危机时刻是合作的高光时刻，这样一种难能可贵的时机，政府会团结在一起。比如说新冠疫情期间，我们有一个联席机制，或者说政府在城市层面都有自己的机制来共同抗击疫情。在牛津大学，我和我的同事形成了应对新冠疫情政府工作监督机制，或者说跟踪机制，我们每周都能汇总政府部门在做哪些事情。实际上其他政府部门人员也想知道他们的同行在做什么，不做什么，同时他们会问为什么别人在做这件事，而自己没有做。所以在危机时期了解别人在做什么事情可以开放政府的心态，更愿意去相互学习。

第三，构建一个可以类比的指标体系。讲指标需要特别谨慎，因为需要花很多时间，但未必能够做得很好，你可以说政府良政有一个指标，实际上这个指标每年的变化不会太明显。这种指标体系要引发这样一种好奇心：为什么邻国比我们在这个指标上做得更好？指标体系可以成为良好对话的开端，我们发现在研究多边机构如何确保领导力和良好绩效方面，一些指标，很多企业对照这些指标，进行自我评估。

在牛津大学布拉瓦尼克政治学院，有一项工作是让政府互相学习，让多边机构相互学习，同时从私营部门取经学习。这项工作现在开展起来越来越困难，但是越来越有必要，因为不管是在危机还是在灾害方面，我们遇到了前所未有的挑战，所以我们需要更好地推动政府创新。

扩大内需过程中要发挥全要素生产率的作用

史蒂芬·罗奇

耶鲁大学高级研究员

大家知道戏剧《等待戈多》，我们其实也是在等待内需的扩大，等待它能成为主要的经济增长动力。我也理解为什么会讲到新阶段、新特征，在这里向大家分享一下我的看法。

实际上中国的内需以前主要是投资拉动，消费投资之比自2005年以来都是下降的，在过去20年当中投资是中国经济增长的主要动力，至少现在看起来是这样的情况。全要素生产率（TFP）的重要性没有得到足够的重视，尤其是对于中国内需的拉动方面没有得到足够的重视。现在的趋势是不乐观的，自1990年以来，全要素生产率数据显示每年增长1.3%，在21世纪前10年的时候比较强，但是自2011年以来，全要素生产率又一次负增长，并且平均年增长率为-1.4%。

从很多方面来看，全要素生产率的下降反映出实际内部收益率的下降，这也是中国经济增长过程中过度投资的体现。中国以前是投资不足，所以要进行一些追赶，需要大量的投资支持城镇化进程。但现在投资的比重有点过高了，投资的过度会导致全要素生产率的下降，同时伴随着疲弱的消费动力。另外，我一直在中国发展高层论坛分享的一个观点，就是中国在就业创造和实际工资增长方面表现得不错，但是社会保障改革、养老和医疗改革都是滞后的。尤其是对于居民来说，家庭对养老有担忧，所以会影响消费。

从2011年开始，全球范围内的人口红利就逐渐消失，全要素生产率以及劳动力人口的下降还将持续很长一段时间。当前中国需要保持较高的经济增速，要以内需拉动生产力水平提高，需要高度重视全要素生产率和劳动力人口下降的趋势。20世纪80年代末、90年代以及21世纪初的日本经历了一个和中国当前非常类似的情形，这种比照让人担忧。过去15年，中国都一直特别重视内需，当前再一次提出扩大内需，但是否能真正产生效应还未成定论。

如何提升中国家庭的消费能力

张军

复旦大学文科资深教授、经济学院院长

我参与讨论中国家庭消费占 GDP 的比重至少有 25 年的时间了，其实在这 25 年里面，中国家庭的消费占比并没有发生实质上的变化，依然处于相对较低的份额水平。早期也是这样，我们都是拿中国跟发达国家去比，发现我们的总体消费支出占 GDP 的比重是偏低的。

后来我和同事作了一个研究，我们发现其实这个过低的占比也有一些数据问题，某些支出的数据偏低，比如有很多家庭的隐含收入和隐含的消费支出并没有很好地统计进去，造成一些偏差。其中最重要的就是家庭的住房消费。因为中国的住房自有率比较高，绝大多数家庭住在自己购买的房子里，不需要支付房租，所以当参与国家统计局住户调查的十几万个家庭记录自己的消费数据的时候，没有把这一项隐含的支出计算进去。而国家统计局最后对住户调查数据进行校准时，只是按照一个固定的虚拟折旧率来推算出一个虚拟的租金率，但是我们的研究发现，这个推断租金是被大大低估了的。与我国差不多发展水平的国家的家庭住房消费支出通常占 GDP 的 14% ～ 16%，而中国只有 4% 左右。当然，即便我们的研究可以提升家庭消费占比差不多 10 个百分点，与东亚经济体高增长时期的情形非常接近，这个占比依然是相对低的。这个现象怎么看？

第一，在全球范围里，相对于其他的中等和高等收入的国家，东亚地区的居民消费支出占 GDP 比重依然是偏低的。无疑，从传统来看，东亚人跟西方人有完全不一样的消费习惯。东亚的这个传统文化会让家庭有更高的储蓄率，特别是预防性储蓄倾向较高，以便保障未来的消费支出，尤其会更多考虑下一代甚至下两代的福利。这会导致当期的家庭消费支出能力受限，自然达不到具有不同消费文化的西方发达国家水平，甚至可能低于世界平均水平。

第二，具体到当下的中国，总体的消费支出虽然有过改革开放初期的爆发性增长，但消费的增长很快就趋于正常。经济学家对此有很多站在各个视角的讨论。但其中有一个问题没有受到太多的关注，就是在趋势上，消费的支出增长其实很大程度上跟这个国家服务业发展的状况有非常显著的统计上的正向关系。因为当你从低收入阶段进入中等收入阶段以后，包括很多耐用品在内的大多数消费支出都会进入一个放缓的趋势，现在统计上所说的社会消费品零售范畴大概就覆盖了这个消费的基本面。而实际上这部分的消费已经没有太大的增长空间。

横向看也能看出来这个道理。发达国家跟中等收入国家之间在家庭消费支出上最大的差别是服务性消费上的差别，发达国家的家庭支出更多是用于服务性消费，而中低收入国家的家庭支出普遍用于实物消费，而不是服务消费。日本当年也有类似的情况，很多人发现日本的家庭消费支出占比过低，其中有一个原因是日本的服务业不够开放。

当一个国家的消费品行业已经高度发达的时候，如果服务业依然受到比较严格的政府管制，不向全球开放，没有形成发达的市场，不仅服务业的生产率很低，服务业部门得不到扩大，而且在总量层面上还会造成这个国家的消费占比相对偏低。

中国的服务业在统计口径中占 GDP 的比重，即服务业创造的增加值占比在稳步提高，但是整个服务业相对于制造业还是比较落后的。

比如说文化、娱乐、教育、医疗、养老等领域，我们的发展还是远远满足不了收入增长产生的家庭层面在这些服务领域当中的消费需求。这跟我们的管制政策有很大关系。

我觉得应对服务业发展给予更多政策层面的支持、撤销过多的管制，并鼓励服务业的市场准入开放，特别是让服务业的营商环境像制造业那样持续改善，让更多的资本，包括全球的资本进入这些领域，就能大大推动中国服务业的高质量发展，我想它对我们的消费占比提升有巨大的帮助。

第三，我想谈一下如何能够降低家庭的预防性储蓄倾向。最近这几年家庭储蓄存款在大幅度增加。每一个家庭相对于收入增长而言，消费支出没有太大的变化，更多的收入增长用于储蓄，即预防性储蓄，为了将来购房、养老、医疗，也为了子女的教育。

这反映了中国在提升家庭消费倾向上需要解决的重要问题，也就是家庭未来支出负担的问题。涉及的服务行业，除了需要从供给的角度去更好地依靠市场化来实现高质量发展之外，也要考虑让国家在这些领域当中为家庭承担更多。

我 2022 年写了一篇文章，最后一句话是说，如果我们想让中国的家庭有更多的消费，国家需要在家庭上有更多的支持。现在中国的经济实力允许政府去考虑怎么样来减轻家庭在住房、医疗、养老、教育等各个方面的负担。

因为每个家庭会估计未来这些领域当中的支出，这在很大程度上决定了家庭的当期消费能力。家庭的储蓄之所以是预防性储蓄，也是为了应对在这些领域当中未来的支出。所以国家需要考虑出台减轻家庭支出的系统政策。

我想现在中国应该有这个能力，是因为我们每年的投资额高达 60

多万亿元，有些省份的投资额高得惊人。现在应该考虑转移出来一部分投资预算，用于设计各种各样的社会福利项目和家庭保障，为家庭做大量的减免和国家买单的福利项目。如果可以有一个安排，每年少投资 15 万亿～ 20 万亿元，对中国的 GDP 增长应该没有太大影响，因为现在很多投资是没有效率的，而改善家庭的消费能力同样可以促进经济的增长。随着经济的发展，未来的一个方向必然是把国民收入越来越多的部分花在家庭层面上，这样才能确保我们的家庭有更高的消费能力，支持经济的持续发展。

高质量发展的实现路径

林毅夫

第十四届全国政协常委、经济委员会副主任，
北京大学新结构经济学研究院院长、国家发展研究院名誉院长

党的二十大报告中提出，高质量发展是建设社会主义现代化国家的首要任务。要实现高质量发展，必须全面、完整、准确贯彻新发展理念。新发展理念包含的内容有 5 个方面：创新、协调、绿色、开放、共享，每一个目标都非常好、非常重要。

怎样才能够贯彻实现这 5 个方面的目标，我这些年总结中国发展经验提出的新结构经济学，可能可以给完整、准确、全面贯彻新发展理念提供一个参考。

按照新结构经济学的观点，要实现高质量发展，创新是第一位的，因为创新是第一动力。

必须遵循每个地区的要素禀赋结构所决定的比较优势来进行技术创新，进行产业升级。按照比较优势来进行创新，就是这个地方如果劳动力相对多、资本相对少，进行创新的时候就必须多利用相对多、相对便宜的劳动力。反过来讲，如果这个地方资本相对丰富、劳动力相对少，资本便宜劳动力贵，创新就必须多用资本、少用劳动力，用机器来替代人。同样的情形，进入的产业也要多利用当地丰富的要素。如果这个地方有良好的自然环境资源，那发展的产业就是要把生态的优势发挥出来，这就是创新。

这样的创新有什么好处？如果创新所用的技术跟产业是符合当地

要素禀赋的比较优势，那它生产的产品跟提供的服务就会有最低的成本，在市场上就会有最大的竞争力，经济也会发展得更快。经济发展快了以后，政府的财政税收就会增加很多。这种情况下政府就有更多的钱用来缩小地区差距、缩小城乡差距，或者是用来补短板，这就是协调。

如果按照比较优势发展，最大的竞争力、经济发展得最快、财富增长得最多，人的收入水平不断提高，美好生活的期望就会不断增加，那对美好生活的期望——按照马斯洛需求层次理论，从满足温饱然后慢慢地满足环境的问题、生态的问题，我们的人民、我们的家庭就会越来越多地有这方面的需求。人民对环境、生态、绿色的需求会越来越多，政府就会去推动环保政策执行。

从企业角度来看，企业如果发展的产业符合比较优势，有竞争力，不用政府保护补贴，只要经营好了就赚钱，在这种状况下企业会有更大的积极性来采用绿色的方式发展，那我们的发展当然是绿色的。

所以，第一方面有需求，第二方面有规制，第三方面企业有意愿。

遵循比较优势发展的还有什么？有比较优势的产品都生产，满足国内市场，而且有比较优势，产品在国际上也有竞争力。反过来讲，没有比较优势的产品，国内生产成本会比从国外买高，那当然就要从国外买，所以按照比较优势发展，充分利用国内国际两个市场、两种资源，这样的发展当然就是开放的发展。

并且，按照比较优势发展还能够实现共享、共同富裕。按照目前的发展阶段，我国人均GDP 1.25万美元左右，但发达国家已经达到7万美元了。相对发达国家来讲，我们资本相对短缺，劳动力相对丰富，所以我们发展的产业跟发达国家比起来更倾向于劳动力相对密集的产业，如果发展的产业跟所用的技术都是劳动力相对密集，那一定会创造最多的就业机会。

如果在发展过程当中按照比较优势能够创造最多的就业机会，就能够让最多的依靠劳动力来获取收入的人群得到就业，能够分享发展的果实。

这样的发展会让我们有最大的竞争力，经济能发展得最快，经济发展快了，资本就会积累得非常快。然后要素禀赋的结构就会变化，从早期的劳动力相对多、资本相对短缺，慢慢地变成资本相对丰富、劳动力相对短缺，在这个要素禀赋结构变化的过程当中，一个很重要的特点就是当劳动力变得相对短缺的时候，工资会增长得非常快。

在这个过程当中收入分配会越来越完善，大家能共享，最终实现共同富裕，所以要想实现高质量发展，最重要的就是要按照比较优势来进行技术创新产业升级。由此，我们就能够解决协调问题、绿色问题、开放问题、共享问题。

既然比较优势这么好，怎样让它成为企业家自发的选择呢？要做到这点，关键要有两个制度安排，一个是必须要有有效市场，另外一个是必须要有有为政府。

为什么有效市场非常重要？你必须有一个要素价格信号，它能够反映各个地方的要素禀赋结构的相对丰富程度，而且随着经济发展，它必须不断地跟着要素禀赋里资本、劳动力的相对变化来调整它的相对价格。

如果有这样的相对价格，当这个地方资本相对短缺、价格相对高，就会引导企业家进入少用资本、多用劳动力的产业，然后在这个产业里面少用资本、多用劳动力。同样，如果这个地方自然资源非常丰富，也会引导你去保护自然资源，然后把它变成一个生态优美的地方，吸引大家，成为满足精神高层次需求的产品，所以必须有这样的相对价格。

但是这样的相对价格能够靠计算器算出来吗？人工智能到今天大概还算不出来。这样的价格信号，需要一个充分竞争的市场环境，靠市场竞争来形成这样的价格体系，而这个市场必须是有效和充分的。

市场很重要，会引导企业家自发地按照比较优势发展，但这还不够。因为我讲的是创新，不管是新技术还是新产业都是创新的。

创新有什么特性？创新风险很大，失败的概率很高。反过来讲也可能成功，成功的话你可能会多赚钱。可是一赚钱别人就跟着来了，竞争就来了，因为产业是符合比较优势的，它是没有垄断利润的。

这样就发现成功者跟失败者之间有不对称性，如果这样，那企业家应该怎么做呢？等待别人先尝试，成功后再做吗？如果大家都等的话，就不会有创新了，所以在这种状况下，政府必须给创新者提供一个激励。在发达国家，专利就是这个含义，发展中国家可以引进消化吸收再创新，但同样必须给创新者一个激励补充，这个必须政府来做。

要进入新产业，不仅是用一个技术、一个设备，而是要引入能用这些技术设备的人力资本更高的工人——技术工人。如果靠企业家自己培训的话，他成功了别人肯定跟着做，用稍微高一点的工资就把训练好的工人吸引走了。

在这种状况下，政府必须根据我们产业技术发展的方向来提供这方面的教育，新的产业技术，风险越来越大，资本需求越来越多，必须有这样的金融市场、金融安排提供所需要的资本来分散这些风险。当然还有道路、港口等基础设施要完善，所以必须要有有为的政府。

因此，如果我们要按照比较优势来实现高质量发展，那就必须不断深化市场改革，让市场在资源配置当中起到决定性的作用，但同时也要让有效市场跟有为政府更好地结合起来。

　　这样的话，我们全面贯彻落实新发展理念所要讲的创新、协调、绿色、开放、共享的目标就能够全部实现，我们就能有高质量发展，然后用这个高质量发展来全面建设社会主义现代化国家。

打造高水平制度型开放　助力消费升级与生产转型

马克·施奈德

雀巢集团首席执行官

我非常高兴能够参加本届中国发展高层论坛，这也是新冠疫情 3 年来我们第一次线下参会。我相信大家都和我有同感，此次的会议走上了一个新的台阶。这次会议的整体基调让我感到非常乐观，尤其是在经历了 2022 年无比艰难的情况以及全球地缘政治冲突等之后，中国推出了新的经济政策，让我们充满信心。在每一次的谈话当中，中国都在向外资企业阐述对改革开放的坚定承诺，让我们更有信心，将更先进的产品引入中国。

当下，中国消费者需要消费升级。雀巢是一家基于研究的公司。相信我们的产品也会受到中国消费者的欢迎。2023 年是雀巢进入中国的第 36 年，作为 20 世纪 80 年代以来首批进入中国的跨国企业之一，雀巢一直受益于中国日益优化的外商投资环境。秉承着"创造共享价值"的理念，我们在每一步发展过程当中，都在回馈社会。得益于所有推动中国经济和社会发展相关方的支持，我们也不断坚定地在中国进行投资。2022 年，我们在公司内部作了一些调整，把原有的全球 3 个大区、86 个市场的架构调整为 5 个大区。其中重要的调整之一就是大中华市场升级为大中华大区，大中华大区总裁直接向董事会汇报。因为我们要确保中国的问题和中国对未来的期待能够直接提交到总部，以便我们在执行委员会讨论的时候能够密切地关注中国的需求。

我们认识到现在中国的发展已经进入了一个新的阶段，为了在中国成功经营，我们需要对业务作出改变。这次访问中国感受到的其中一个非常重要的变化，就是中国对生态环境、可持续发展的承诺已经不光是停留在口头，而是在日常的工作当中都能够看得到的，比如说路面上大量的电动汽车，快递使用的包装也更加环保，这些都反映出中国对生态环境、可持续发展的坚定承诺。

我们的行业来源于农业，我们把农产品加工为食品和饮料。农业生产对气候变化的影响很大，大概占到全球温室气体排放的 25%。所以我们需要更多地应用环境友好的生产过程。雀巢也期待在可持续发展领域，和中国政府、企业合作，更好地服务中国消费者。

我此前也提到了公平的竞争环境和市场准入非常重要，我想重点提及两个品类：一个是婴幼儿食品，另一个是特殊医学用途配方食品，我们在这些产品的研发方面投入了大量的资源，希望能够为中国消费者带来最优质的新产品。

扩大内需重在扩大消费需求

王一鸣

中国国际经济交流中心副理事长，国务院发展研究中心原副主任

当前，中国经济已进入复苏轨道，多项指标反弹回升，经济基本面明显转暖。与此同时，经济恢复仍然不平衡，国内需求不足的矛盾还比较突出，并呈现出新的结构性特征。

一是消费回升动力仍然不强。消费受新冠疫情冲击影响最大。2022年社会消费品零售总额再次下降，全年最终消费对经济增长的贡献率降至32.8%，与疫情前5年平均近60%的贡献率相比，下降幅度较大。2023年以来，特别是春节期间，旅游、餐饮、交通、住宿等服务消费明显反弹，但汽车、家用电器等商品消费仍有一定程度回落，居民消费信心仍受到收入增长和消费预期的影响。

二是消费恢复受到居民部门资产负债表修复的制约。经历3年新冠疫情的反复冲击，居民部门资产负债表受损较为严重，居民消费更趋谨慎，储蓄意愿普遍增强。2023年1—2月，住户存款增加6.99万亿元，创历史同期新高。消费的持续恢复仍有赖于居民部门资产负债表的修复。

三是人口负增长的因素开始显现。2022年中国人口净减少85万人。人口总量减少和老龄化加快，在中长期将对扩大内需特别是消费形成常态化制约，这一中长期趋势与新冠疫情后消费预期转弱的短期因素相互叠加，对扩大消费形成新的压力和挑战。

四是外需萎缩进一步增大扩内需压力。受全球经济低迷、欧美等

主要经济体收紧货币政策等方面影响，中国出口下行压力持续增大。同时，一些国家推动供应链"去中国化"，中国外贸出口不仅受周期性因素影响，还受到更长期的结构性因素制约。尽管新冠疫情期间出口形势明显好于预期，但2023年出口增速大概率将明显回落，净出口对经济增长或形成拖累。

在外部需求明显减弱的背景下，如果不能有效扩大国内需求，就可能增大产能过剩和通缩压力。2023年1—2月，中国CPI和PPI明显走低，在一定程度上反映了这方面的压力。着力扩大国内需求，不仅是当前推动经济企稳回升的关键，也是中长期经济高质量发展的根本途径。

首先，把恢复和扩大消费作为扩大内需的政策重点。自1998年提出扩大内需战略以来，政策重点多以扩大投资需求为主，并形成了一整套引导地方政府和企业扩大投资的政策框架和工具，但扩大消费的手段和政策工具相对有限。随着扩大投资的空间收窄和边际效率下降，扩大消费对经济持续稳定增长的作用更加凸显，迫切要求创新扩大消费的政策工具，完善扩大消费的体制机制，释放消费需求潜力。

其次，把改善预期作为扩大内需的重要前提。只有改善预期，提振信心，居民的消费潜能才会释放，企业扩大投资的热情才会被激活，社会创新创造的活力才会迸发，外资也才会更加看好中国市场。要抓住当前经济加快恢复的窗口期，切实回应市场关切，以解决实际问题的成效提振市场信心，让过去3年被新冠疫情抑制的内需潜能充分迸发。

再次，放松中高端商品和服务消费的限制性措施。改革开放以来，中国形成了全球规模最大、成长性最强的中高收入群体，这部分人是住房、汽车、教育、医疗、休闲旅游等中高端商品和服务消费的主力军，也是引领消费转型升级的中坚力量，对扩大消费的支撑作用最强。建议松绑住房限购措施，支持改善性住房需求；松绑大城市汽车限购，通过扩大城市路网缓解拥堵压力；增加教育、医疗中高端服务供给，满足多层次消费需求。

最后，以改革创新激活潜在消费需求。当前中国农民工总量接近3亿人，约占城镇就业人员的65%，但农民工在城镇落户和享受均等化基本公共服务仍受到限制。根据经济合作与发展组织的研究，如果农民工拥有城市户籍并享有与城镇居民相同的基本公共服务，人均消费支出将增加30%。因此，要加快户籍制度和农村土地制度改革，打通农民工在城镇落户通道，加快农业转移人口市民化，实现城镇基本公共服务常住人口全覆盖，激发潜在的消费需求。

总之，积极扩大国内需求特别是消费需求，有效改善市场预期，通过改革创新消除制约消费增长的体制性障碍，激活潜在消费需求，将释放中国超大规模市场的经济增长潜力，推动中国经济企稳回升并开启新一轮增长周期。

房地产将继续在中国扩大内需中发挥重要作用

田国立

中国建设银行董事长

很高兴参加中国发展高层论坛。房地产是国民经济的支柱产业，讨论内需绕不开房地产。我想结合建设银行房地产金融的实践，谈一谈在新发展阶段如何看待中国房地产的前景。

第一，住房消费升级成为新发展阶段中国房地产转型的新引擎。

过去 20 多年，中国房地产业有力支撑了全球规模最大、速度最快的城镇化进程。2022 年底中国城镇化率达到 65.2%，参照发达国家 80% ~ 90% 的平均水平，中国城镇化率至少还有 15 个百分点的上升空间。从国际经验看，发达国家城镇化率达到 65% 以后，开发建设增速放缓，但房地产消费升级需求明显增加并且具有相当的稳定性。以美国为例，成屋销售约占九成，对下游消费有很大的拉动作用。

中国也正在经历这个过程。近年来，中国房地产市场的供需关系和主要矛盾发生了深刻变化，在基本解决了"有没有"住房的问题后，"好不好"的问题更加突出。随着生活条件改善，城乡居民升级住房的消费愿望十分强烈，与居住相关的装修设计、家具家电、智能设备、物业管理、租赁服务等迅猛发展。

中国有 14 亿多人口和还在增长的 4 亿中等收入群体，城镇化潜力和升级的房地产消费需求将为城市更新、资产盘活及房地产上下游产业链投资提供新机遇。消费升级将成为中国房地产转型的新引擎，成为撬动从消费到投资再到消费经济增长"飞轮"的重要支撑。

第二，消费升级呼唤"大租赁时代"来临，产业发展将更加专业化和机构化。

在之前住房总量不足阶段，资产增值效应明显，人的理性选择都是铆足了劲买房，不太在意房子的品质属性。但在消费升级阶段，消费的目的就是获得各种服务，享受包括住房在内的各种不动产的使用权。与所有权不同，使用权可以在时间和空间上进行分享，其交易的主要形态就是租赁。

消费升级的过程就是租赁发展的过程，包括通勤、教育、养老、旅游、办公等所有与房地产有关的需求，都可以而且更适合通过租赁的方式解决。例如，城市有很多闲置的办公楼宇和厂房，通过盘活改造可以把它们转化为年轻人低成本的创业空间，激活社会财富。

随着住房消费升级，中国房地产的交易形态发生了重大变化，"大租赁时代"呼唤更加专业化、规范化、品质化的管理机构，通过深化社会分工推动经济效率不断提升。同时，也需要进一步完善相关法律和政策，让租房和买房获得差不多的公共服务。

对中国住房市场而言，突出的问题是如何满足3亿新市民的住房需求。新毕业大学生、新就业形态劳动者等群体租房需求不同。目前租赁市场九成都是个人房东，房源品质不高，租赁关系也不稳定。要大力发展机构化、专业化、长期化的住房租赁项目，满足多样化住房需求。例如，建设银行在北京通过改造闲置的农村住房，建设了"小哥之家"，为外卖小哥、快递小哥提供专属的租赁住房。

第三，房地产转型和租赁市场发展非常需要长期资本进入。

之前房地产开发主要依靠银行贷款，资产负债率高，集聚了较大的金融风险。现在更多要通过盘活存量不动产、升级改造后满足消费者的需求。这个业务跟民生密切相关，相对比较稳定，但非常需要精耕细作、长期运营，收益率也不会很高，像以前那种暴利是不可能了。

产业转型升级需要更多引入保险资金、养老金、年金等"长线"资金，它们追求的是长期稳定的回报，对于短期市场波动有一定承受能力。同时，需要大力发展资本市场，特别是以不动产投资信托基金为代表的不动产股权投资产品，通过所有权、经营权和使用权的分离，让专业的人盘活不动产，经营好不动产，也为社会提供风险相对中等和稳定回报的金融产品，避免大众炒房，促进建立金融与房地产良性循环机制。目前我国已推出基础设施、保租房不动产投资信托基金，有关部委发文进一步纳入百货商场、购物中心等消费基础设施，放宽了部分项目收益率和保租房首发资产规模要求。不动产投资信托基金将成为当前扩内需、促转型、推动经济高质量发展的重要抓手，涵盖城市基础设施和不动产经营等业态。

在中国房地产金融领域，建设银行一直是引领者和探索者。近年来，建设银行推出"住房租赁"战略，创新住房租赁产品，试点设立住房租赁基金，积极培育租赁市场，努力打造"要租房，到建设银行"的新品牌，初步构建起了融股权投资、信贷支持、租赁运营、不动产投资信托基金上市为一体的住房金融闭环服务体系。我们通过实践感受到，中国住房租赁的商业模式已经逐步形成，商业可持续性不断提升。在外部适当政策支持下，中国的住房租赁市场将取得长足发展。

"安居"才能"乐业"。我们相信，房地产将继续在中国扩大内需中发挥重要作用，也更加需要发展专业化的机构和引入各类长期资本。这是一个巨大的红利，也为国外优秀的企业和金融机构提供了难得的机遇。建设银行愿意和大家合作，共享中国经济高质量发展的红利，共建更加美好的家园！

扩大国内总需求

刘遵义

香港中文大学原校长、教授

中国经济增长的真正问题是在短期和长期内是否有足够的国内总需求。中国不仅有过剩的劳动力，也有过剩的资本，还有过剩的生产能力。只要有需求，就会有供应。因此，中国的 GDP 水平基本上是由总需求水平决定的。此外，中国今天的经济增长不再是由净出口的增长所驱动，而是主要由国内总需求的增长驱动，包括家庭消费、公共产品消费和国内固定资产投资总额，其中投资是最重要的来源。

第一，家庭消费水平取决于当前的家庭收入和家庭财富。中国家庭消费占 GDP 的比例，目前还不到 40%，按国际标准是较低的。这是劳动力在 GDP 中的低份额（2020 年为 61.5%）和家庭的高边际储蓄倾向的综合结果。增加家庭消费可以通过提高家庭收入或家庭财富，或同时提高两者实现。但提高目前的家庭收入需要全面提高工资，这在短期内可能不容易实现。

第二，随着中国人均 GDP 的增加，中国政府将注意力从经济增长的数量转移到质量上，对公共产品的需求也将增加，比如教育、医疗、养老、绿色发展等。提供这些公共产品的成本也由两部分组成：对基础设施的投资，以及当前持续运营和维护的费用。如何提供融资支持，我认为现在就应该讨论。因为世界上大部分地方的公共产品是由地方政府通过税收支持，而中国的税基不是特别合理，当然是由于不同的原因造成了这样的局面，但是我们必须要有地产税，地方政府就有资源来提供公共产品。

第三，必须努力通过增加国内固定资产投资总额来更直接地增加总需求。基础设施建设投资会继续增长，房地产投资对中国经济非常重要，而且房地产对工程、建筑、建材等下游产业影响很大。然而，房地产投资的需求不仅可以由自住住房支持，还可以由租赁住房支持。中国政府可以促进企业或其他机构所有权下的住房长期租赁，作为自住住房的替代，从而维持下游建筑和建材行业的需求。全球市场大部分租赁房占比很大，在柏林，基本上45%是长期的租赁房。这样也可以推动总需求的增长。当然，最终的住宅总需求是一样的，但在长期租赁和持有住房之间可以有不同的平衡。

利用大数据探究新型消费活力

沈建光

京东集团首席经济学家

我作为宏观经济学家，首先讲讲大的宏观趋势。过去几年，特别是 2019 年，中国社会消费品零售总额的年增长率为 8%。到了 2020 年和 2021 年，这两年的平均增速是 4%。2022 年压力比较大，国家统计局的数据显示社会消费品零售总额增长率是 −0.2%。2022 年消费对 GDP 的贡献也出现了明显下行，因为消费的整体增长表现出一个非常重要的特征，就是中国消费者的储蓄率大幅上升。2022 年新增人民币存款达到 17.8 万亿元，创下历史新高，而且中国居民储蓄比 2021 年多增 8 万亿元，超过 1 万亿美元。当然，这可能会潜在地促进未来的消费。如果老百姓过去积累的很多储蓄开始用于消费，那么 2023 年消费会有明显上升。

关于新的趋势，虽然宏观数据显示过去几年消费增速下行，压力比较大，但是在微观领域有很多亮点。

一是线上消费。线上消费明显快于总体零售，比如说 2022 年整个零售年增长率是 −0.2%，但是线上实物消费的增速为 6.2%。消费线上化、数字化的趋势越来越明显。京东消费端参与"双 11"的用户增长了 90%，下单金额增长 175%。产业端也有更多企业参与线上消费。线上消费的数据看上去比较亮丽。

二是绿色健康型消费广受追捧。这是从大数据看到的趋势。首先是绿色家电消费，现在节能产品的销售额比 3 年前增长了几倍，远远高于总体增速。其次是健康价值型消费，线上医疗健康用户快速增长。比如京东健康2022年用户已经达到了1.54亿人，比2021年增加了3100万人。京东在宁夏的互联网医院已经有2.4万签约医生，2022年利用线上医疗服务了全国5000万客户。

三是情绪价值型消费。年轻人睡前帮助睡眠的产品都属于新型情绪价值型消费。蒸汽眼罩、香薰蜡烛，过去好像不在消费潮流里，现在销量大幅增长。国潮新品从供给端来看增长了68%，从购买端来看增长了90%，说明国潮品牌日益受到消费者的青睐。

四是新技术产品消费快速崛起。扫地机、AR/VR眼镜、家庭健身器械等销量增长非常快。俯卧撑架的消费增速达到100%。京东智造的C2M反向供应链已经服务2000余家企业。它们为消费者打造的产品表现出一个特点，即在价格更加优惠的情况下，功能和质量大幅提高。这也是新的趋势。

五是县域农村消费高速增长。农村消费倾向大大高于城市。从大数据来看，中低线城市和县域农村的线上消费快速增长。这跟国家的电商下乡、物流冷链进村政策息息相关。农村基础设施持续优化，推动电商下乡，贫困地区可以享受到的消费服务质量跟大城市基本一样，所以明显提振了农村消费。此外，中国是全球最大的消费市场，不同城市处于消费升级的不同阶段。比如一线城市的消费升级已经在成熟阶段，现在主要是生鲜、宠物生活等消费开始大幅度增长。但是在农村县域地区，家具改善性需求、教育健康补充性需求还是非常旺盛。

六是加快新型消费潜力释放的建议。

1.国家已经在通过财政补贴强化智能、绿色、乡村的消费。对绿色智能家电下乡、以旧换新、绿色家居消费、电商进农村等项目的支持力度可以进一步加大。中央经济工作会议提出，把恢复和扩大消费摆在优先位置。那么发挥好像京东这样的新型实体企业的技术和产业链的作用，可以加快释放新型消费潜力。

2. 促进消费场景扩容，加快新消费场景建设。刚才有演讲者提到互联网健康医疗服务潜力巨大。把药品销售网络、互联网医疗纳入医保范围内，建设全国统一的医疗支付和报销平台，可以进一步促进服务消费。互联网医院的有些专科适用于互联网，比如皮肤病专科可以进行线上首次诊断。目前这个领域还有不少政策堵点，如果能解决这些堵点，可以显著加快新消费场景建设。

3. 将恢复消费与推广"企业网购节"等结合，提高消费能力与意愿。京东的农特产品购物节把各地农特产品推到线上，还以购物节形式推动很多企业参与"云上集市"，联动全国80个城市，20万家企业，特别是中小企业。这就是发挥了新型实体企业在供应链、产业链、人才链、资金链上的优势，帮助中小企业大力增加供给，拉动消费者一起恢复消费。

4. 消费券取得了明显的成果。建议对农村低收入群体发放消费券，促进消费，对中小企业发放采购券，强化消费恢复的动能，推动消费快速复苏。

深化跨境金融服务，促进"一带一路"高质量发展

李彤

中银国际控股有限公司首席执行官兼执行总裁

2023 年是"一带一路"倡议提出 10 周年。过去 10 年，共建"一带一路"取得良好开局，形成了超过 3000 个合作项目，涉及近万亿美元投资，惠及领域既包括交通、能源、城市发展、水资源等基础设施建设，也涉及公共卫生、教育等社会服务。"一带一路"建设有力增强了沿线市场的互联互通，提高了沿线国家和地区的增长韧性，让将近 4000 万人摆脱贫困，为世界经济的可持续发展作出重要贡献。

共建"一带一路"资金需求巨大，需要构建多层次的投融资渠道。商业性金融机构在"一带一路"投融资中发挥了不可替代的作用。过去 10 年，中国商业性金融机构以"一带一路"沿线重大项目和企业作为突破口，完善海外网络布局、创新金融产品和服务、提供"一站式"的综合金融解决方案，涉及跨境结算与支付、海外投融资、并购、资金管理、风险控制、境外上市、境外发债、财务顾问等多种金融服务，为沿线国家和地区经济结构转型、应对疫情、完善社会治理和民生保障提供了有力支持。

"一带一路"金融合作涉及跨国家、跨币种、跨市场等多个维度的衔接，较传统金融项目更加复杂，需要更为全面的金融服务能力。因此，在各类商业性金融机构中，具有综合跨境服务能力的金融机构能够更好满足高质量共建"一带一路"的需求，将在"一带一路"建设中扮演独特且重要的角色。作为最早建立综合跨境金融服务架构的领

先中国投资银行，中银国际一直积极践行"一带一路"倡议。在"一带一路"倡议提出初期，中银国际就结合自身综合化、国际化的经营特色，明确将服务"一带一路"作为业务发展重点并进行了相应的战略部署，多次为"一带一路"沿线企业提供上市融资、国际债券发行、并购重组、财务顾问等跨境金融服务，覆盖能源、矿产、航空和科技等多个行业。

在服务"一带一路"过程中，我们着眼国际市场需求，在中东和东南亚地区等沿线重要市场进行了重点部署并打造了多项标志性"一带一路"金融项目。例如，中银国际作为唯一的中国投行参与沿线最大也是全球最大的石油企业沙特阿拉伯国家石油公司的首次公开募股上市，是全球有史以来最大的首次公开募股项目；沙特阿拉伯国家石油公司上市是沙特阿拉伯推动经济结构转型，实现"2030愿景"的重要组成。同时，中银国际充分发挥香港国际金融中心作为"一带一路"金融支点的独特优势，服务伊斯兰国家企业多次在香港面向国际投资者发行伊斯兰债券。此外，中银国际积极服务"一带一路"沿线国家和地区的企业并购重组需求，支持了"一带一路"倡议提出以来最大的中欧企业并购项目，促进了中欧双方的合作共赢。从2022年10月到现在，我多次在沙特阿拉伯、阿联酋、新加坡等"一带一路"沿线国家参与国际交流活动。在这些活动中，我充分感受到了国际各界对共建"一带一路"的高度认可以及国际企业对跨境金融服务的强烈需求。我相信深化跨境金融服务不仅能够为"一带一路"建设提供更多金融支撑，也能为各类金融机构创造新的发展机遇。

放眼下一个10年，我们相信在国际各界的热情参与下，高质量共建"一带一路"将迈上新的台阶，共建"一带一路"合作内容将更加丰富，继过去10年在货物贸易、基础设施、产能合作等领域取得显著成绩后，有望在服务贸易、数字技术、绿色产业、文化交流等领域孕育新的硕果。更高的发展要求和更丰富的合作内容更加需要综合化的跨境金融服务。为了更好支持"一带一路"建设，跨境金融机构也需要与时俱进，结合当前国际金融市场环境和沿线国家转型需求，继续拓宽融资渠道，大力发展直接融资，强化风险管理，创新绿色金融服务并推动人民币在沿线国家和地区支付、投融资和资产管理中的便利使用。我相信在各方努力下，共建"一带一路"倡议一定能在下一个10 年成功续写高质量发展的新篇章。

推动"一带一路"倡议与落实联合国 2030 年可持续发展议程协同增效

赵昌文

中国国际发展知识中心常务副主任

2017 年 5 月，联合国秘书长古特雷斯讲过一句话，"一带一路"倡议与联合国 2030 年可持续发展议程（简称 2030 年议程）相辅相成，为沿线国家和地区提供了大量基础设施建设、投资和就业机会，为有关国家摆脱经济困境、实现可持续发展目标提供了现实路径。我想这句话的含义是，"一带一路"倡议和 2030 年议程本质上是相通的，即紧紧抓住了发展，特别是可持续发展这样一个核心问题。

一、共建"一带一路"倡议取得多方面进展，与 2030 年议程的主旨深度契合

过去 10 年，"一带一路"倡议应该说取得了很多方面的进展，尤其是在过去新冠疫情困扰我们的 3 年，我们也看到中国与沿线国家的贸易、投资、经济合作都有很好的发展。如果和 2030 年议程"对标对表"的话，我们能够看到很多进步和发展，比如"一带一路"倡议提出为当地居民带来就业机会和增加收入，这个有利于推动联合国可持续发展目标一消除贫困、目标二消除饥饿、目标五性别平等、目标八体面工作和经济增长、目标十缩小差距，这是完全可以相通的。再比如"一带一路"倡议提出为可持续基础设施提供可靠的发展资金，缩小投融资的差距，这个和联合国可持续发展目标九工业创新和基础设施、目标十一可持续城市和社区、目标十三气候行动是完全相通的。

"一带一路"倡议还提出要扩大贸易、完善区域和全球市场准入，这个和目标十缩小国家和地区的发展差距、目标十七促进目标之间的伙伴关系等也是完全吻合的。总之，"一带一路"倡议与2030年议程从理念上是相通的，就是要聚焦发展、回归发展，努力争取实现可持续发展。

二、"一带一路"倡议和2030年议程协同增效的思考

我今天发言不仅仅是回顾过去，以及"一带一路"倡议和2030年议程在哪些方面是相通的，更主要是从未来如何推动"一带一路"倡议和2030年议程协同增效角度，提几个建议供大家思考。

第一，政策的协同。政策框架的协同应该是战略协同非常重要的一个方向，这个政策框架实际上是包括了多个层次的，有政府层面的，有行业层面的，有多边层面的，我觉得都是非常重要的。举一些例子，比如中国—东盟合作、澜沧江—湄公河合作、欧亚经济论坛、中非合作论坛、中国—阿拉伯国家合作论坛等，这些机制可以非常好地促进各个层面政府的、行业的、多边的政策沟通，从而提高"一带一路"倡议和2030年议程之间政策的协同性。

第二，进一步增强基础设施建设的协同性。"一带一路"倡议非常关注基础设施，这其实是从中国改革开放40多年来的发展经验中总结出来的，我们国内叫"要致富，先修路"。"一带一路"沿线很多国家也是发展中国家，基础设施很可能是经济增长的一个约束条件，所以我们特别关注基础设施。但是基础设施现在也有很多标准，比如绿色、环保。所以我们现在在"一带一路"倡议的基础设施建设和联合国可持续发展目标之间也可以看到很多是可以协同的，比如保护和可持续的水资源管理及其服务，这个和联合国可持续发展目标十五是相通的，减少自然栖息地的退化、遏止生物多样性的丧失，这也是可持续发展目标十五中所提到的。另外还有"一带一路"沿线国家和地区资源利

用效率，使用更多清洁和环保的产业技术等，其实我觉得这背后都涉及基础设施建设的协同。

第三，贸易规则的协同。这个当然不是说"一带一路"倡议有自己的贸易规则，而是说在多边框架下可以很好地实现"一带一路"沿线国家和地区无障碍的贸易投资和可持续发展合作。包括大家特别关注的像多重危机背景下，粮食、能源等方面的挑战和危机。如果我们能够很好地来协同贸易、投资和经济合作的规则的话，有助于降低粮食、能源等可能带来的风险，特别是对于低收入群体带来的影响。

第四，投融资的协同。我觉得需要投融资协同来增加资源的流动性。2030 年议程有一个很关键的事情就是资金的缺口，新冠疫情 3 年，我们看到很多发展中国家出现了发展倒退，贫困人口不降反增，最终是需要投资的，我看到一个测算就是要实现可持续发展的目标，需要 5 万亿～ 7 万亿美元的投资，仅仅发展中国家很可能投资缺口就两三万亿美元，甚至更大，这么大投资缺口各自为政的话是很难完成的。下一步在"一带一路"倡议和联合国可持续发展目标投融资方面的协同恐怕也是非常重要的，包括环境的风险管理、项目的投资、低碳绿色的原则等这些方面可以做好协同。

第五，人文合作和知识交流。应该说这是在"一带一路"倡议和2030 年议程框架下可以大有空间的，包括政策支持、法律制度、文化、技术等。特别是南南合作和为发展中国家提供技术帮助、技术援助和知识分享，有利于提高发展中国家的发展水平，从而使得我们无论是从"一带一路"倡议的视角出发，还是从 2030 年议程的视角出发都是有很大帮助的。

外资保险公司助力中国高质量发展

李源祥

友邦保险集团首席执行官、总裁

在香港，人们对中国内地的重新开放都非常兴奋，因为这对香港和整个亚太地区都非常重要。我们对于中国在过去这些年所采取的改革开放的措施表示赞赏，这些变革使得更多的中国百姓可以在健康和养老方面获得更加丰富的产品和服务，以满足他们退休之后的需求。而中国对外资保险市场准入政策的放开也能够使得这个市场变得更加开放，同时使得外资企业对在中国长期的发展更加有信心。我们认为，所有参与经济发展的利益相关方，都需要为之提供公平的待遇，这样才能创建一流的营商环境。提升政策的透明度、可预测性和公平性，不仅可以改善保险业的经营效率，保险公司也可以更好地为实体经济服务，并可以满足人们对金融保障和长期储蓄的需求；保险企业可以提供专业的建议和创新的产品来满足他们的保障需求，这样也使得中国的消费者可以放心地消费。

外国投资者在保持最高水平的专业性、企业治理和风险管理方面拥有非常好的历史经验和专业积累。保险公司具有信托的责任，可以对行业的长期发展作出贡献。这些责任意味着，外资保险公司会把最佳实践和技术专长带入中国的市场，比如投资、资产配置和风险管理能力及经验等，以支持中国金融行业的发展，并对中国的监管机构在严格监管的同时能够实现符合国际的标准提供帮助和支持；能够在中国培养更多高质量的优秀人才，实现可持续增长。

外资保险公司的专业意见和建议以及培养的专业代理人队伍能够给客户带来长期的服务和利益，推动人们提升对金融风险的认识。这些高水平的专业人员能够把国际标准和技术优势带到中国，使得中国的保险业能够顺利地度过各个经济周期，同时也可以满足中国人对健康、长寿生活的质量需求以及在储蓄、投资方面的长期安排，同时能够推动人寿保险行业的发展，将健康中国的愿景变为现实。另外，外资保险公司的专业意见和建议，也能够更好地支持中国达成碳中和目标，并帮助中国实现绿色发展；也会通过创新、可持续性的最佳实践，支持中国向清洁能源转型。

香港国际金融中心的未来

史美伦

香港交易所主席

今天我想跟大家分享一下香港国际金融中心的过去、现在和未来。

1993 年 7 月 15 日，经过 18 个月内地和香港有关部门的共同努力，香港联交所迎来第一个国有企业青岛啤酒。

青岛啤酒在香港上市是香港联交所唯一一次用啤酒而不是香槟祝酒。我当时是香港证监会企业融资部的助理总监，作为两地团队中香港证监会的代表，我全程参与了筹备工作。用 H 股作为国企股的代称，也是我当时提出的一个小建议。

直到现在，我还清楚地记得举杯庆祝时大家的兴奋。那时中国内地既没有公司法，也没有证券法，H 股上市是两地监管部门的创新构思。没有人会想到这一杯啤酒竟然开启了国企来港上市的大时代，更没有人想到国企上市会推动香港从一个区域性金融市场升级为全球领先的国际金融中心。

青岛啤酒上市之后，一大批国有企业和民营企业纷纷到香港来上市融资。通过上市，企业不仅获得了发展需要的大量资金，客观上也提升了公司的治理水平。

国家当时的政策是利用到香港上市加快对国有企业的改革。为了上市，国有企业需要剥离非核心的业务部门，提升管理效能，完成现代化企业的改革。2022 年公布的《财富》世界 500 强中，共有 99 家国有企业上榜，其中很多都是在香港上市的企业。

在这个过程中，香港金融市场也取得了突破性的大发展。H 股上市之前，香港的金融市场比较小，恒生指数成分股中地产公司居多。当时来港上市的国有企业多是工业企业，还有各种类型的制造企业。

国有企业在香港上市，大大丰富了香港市场的结构，提升了香港的吸引力，也吸引了很多国际金融机构。它们看重的是中国改革开放带来的机遇。在这个过程中，香港成长为全球领先的国际金融中心。

2018 年，香港交易所改革优化了上市规则，这吸引了许多中国内地的新经济公司赴港上市。

上市公司从 1993 年的 477 家增加到现在的 2596 家，增长了 4 倍多；总市值由 3 万亿港元增长到 36 万亿港元，增长了 11 倍；香港股市的日均成交额从 1993 年的不到 50 亿港元发展到今天的 1286 亿港元，增长了约 26 倍；在香港上市的内地公司（包括 H 股、红筹股及民营企业）从 1993 年的 40 家，市值占比不到 5%，到 1500 多家，市值占比达到 77%；从 1993 年到 2023 年 2 月底，内地企业通过发行股票已经在香港融资 8.2 万亿港元，占香港股市融资总额的七成左右。

因为内地企业的不断加入，香港新股市场的优势越来越明显。融资总额在过去 14 年中有 7 年是全球第一。

现在回过头来看，30 年前的 H 股为什么能够大获成功呢？我想主要有 3 方面原因。

第一是国际化。国有企业在主板上市的要求跟香港的公司完全一样，这就需要国有企业作出很大的改变。国有企业在香港上市，促使它们为了融资进行彻底的改革。

第二是创新。在今天，创新是一个很普遍的概念。30 年前，我们是怎么创新的呢？在没有公司法的情况下，两地的监管队伍设置了一套必备条款，让来香港上市的国有企业按照这些条款制定公司章程，成为上市缔约的一部分。这样既起到了约束的作用，又不需要走立法的漫漫长路。

第三是合作。两地监管机构和交易所的紧密合作是 H 股上市机制能够成功的关键。当时，香港非常需要开拓上市资源，分享内地改革开放的机遇。而内地推动国有企业的改革上市，一是为了融资，二是加快改革的步伐。双方都有很大、很强的动力来做这个事。

H 股上市可以说是香港金融市场发挥连接中国和世界功能的第一步。2014 年，香港和内地又联手干了一件大事：开通了沪深港通。香港金融市场进一步发挥连接中国和世界的功能，开启了中国资本市场双向开放的新时代。这个互联互通的机制，不仅可以让外国人在香港用港股账户直接投资内地的 A 股，也第一次让人们可以坐在家中，通过内地股票账户直接投资香港的股票市场。

互联互通为内地和香港都带来了很大的机遇，不仅推动了内地资本市场对外开放和人民币国际化的进程，也巩固了香港作为国际金融中心和全球离岸人民币枢纽的地位。

在过去的几十年，香港作为国际金融中心的崛起和发展，是香港和内地互相成就、创造双赢的典范，也是"国家所需、香港所长"的最佳案例。香港的繁荣和发展，离不开祖国的发展和支持。过去这样，现在这样，将来也是这样。

这几年香港的金融市场发生了什么变化呢？

第一个变化就是新经济成为上市的主力。以前香港股市的主力是比较单纯的金融、地产等传统经济公司。从 2018 年香港交易所推出上市改革以来，已经有近 250 家新经济公司在香港上市，新股融资额占了全市场的 70% 左右。

第二个变化是产品生态圈更加丰富。这几年来，市场上对风险管理的需求明显增加，加上人民币国际化的推进，香港的各种金融衍生产品快速发展，产品生态圈也越来越丰富。现在的香港，不仅是国际资产管理中心，也成为国际风险管理中心。香港正成长为一个更加综合、业务更加全面的国际金融中心。

第三个变化是互联互通不断优化和改革升级。到今天为止，沪深港通代表的互联互通机制已运行 8 年多，经过多次升级优化之后，产品越来越丰富，交易越来越便利，成交也越来越活跃。沪深港通现在已经成为国际投资者投资内地股票市场的主要渠道，外资持有的内地股票有七成是通过这个渠道完成的。

这些都是近几年香港金融市场发生的比较大的转变，这些变化都进一步增加了香港作为国际金融中心的吸引力。

那么，哪些是不变的呢?

我认为有两点是没有改变的：第一个是国际化特色没有变。香港之所以能够为国家作出特殊的贡献，很关键的一点就是它的国际化。香港是中国最国际化的城市，也是国际金融中心中最懂中国的。香港的营商环境自由、税制简单，市场机制、金融基建和法治监管都和国际接轨。这也是这么多年来国际投资者对香港的市场有信心的原因，这个是没变的。

第二个是背靠祖国、联通世界。和其他的国际金融中心相比，香港最独特的优势就是背靠祖国、联通世界，这个是"一国两制"赋予香港的独特优势。因为"一国"，香港有中国坚定的信任和支持，也能够直接地受惠于中国的经济发展；因为"两制"，香港继续保持了自己的国际化特色。凭着这个独特的优势，香港发挥了连接中国和世界的功能，成为推进中国金融市场开放和创新的最佳试验田。

正是因为这些变化和不变，让我对香港的未来充满了信心。经常有人问我，香港作为国际金融中心的竞争力到底在哪里，香港的机遇在哪里，怎么样才能提高香港的国际竞争力？答案其实很简单，那就是融入国家发展大局，继续做好连接中国和世界这件大事。

在我看来，香港交易所可以从以下几个方面进一步融入国家发展大局。

第一，中国正在进入高质量发展的新时代，创新是驱动高质量发展的主要动力。以生物科技的创新为例，2018 年香港交易所上市改革以后，香港已经成为全球领先的生物科技中心，也成就了很多生物科学家的创业梦想。这次新冠疫情中，我们用的疫苗和药品，有些就是来自香港上市的生物科技公司。将来，我们还将继续不断优化上市机制，为中国的高质量发展提供融资的机会。

第二，中国坚持高水平对外开放，资本市场的开放是不可缺少的一环。在这个方面，香港和内地联手做的互联互通机制已经发挥了很重要的作用。在两地监管机构的支持下，互联互通已经从沪港通延伸到深港通、债券通、ETF 通。我们正在筹备的是互换通，这将是第一次连接两地金融衍生产品的互联互通机制，为国际投资者提供人民币利率风险管理的重要工具。

第三，人民币国际化。人民币要真正成为通行的国际货币，就必须有丰富的投资功能，有风险管理的工具，有更多的投资产品。香港一直是人民币国际化最前沿的阵地和试验田。除了互联互通以外，我们还在大力发展其他的人民币投资产品和风险管理工具，希望借此使人民币市场更有吸引力。2023 年，我们会在港股市场推出港币、人民币双柜台的模式。换句话说，在香港上市的企业，无论是国有企业、香港本地企业，还是国际企业，投资者既可以用港币，也可以用人民币进行股票交易。大家可以把人民币投到香港的资本市场和股票市场上，这是很重要的突破。

第四，在新业务方面，香港交易所将大力开拓碳市场和其他的环境、社会和治理产品。我国正在大力推行低碳经济转型，这个转型需要全社会的共同努力，更需要大量的资金，而提供资金正是资本市场的功能。

上述这些只是香港交易所融入国家发展大局的一部分计划。只要我们能做好每件事，就会提升香港作为国际金融中心的竞争力，会给香港带来更多发展机遇，也会帮助香港融入国家发展大局。

在不久前召开的全国两会上，国家领导人再次强调，中央政府将坚定不移地贯彻"一国两制"方针，全力支持香港融入国家发展大局，全力支持香港提高国际竞争力。这就是国家对我们最大的鼓励，也是香港国际金融中心未来再创辉煌的最大的底气和最大的机遇。

30年前，香港金融市场凭着国际化、创新，以及与内地的紧密合作，发挥了连接中国和世界的重要作用，迈出了第一步，迎来了辉煌。我相信30年后的今天，凭着这些成功的经验，再加上祖国作坚强后盾，香港金融市场一定会继续发挥连接中国和世界的功能，迈出第三步、第四步、第五步……再为国家创造辉煌！

我相信香港一定会继续背靠祖国、联通世界、引领未来。

以创新为核心　建设富有韧性的医疗卫生服务体系

罗赋德

雅培公司董事长、首席执行官

健康是助力个人、国家乃至整个社会获得满足感、成就感和韧性的关键。拥有健康，人类才有能力去解决社会、经济中存在的各种问题。

可能有些人并不是特别了解雅培，作为医疗健康行业的领跑者，雅培创立至今已有135年。从公司的创始人雅培博士作为执业医师为患者开药治疗开始，目前我们的业务已遍布160多个国家和地区，产品线丰富多样。到2030年，我们的目标是为全球30亿人提供健康相关产品和服务，占据全球人口约1/5的中国对于这项愿景的实现无疑将发挥重要的作用。

经过135年的发展，雅培成长为一家非常具有韧性的公司。我们曾亲历战争、疫情和各种经济周期。我们从中学到的是，要做到有韧性，就要平衡时间、重点、创新，解决当下最关键的问题。与此同时，还要将一部分资源投入到未来的发展中，尽管我们无法预知未来，但要事先作好优化的抉择，作好策略与资源的布局。

我想跟大家分享两个想法，讲一讲我们是如何做到富有韧性的，以及我们到底做什么才能帮助世界的医疗服务体系更具韧性。首先是创新，其次是增强医疗服务体系。

关于创新，有两点是我们特别关注的，第一是可负担性，第二是可及性。多年以来，我们一直在思考如何推动创新，如何给予创新者最优回报。而在医疗服务体系中我们要做到平衡，不仅仅要考量资金的投入，还要考虑如何让更多的人用得上、用得起我们最先进的医疗产品。这不仅要解决医疗和临床的问题，还要解决产品的市场准入问题。我们产品需要具有创新的设计理念，也要兼顾价格和准入性。还有可及性原则，我们希望在传统医疗机构之外提供更多元化的产品与服务，这样无论患者身处何方，他们都能得到需要的医疗产品与服务，这是我们思考的。

关于如何增强医疗服务体系，我们认为推动培养高素质的专业医务人员是重中之重。比如我们与坦桑尼亚政府展开长期合作，过去 20 年间，投入超过 1.5 亿美元，帮助当地打造可持续的医疗基础设施，筹建了 3 家提供急诊服务的区域性医疗中心，为几千名专业医护人员提供各种技术培训，涵盖营养、检测、诊断、心血管疾病治疗等各个领域，助力当地打造可持续的医疗解决方案，以应对重大医疗卫生挑战，并帮助更多人获得所需的医疗服务。

关于建设富有韧性的医疗服务体系，我们的想法是：坚守承诺，鼓励推动医疗卫生服务体系的发展，实现国之健康、民之安康；坚持创新，持续地尝试与投入，思考创新的价值回馈，其所带来的可及性、可负担性，惠及更多民众。

过去 3 年，的确挑战重重，但我们对更美好的未来依然充满期待！

建立激励机制　实行结果导向

卫博科

武田制药全球总裁、首席执行官

武田制药有几百年的历史，业务遍布 80 个国家，在中国也有超过 40 年的历史。中国过去 7 年可能比再往前 30 年发展得更快；过去 5 年推出的新药可能也比再往前 30 年更多。这样的变化也使得我们有更多的新药得到批准，甚至进入医保名录，从而发挥更大的药物价值，让更多的病人用得上。中国不仅不断改变监管体系，整个医保体系也发生了巨大变化。

中国在整个医疗卫生体系的投入约占 GDP 的 7.3%。如果和美日欧进行对比，有些国家可能投入了 15% ～ 20% 的规模，美国可能数字更高一些。如果只看 GDP 占比的话，有些国家的医疗体系并不是那么有韧性，并且韧性还在降低。也就是说，可能有些国家需求实际上是大于供给的，这使得医疗体系的韧性会有所下降，并且变得越来越差。

之所以会这样是因为资金的支持，包括整个供给的改善跟不上。在过去 20 多年当中，很多国家都有这样的现象。很多国家在不断控制成本，限制护士和医生的收入水平。这就意味着医生和护士的供应会出现紧缺，尤其是在新冠疫情期间，这种缺口越来越多。很多人并不愿意去做护士，因为他们的收入上限被控制了，所以这个工作也就没有什么吸引力了。即使到现在，整个医疗体系的供应水平可能也没有回到疫情前的水平。

在这样的情况下，我们能够做什么呢？我想和大家分享一个想法：

要更多地以结果为导向。如果我们能够奖励医生，或者是以更好的结果为导向，就能够建立起一个更好的医疗体系。我们知道住院是有成本的，大部分成本是当人们住院的时候才会发生，如果降低住院率，成本就会降下来。这种情况下，全科医生就能发挥作用，降低住院率，比如在病情没有那么严重的时候就进行治疗。这也是中国在改善的一个方向，即更多的以结果为导向，而不仅仅是作一些粗暴的干预。

药的价值并不在于药品本身，而是给病人带来的实质价值和意义。比如一个病人通过提前的治疗能够避免 5 年甚至 10 年的住院，这对病人就有实质意义和价值。如果我们能够建立这样的体系，就能够使医疗体系变得更加高效。在一些国家确实有这样成功的案例，我想中国正在朝着正确的方向去发展。

私人投资助力医疗卫生服务体系发展

李振福

德福资本创始合伙人、首席执行官

和今天参会的其他公司相比，德福资本并没有那么有名，历史也更短一些，但是希望我们也能够经营 100 年，在 100 年之后能够非常有名。我们是医疗领域投资人，在过去 40 年当中，我们非常荣幸地和领先的医疗公司进行合作。我想和大家分享如何打造一个更有韧性的医疗体系。

首先，我认为一个有韧性的医疗体系需要一个大的生态体系，所有的利益相关方要无缝地合作，其中关键的一方就是私人医疗企业和私人投资者，他们是医疗体系当中非常重要的环节。在 2023 年的全国两会上特别强调民营经济的重要性，非常令人鼓舞，尤其是对于私人投资者和私人医疗企业来说。因为很多被投企业都是非常重要的政府合作伙伴，他们对于中国的医疗体系作出了巨大的贡献。

其次，就是推动创新，在座很多嘉宾刚才也提到了创新是打造有韧性医疗体系的核心。过去 10 年，很多疾病已经可以治疗了，中国在医疗创新方面投入了几千亿、上万亿的资金，很多资金都来自于私人资本。很多创新药和医疗设备都在中国研发，由中国的创新企业做出来，而且很多中国的病人都能够以一个比较合适的价格用药。所以私人公司有着巨大的合作潜力可以挖掘，从而解决中国医疗体系的很多重要问题。

另外一个私人资本能够发挥作用的领域就是数字医疗，一个有韧性的医疗体系必须要包括强大的数字要素。这在中国可能比其他国家显得更重要，因为中国有14亿多人口，并且国土面积是世界第三大。我们医疗资源相对有限，包括医疗设备、医疗人员等都是有限的，所以使用数字技术非常重要，只有这样才能扩大医疗资源的覆盖面积。在数字领域，有些被投资的企业也是非常领先的，他们使用人工智能诊断癌症。

当然还有很多其他的领域，私人企业和私人资本能够发挥重要的作用，从而打造一个有韧性的医疗体系。作为一个投资人，我们希望能够作出更多的贡献。

健康家庭　健康社群　健康城市

潘睦邻

安利全球首席执行官

说到"建设有韧性的医疗卫生服务体系"，我想强调一下通过塑造公众健康生活方式有效预防疾病的重要性，因为这非常符合中国卫生健康工作从"治病"向"全民健康"转变的大方向。

安利是一家由创业者主导的大健康解决方案提供者。在我们全球100 多个市场中，中国不仅是我们最大的市场，同时也是创新的领头羊。安利纽崔莱起源于中国，纽崔莱的创始人卡尔·宏邦先生在 20 世纪 30 年代来到中国。他深受中草药文化影响，坚信植物营养对人体健康的价值，后来他回到美国创办的纽崔莱成长为全球领先的营养补充剂品牌。安利的很多产品核心理念来源于《黄帝内经》。它告诉我们，健康长寿的关键在于"天人合一"，人要遵循自然之道。这些中国传统哲学奠定了我们的绿色营养与全面健康等理念的基础。

今天我想从 3 个方面，即产业引领、产品创新和基层推动，阐述企业如何为健康中国建设作出努力。

首先，我们刚刚增投 6 亿元全面升级改造广州生产基地，通过先进制造引领上下游企业，共同打造营养保健食品行业的现代化产业体系。安利广州生产基地目前供应安利全球 50 多个市场，优化提升之后将更好地实现中国国内国际双循环的相互促进；我们还将在中国建设自有有机农场，发展更多认证有机农场，推动智慧有机农业的发展，从原料端发力助推营养保健食品产业升级。

其次，作为一个有着中草药文化基因的国际品牌，我们曾两度参与有关中草药现代化的中国国家"十三五"科技攻关项目，并研发和生产出全球热销的中草药系列产品，为中草药现代化、国际化作出贡献。随着健康意识和健康消费的不断升级，我们将持续守正创新，投入人体检测、大数据、基因生物、人工智能等前沿技术，丰富和拓展产品品类，同时利用营销人员面对面服务的优势，为中老年人、上班族、青少年、各种慢病群体等细分人群，定制个性化的营养健康解决方案，助力消费者遇到更健康的自己。

最后，通过大健康社群推广健康生活方式，为疾病预防筑起坚固防线。这样做，不仅能提升广大公众的健康素养和健康生活质量，也能有效降低全社会的医疗成本。中国有 20 万安利创业者，他们组织并运营着成千上万、主题丰富的大健康社群，如大健康读书会、体重管理、健康丽龄、四季养生、亲子健康等。社群成员组队学习科学的健康知识，选用个性化营养健康方案，践行健康行动，通过互相陪伴、互相学习、互相鼓励、互相督促，一起养成健康生活方式，更好地成为自己的健康第一责任人。

我相信健康社群中的骨干分子都能成为各自家庭中的家庭健康管理员，健康中国的根基恰恰在于健康家庭，健康家庭是健康社群的基本单元，一个个健康社群又成为健康城市的有机组成部分。安利已经在中国运营 30 年了，我们期待下一个 30 年继续为"健康中国"战略提供助力！

"环境、社会和治理"（ESG）两大基石与企业贡献

华康尧

保诚集团首席执行官

ESG 是环境、社会和治理，是确定我们的任务，确定我们如何为客户、员工、股东和社区提供长期价值的本质。

我想先简单介绍一下保诚集团。我们在亚洲、非洲的 24 个市场拥有 35 家子公司，我们提供健康保护，储蓄投资产品和服务，丰富客户的收益渠道。

2023 年正好是我们创建 175 年，其中在亚洲有 100 年的历史。在中国，保诚集团和中信集团成功地建立了一家保险合资企业，而且这家合资企业中信保诚已经有 20 多年的历史，我们非常高兴有机会接触和拥有超过 11 亿客户。

那么，作为一家企业，我们的首要任务是通过提供财务上的保障来创造社会价值。我们希望每个人都能够获得健康、医疗和财务方面的保障，促进社会公平。

今天我想谈谈环境、社会和治理的两大基石：社会投资和环境投资，两者都是中国未来发展的关键，特别是到 2035 年，中国的人均 GDP 将翻一番。继中国成功地提高数亿人的生活水平之后，中国下一阶段的发展目标是实现共同富裕。

我认为这与我们保诚集团帮助人们更好地获得美好生活的宗旨是一致的，我们的核心是致力于为今天和未来提供社会公益。

我认为，保诚集团能够在以下 5 个方面为中国实现共同富裕的目

标作出贡献。

第一，保险的主要功能是防止经济损失，防止个人和家庭由于意外事件陷入贫困。我们不能忽视保险这一最基本的保护性、防御性的性质。

第二，我们帮助客户在其一生中成长，并且保护他们的财富。这可能包括支持他们孩子的教育，为他们提供退休收入或者为其人生的抱负和目标提供资金，从而创建一个不断增长和稳定的中产阶级。

第三，尽管保险公司在传统上是当客户在受伤或者生病的时候提供金融支持，但保诚集团正越来越多地为人们预防疾病，或为改善疾病管理和身心健康方面提供解决方案。这些业务减轻了政府的财政支出负担，使政府能够集中精力将有限的财政资源集中在最需要帮助的人们身上。

第四，保险通过创造就业机会和降低重大财务决策的风险来促进消费。中国经济的双循环以及消费目标也强调了消费以及绿色增长的重要作用。

第五，人寿保险基金的规模，以及它作为长期资本的性质，为资本市场的发展提供了"压舱石"的作用，并为政府提供了低成本的资金，以支持可持续的经济发展。

我们作为资本市场的投资者，依赖稳定的监管环境，这也让我想起了共同富裕的第二个关键领域，就是金融领域。金融业能够对中国环境目标作出贡献。中国力争2030年前实现碳达峰，努力争取2060年前实现碳中和，这将对全球应对气候变化的努力作出历史性贡献，这方面我们的目标也是一致的。保诚集团已经承诺到2050年成为一个零排放的资产所有人，我们针对我们的投资组合进行去碳化，或者说脱碳化，将环境、社会和治理纳入投资决策，并和企业进行合作，支持其绿色转型。与此同时，我们相信公正和包容的国度，是不会让任何人掉队的。

在欧洲，政府和私营部门可以使用越来越多的金融工具，为绿色基础设施提供资金，而在新兴市场似乎没有这么多的选择。我想给大家举个例子，2020 年，全球发行了 1 万亿美元的绿色债券，尽管发展中国家的市场对绿色基础设施的需求最大，但是它们占全球发行量的比例还不到 20%。最重要的是，各国并非从同一起跑线上开始脱碳。

作为一家专注于亚洲的公司，保诚集团希望帮助消除对投资新兴市场的偏见。2022 年 10 月，我们发布了关于经济转型的白皮书，这里面就强调了新兴市场在向低碳经济转型过程当中所面临的关键问题，其中一个关键问题就是在发达国家已经设定的对于绿色金融的分类法不适用于发展中国家。好消息是支持绿色转型的资金并不缺乏，关键是我们如何将这些资金用于正确的地方和项目。

保诚集团的环境、社会和治理投资正在不断增长，绿色债券、越南太阳能项目融资，以及柬埔寨的公共交通等，都是我们投资的项目，但是投资机会增长的速度还不够快。对于基础设施来说，它需要成为我们投资的一个重要机遇，企业需要一系列资金组合。只有政府、监管机构、金融机构和私营部门之间合作，才能够完成这些目标。

中国作为世界领先的经济体之一，已经在这些标准的建立过程当中发挥了重要的作用。在保诚集团，环境、社会和治理意味着确保不让任何人掉队，所有社会成员都能够享受长期繁荣。我们通过促进协作参与和创造双赢解决方案来实现这些目标。我们将为所有人积累财富，在帮助人们为退休作好准备方面发挥作用。保诚集团在这里支持中国政府、监管机构，以及金融部门来实现中国繁荣和成功的共同愿望。

拥抱责任投资

张剑秋
伊利集团高级执行总裁

当前，世界格局正在发生深刻改变，国际竞争日益加剧。中国已迈上全面建设社会主义现代化国家的新征程。2020年，中国向世界作出实现"双碳"目标的承诺。而今，"双碳"目标进一步催动着产业结构的调整转型。

企业强则国家强。构建社会型企业，行业龙头明确可持续发展的"路线图"，建设共赢共富的"产业链"，共建可持续发展的"生态圈"，推动各行各业实现商业价值和社会价值的共同繁荣，将筑牢企业基业长青的根基，引领新时代的商业文明。

明确可持续发展的"路线图"，推动绿色转型。在2023年的政府工作报告中，明确了"推动发展方式绿色转型"是2023年的重点工作之一。规划企业自身的可持续发展路线图，将构建更可持续的零碳未来。伊利在2022年4月率行业之先制定《伊利集团零碳未来计划》，发布《伊利集团零碳未来计划路线图》。我们将在2050年前实现全链碳中和，带动行业的绿色低碳高质量发展，为"美丽中国"贡献乳业力量。

建设共赢共富的"产业链"，奔赴美好未来。当前，不同行业针对各自领域的特殊性和产业结构的差异性，纷纷探索适合自己的产业链共赢发展之路。乳业上接草原牧场，下连百姓餐桌，要追求长期的、可持续的发展，需要统筹带动全产业链的合作伙伴价值共创、风险共担、利益共享。在上游，中国乳业通过技术、资金、产业等多方面的利益联结，助推乡村振兴，带动千千万万的养殖户和农牧民走上了致富路；在企业层面，我们通过各项福利和一系列举措与员工共享发展成果；在下游，乳业振兴在带动物流业、包装业、零售业等持续增长的同时，也促进了当地经济社会的协同发展。各行各业共建"全产业链共富模式"、共享发展成果，必将助力全民共富、创造美好生活。

共建可持续发展的"生态圈"，创造公众福祉。孤举者难起，众行者易趋。打破企业、行业边界，与各行各业优秀的企业跨界联合，携手更广泛的合作伙伴共建可持续发展的"生态圈"，是企业创造可持续价值的新要求。为不断扩大可持续发展的"朋友圈"，近年来，我们跨行业联合多家知名企业，共同发起"可持续发展企业行动倡议"；与43家全球战略合作伙伴成立"零碳联盟"，共享降碳成果、共担绿色责任、共赴零碳未来。凝聚更多力量共建可持续发展的"生态圈"，创造更大的社会价值和福祉，是龙头企业应有的担当。

全球可持续发展能力的增强是谋求社会全面进步的"金钥匙"。解决社会问题，创造公众福祉，实现商业价值和社会价值的共赢，是各国政府、社会组织、各行业和个人的共同责任。让世界共享健康，中国乳业将担当更加重要的角色。我们也希望全球通力合作，构建根深、枝繁、叶茂、果硕的可持续发展"生态树"，共建可持续"林海"，让人类共享美好生活。

新形势下基建企业"环境、社会和治理"（ESG）投资新机遇

房秋晨

中国对外承包工程商会会长

非常高兴也很荣幸应邀参加本场论坛，与大家就"拥抱责任投资"主题作深入交流。先来介绍下我所在的中国对外承包工程商会，商会现有会员企业 1500 余家，过去 40 年来，商会会员一直在境外参与交通、电力、房屋、石化、通信等各类基础设施项目建设。可以说，大家所熟知的"一带一路"基建项目基本上都由商会会员企业参与建设。近几年来，商会会员每年海外营业总额保持在 1500 亿美元的规模，占国际基建市场总额的 1/4。

谈到环境、社会和治理投资，必须说，环境、社会和治理对我们这个行业或者说"走出去"的基建企业来说，具有极为重要的意义。

首先，从行业自身属性来看，大家都知道，公路、铁路、水坝等基础设施项目的开发建设，不可避免要涉及征地拆迁和移民安置问题，或多或少会影响周边民众的生活，也可能对项目所在地的自然和生态环境产生直接或间接的影响。如果企业忽视有关的社会环境问题，就可能遭受经济和名誉的双重损失。所以，我们的企业必须高度关注环境、社会和治理议题。

其次，从行业转型趋势来看，行业正由传统的工程总承包（EPC）向承包方为工程总承包解决融资问题（EPC+F）、建设—经营—转让（BOT）、政府和社会资本合作（PPP）等模式转变。换言之，越来越多

的企业正在从承包商向基础设施的投资商、运营商转变，这也意味着企业的融资需求将持续扩大。在此情况下，企业只有秉持责任投资理念，将环境、社会和治理纳入公司治理决策，完善环境、社会和治理结构才能获得更多金融机构的支持，从而真正实现业务的转型升级和高质量发展。

最后，从企业长远发展来看，良好的环境、社会和治理绩效表现，将有助于塑造负责任的企业形象，显著提升企业的综合竞争力。而当地政府的认可、业主的肯定、民众的赞誉最终必然转化为更多的商业机会，为企业在境外的长期可持续发展奠定基础。

当前形势下，可以说，"走出去"的中国企业提升环境、社会和治理绩效面临着重要的发展机遇。一方面，绿色低碳、包容性增长和可持续发展成为各国政府、社会各界的普遍共识，企业在海外开展责任投资拥有良好的政策和舆论环境。另一方面，全球能源结构的调整、绿色金融的快速发展，为企业深度参与风电、光伏等可再生能源项目，践行可持续发展理念提供了契机。当然，实现环境、社会和治理转型，将责任投资转化为企业的自觉行动不可能一蹴而就，在实践中还面临一些困难和挑战。比如，目前国际上仍缺乏全球公认的环境、社会和治理指导原则或标准，加之各国经济发展水平不同，企业在境外适用不同环境、社会和治理标准方面存在一定的不便。另外，一些企业自身对环境、社会和治理工作重视不够、经验不足，普遍缺乏能涵盖公司职业健康安全、质量环境、合规等议题的系统性的环境、社会和治理管理规范。这些是目前我们的企业在推动环境、社会和治理方面存在的一些问题。

多年来，作为行业内环境、社会和治理理念的倡导者及环境、社会和治理实践的推动者，我们商会重点开展了 4 方面的工作。首先是标准制定，我们制定了有关行业社会责任、可持续基础设施项目、绿色供应链等 3 部行业环境、社会和治理标准，为企业向环境、社会和治理投资转型提供支持。其次是能力建设，我们每年举办多场研讨、培训等活动，邀请国内外专家分享专业知识、交流可持续发展经验，帮助企业提升可持续发展的意识和能力。再次是树立标杆，我们组织开展多期"企业社会责任绩效评价"和"可持续基础设施项目征集"活动，在行业内树立企业履行社会责任、注重社会环境可持续发展的典型和榜样，带动行业企业关注环境、社会和治理。最后是国际合作，我们长期保持同联合国所属机构、世界自然基金会、德国国际合作机构等国际机构的项目合作，致力于加强环境、社会和治理领域的国际交流，组织会员企业多次参与国际可持续发展会议和论坛活动。

为搭建一个倡导和支持基建领域可持续发展的国际合作平台，我们于 2022 年 9 月联合亚洲基础设施投资银行、德国国际合作机构、联合国环境规划署和世界自然基金会，发起成立了"国际可持续基础设施促进机制"（MISIP），目前已有 27 家机构参与。借此机会，我也欢迎更多的国内外机构加入 MISIP，发挥各自优势，秉持责任投资理念，共同为推动国际可持续基础设施的投资建设作出新的贡献！

第三篇

推动绿色转型

推动减污降碳协同增效　促进经济可持续增长

赵英民

生态环境部副部长

绿色低碳转型对推动经济高质量发展具有重要的现实意义。当前绿色低碳发展已经成为国际社会的潮流和共识，它既是国际社会应对气候变化、环境污染、生态破坏危机的共同选择，更是经济社会未来发展的重大机遇。推动绿色低碳转型，促进经济可持续增长，对于建设社会主义现代化国家，实现中华民族伟大复兴具有十分重要的意义。

党的二十大报告中指出，中国式现代化是人与自然和谐共生的现代化。建设人与自然和谐共生的现代化，要求统筹产业结构调整、污染治理、生态保护、应对气候变化，协同推进降碳、减污、扩绿、增长，推进生态优先、节约集约、绿色低碳发展。

中国式现代化是一条生态优先、绿色低碳的发展道路。2020年中国在超额完成向国际社会承诺的碳排放强度下降目标的基础上，提出了二氧化碳排放力争2030年前达到峰值，努力争取2060年前实现碳中和的目标愿景，彰显了中国积极应对气候变化、走绿色低碳高质量发展道路的雄心和决心。

过去10年，中国以年均3%的能源消费增速支撑了年均6%以上的经济增长，二氧化碳排放强度下降了35%，推动绿色低碳高质量发展取得积极成效，也为全球应对气候变化作出了中国贡献。

一是生态环境质量改善成效显著。持续深入打好蓝天、碧水、净土保卫战，污染防治攻坚向纵深推进。过去10年，中国已成为有史以来全球空气质量改善速度最快的国家。全国重点城市 PM 2.5 年均浓度下降了 57%，全国地表水优良水质断面比例提高了 23.8%，全国近岸海域水质优良比率提高了 17.6 个百分点，地级及以上城市黑臭水体基本消除，土壤和地下水环境风险得到有效管控，农村生态环境明显改善。

二是产业结构不断优化升级。"十三五"期间，全国累计退出钢铁落后产能 1.5 亿吨以上、水泥过剩产能 3 亿吨左右，地条钢实现全面出清。2017 年至 2022 年，高技术制造业、装备制造业增加值年均分别增长 10.9% 和 7.9%。其中，2022 年高技术制造业增加值增长 7.4%，比全部规模以上工业增加值高 3.8 个百分点。

三是可再生能源发展全球领先。截至 2022 年底，全国可再生能源装机达到 12.13 亿千瓦，首次超过煤电装机总量。可再生能源新增装机占到了全国新增发电装机的 76.2%，已经成为电力新增装机的绝对主力。2022 年，中国可再生能源发电量相当于少排放 22.6 亿吨二氧化碳。风电、光电、水电、生物质发电装机容量稳居世界第一。新能源汽车产销规模连续 8 年居世界首位。清洁能源消费量占能源消费总量的 25.9%，煤炭消费比重由 2012 年的 68.5% 下降至 2022 年的 56.2%。

四是市场机制作用进一步发挥。建成并完善全球规模最大的碳排放权交易市场。截至 2022 年底，纳入发电行业重点排放单位 2162 家，覆盖约 43 亿吨二氧化碳排放，碳排放配额累计成交量 2.3 亿吨、成交额 104.75 亿元。绿色金融稳步发展，气候变化投融资试点有序开展。自 2021 年中国人民银行推出碳减排支持工具以来，已发放 3000 多亿元再贷款，支持商业银行发放 5100 多亿元贷款。

五是生态系统稳定性不断提升。统筹山水林田湖草沙一体化保护和系统治理，提升生态系统多样性、稳定性、持续性。中国自然保护地面积占国土陆域面积的 18%。300 多种珍稀濒危野生动植物野外种群数量稳中有升。2022 年，中国在超额完成国土绿化 1 亿亩既定目标基础上，又宣布未来 10 年内植树 700 亿棵。过去 10 年，中国已经成为全球森林资源也就是碳汇增长最快、最多的国家。

作为全球最大的发展中国家，中国当前发展不平衡、不充分的问题依然突出，生态环境保护结构性、根源性、趋势性压力总体上尚未根本缓解，生态环境保护任务依然艰巨。与发达国家先解决环境污染问题，再控制碳排放不同，中国目前既要减污，又要控碳，这是我们面临的最大挑战，也是实现后发优势的重大机遇。

习近平总书记强调，要把实现减污降碳协同增效作为促进经济社会发展全面绿色转型的总抓手①。降碳可以从源头上减少污染物和推动产业结构调整，减污可以提高生态系统的质量和稳定性，减污与降碳之间具有很好的协同效应。协同推进减污降碳，有利于改变传统低效高碳的生产模式和消费模式，激发经济增长绿色动能，从而实现更高质量、更有效率、更加公平、更可持续、更为安全的发展。

下一步，我们将遵循减污和降碳内在联系与客观规律，坚持先立后破，积极推动绿色低碳转型和经济高质量发展。以结构调整、布局优化为关键，以优化治理路径为重点，以政策协同、机制创新为手段，坚持系统观念、突出协同增效，聚焦重点领域、强化源头治理，注重创新引领、鼓励先行先试，扎实推进减污降碳协同创新，促进经济绿色增长。

一是加快形成有利于减污降碳协同增效的绿色生产方式和生活方式。强化生态环境分区管控，研究建立以区域环境质量改善和碳达峰

---

① 《努力建设人与自然和谐共生的现代化》，《求是》，2022 年第 11 期。

目标为导向的产业准入和退出清单制度。加强生态环境准入管理，坚决遏制高耗能、高排放、低水平项目盲目发展。在确保能源安全的同时，扎实推进能源绿色低碳转型，推动能源供给体系低碳化和终端能源消费电气化。健全绿色消费激励机制，倡导简约适度、绿色低碳的生活方式。

二是推进工业、交通运输、城乡建设、农业、生态建设等多领域协同增效。实施绿色制造工程，加快推进工业领域源头减排、过程控制、末端治理、综合利用全流程绿色发展。加大交通运输结构优化调整力度，推动公转铁、公转水，加快新能源汽车发展。提升城乡建设绿色低碳发展质量，多措并举提高绿色建筑比例。推行农业绿色生产方式，提高生态系统碳汇与净化功能。

三是提高大气、水、土壤、固废等污染防治领域协同治理水平。一体推进重点行业大气污染深度治理与节能降碳行动。推进水环境治理协同控制，大力推动污水资源化利用。加强土壤污染治理协同控制，鼓励绿色低碳土壤修复。推进固体废物污染防治协同控制，加强"无废城市"建设。

四是开展区域、城市、产业园区、企业等多层次减污降碳协同创新。聚焦国家重大战略区域、重点城市群等探索减污降碳有效模式，助力实现区域绿色低碳发展目标。针对不同类型城市，加强城市建设、生产生活各领域减污降碳协同增效。鼓励各类产业园区推进能源资源的集约节约高效循环利用。推动重点行业打造减污降碳标杆企业。

五是强化科技、法规标准、管理政策等支撑保障。推动大数据、数字化、信息化等绿色赋能。将协同控制温室气体排放纳入相关法律法规和标准。加快制定《温室气体自愿减排交易管理办法（试行）》和有关技术规范。健全排放源统计调查、核算核查、监管制度，积极参与国际绿色标准、碳计量等规则制定。

实现碳达峰碳中和是一场广泛而深刻的经济社会系统性变革，加快绿色低碳转型是推动经济可持续发展的必由之路，事关我们的未来福祉，需要大家的共同参与。让我们大家一起努力！

把握清洁能源发展和高排放产业转型中的
金融新机遇

刘金

中国银行行长

近年来，全球绿色低碳产业发展日新月异，地缘政治冲突引发能源市场波动加剧。新形势、新变局，为金融支持清洁能源发展和高排放产业转型创造了新机遇、提出了新要求。今天我想就此话题与大家分享3点看法。

第一，全球绿色金融仍处于起步阶段，未来潜力巨大、前景广阔。从金融产品看，绿色债券是目前国际最主流的绿色金融工具，2014—2021年，全球发行规模从370亿美元升至5090亿美元，年均增速高达45%，2021年存量规模已达1.6万亿美元，但市场占比依然较低，只有当年全球债券存量127万亿美元的1.26%。而绿色贷款、绿色基金、绿色保险等规模更小。绿色金融发展方兴未艾，未来可期。从国际合作看，近10年来全球已形成了G20可持续金融研究小组、"一带一路"绿色投资原则等多种合作机制。总体看合作尚处于搭建平台、规范标准的初级阶段，要推动跨境融资合作，各种制度体系建设还有待深化。绿色转型是各国面临的共同使命，这为绿色金融发展开辟了巨大空间。多家机构估计到2060年仅中国的碳中和资金需求就将超过百万亿元，而中国碳排放占全球约30%，可见全球碳中和之路要用大量"真金白银"去铺就。目前世界绿色金融供给量远不能满足绿色低碳发展需求，未来潜力巨大、前景广阔。

第二，为实现"双碳"目标，要做好新兴清洁能源的"加法"，并做好传统高碳产业碳排放的"减法"。这两方面都需要金融提供更多支持，随着技术进步，相关工作推进越来越具备现实可行性。

一方面，以陆上风力发电、光伏发电为代表的清洁能源正逐渐获得成本优势，金融支持清洁能源发展正当其时。清洁能源发展的最大障碍是相比传统化石能源价格过高。例如 2007 年中国风电成本是煤电成本的 2 倍以上，缺乏市场竞争力。但当前这一局面正发生根本性改变。据多个机构测算，2010—2021 年，全球光电、风电的成本大约降低了 70%，目前大部分新建陆上风电和光伏发电的成本已比煤电更低，清洁能源产业发展翻开了新的历史篇章。多年来，各国金融业以高度的社会责任感支持清洁能源产业成长。例如，中国银行曾为建设全球最大的阿布扎比光伏电站以及最大的英国单体海上风电站提供融资。截至 2022 年，全球仅中国支持清洁能源的贷款余额已达 5.68 万亿元。在金融帮助下，2000—2020 年，世界光伏、风电总装机容量扩大约 14 亿千瓦，等于新建 60 多个中国三峡水电站（三峡水电站装机容量为 0.225 亿千瓦）。大规模装备生产与项目建设，促成了技术进步和成本降低，使我们今天终于迎来了清洁能源革命的曙光。展望未来，预计光电、风电的价格优势将进一步巩固，推动全球装机容量加速扩大，新增规模估计在 40 亿千瓦以上，相当于新建 180 个中国三峡水电站，产生数十万亿元的融资需求，绿色金融大有可为。

另一方面，世界正在形成传统高碳排放产业必须有序转型的共识，转型金融或将成为新的"蓝海"市场。近年来绿色金融工具主要面向清洁能源等新兴绿色低碳产业，而高碳产业在使用传统的债券、贷款时开始面临融资限制。2020 年新冠疫情暴发后的全球经济衰退，以及 2022 年俄乌冲突引发的能源危机，使世界深刻认识到传统产业低碳绿色转型必须平稳有序，金融要以符合低碳理念的转型金融工具来帮助其实现低碳清洁改造。目前仅中国电力热力生产、黑色金属冶炼、采煤等行业负债便达 22 万亿元，这还只是全球高碳产业总负债的一小部分。如果短期内传统高碳排放产业负债无序萎缩，必然危及能源安全、经济发展和就业稳定。因此要以转型金融工具来逐步置换存量负债，帮助传统产业平稳有序转型。2021 年，中国银行曾发行可持续发展再挂钩债券，利率可根据约定的碳减排等可持续发展目标完成情况而调整，完成情况越好，利率下浮越多。这是全球首笔可持续发展再挂钩债券，是中国银行丰富环境、社会和治理金融产品体系，推动高碳排放产业转型的重要创新实践。我与中国银行信贷部门的同事曾与不少钢铁企业就金融如何支持技术创新、推进节能减排等议题进行过深入探讨，相关合作已取得不少成果。2022 年 G20 峰会通过了《G20 转型金融框架》，此后各国陆续着手制定本国转型金融政策体系，包括中国银行在内的商业银行也在积极参与由中国人民银行领导的标准研究工作。转型金融发展的大幕即将拉开，传统产业转型需要巨大资金支持，全球金融业将迎来一片新的"蓝海"。

第三，全球应进一步深化金融合作，携手把握绿色新机遇。国际金融合作是应对气候变化的必要条件。地缘政治冲突不应阻碍绿色金融合作与发展。为推动绿色金融合作，一项重要工作是在全球范围内不断推动绿色金融、转型金融等定义和规则标准的完善与统一，为跨境投融资创造有利条件。从市场机遇看，目前有三大发展空间值得高度关注。

一是金融机构合作推动全球清洁能源开发，扩大投资远距离输电、智能电网等基础设施建设，为跨境绿色能源合作提供金融公共产品。

二是高度重视中国转型金融市场和相关政策。中国将用历史上最短的时间完成全球最高的碳排放强度降幅，转型金融资金需求或将超过百万亿元。作为全球最有活力的经济体，中国政府持续推出有利于绿色发展的政策。在中国，参与绿色转型发展的市场机遇越来越多，各金融机构可积极关注碳减排、碳交易、节能减排技术创新等产业转型升级所带来的业务机会。

三是助推关键技术实现突破。国际能源署估计，全球实现碳中和所需的关键技术中，目前约50%尚未成熟。金融要大力支持氢能、储能、碳捕集利用与封存等技术取得重大进步，为完成碳中和目标奠定基础。

携手谱新篇，奋楫立潮头。中国银行愿与全球同人一道，奉行人类命运共同体的理念，努力把握清洁能源发展和高碳排放产业转型中的金融新机遇，为全面落实《联合国气候变化框架公约》及其《巴黎协定》贡献更大的金融力量。

中国绿色发展新机遇

曼努埃拉·菲罗

世界银行东亚与太平洋地区副行长

2023 年的中国发展高层论坛召开之际，正是开启对话的良好时机。事实上，强劲的经济复苏正是加快改革和行动步伐、促进绿色发展和绿色增长的大好机遇。

中国近年来在减缓自然资产耗竭和环境破坏速度方面已经取得了长足的进步。与 10 年前相比，经济增长需要的能源、矿物和水资源减少，单位产出的碳排放量和空气污染程度降低。但是，要实现中国提出的努力争取 2060 年前实现碳中和的宏伟目标，还需要做更多，而且需要尽快开始。

中国的绿色转型需要对整个经济结构进行根本性调整，能源部门、工业、交通系统、城市和土地利用模式都需要根本性的转变。

我想说，中国处于有利位置，可以把这一根本性转型化为经济机遇，并真正采取气候行动，以释放新的增长来源、新的就业来源和新的创新来源。

我想具体讲 5 点。

第一，中国拥有很大的国内市场和很强的制造能力。许多低碳技术，包括风能和电池储能，在创新、制造和运营方面展现出越来越大的规模收益，使得像中国这样的大国拥有相对于小国的比较优势。在中国逐步部署低碳技术可以压低整体价格，降低减排成本。由于规模大，这是可以实现的。

第二，除了自身的国内市场外，中国还有机会扩大低碳产品的出口。世界人口的 85% 和全球 GDP 的 90% 目前都集中在作出实现碳中和承诺的国家。因此，整个市场规模实际上超过中国本身的市场。

第三，中国正在快速建立绿色创新能力。中国能源研发支出已经占 2019 年全球能源研发支出的 24%。仅在过去 5 年里，中国的初创企业就吸引了全球超过 1/3 的早期能源风险投资。中国的气候变化相关专利也在加速增长，特别是在低碳信息和通信技术、建筑和太阳能等领域。然而，低碳技术专利仅占发明专利总量的 5%，给中国赶上低碳技术专利占比较高的发达国家留下了空间。

从历史的角度来看，中国的创新政策在推动竞争方面尤其成功，降低了现有技术的制造成本，比如风能、太阳能以及储能技术。

然而，中国要实现"双碳"目标，世界要实现巴黎气候目标，都需要绿色氢能和碳捕集、利用和封存等技术。所有这些技术需要更多的设计密集型和突破性创新。这意味着什么？这意味着中国需要从研究的数量转向研究的质量，因为这才是我们所需要的突破性创新。

第四，中国的国内储蓄率占 GDP 的 47%，是世界上国内储蓄率最高的国家之一，这可以动员起来为绿色投资提供资金。根据世界银行的估算，脱碳将需要大规模的绿色基础设施投资。我们估计，2023—2060 年，仅电力和交通两个部门就需要投入 14 万亿～ 17 万亿美元，相当于中国同期 GDP 的 1% 以上。

中国在绿色金融领域已经处于领先地位，中国拥有世界上规模最大的绿色债券和信贷市场。截至 2021 年，中国主要银行的绿色贷款达到 2.3 万亿美元，未兑付的绿色债券超过 2500 亿美元。这些数字看起来很大，但绿色资产在中国金融市场中的占比仍然很小，绿色贷款占贷款总额的 8%，绿色债券仅占债券总额的 1%。因此这个市场特别是绿色股票市场存在增长空间，早期风险投资也很有限。回到研究和突破性创新问题，早期投资是非常必要的，因此这也是具有金融市场创新机遇的领域，具有重要的增长机遇。

第五，我们预测，向碳中和过渡带来的就业岗位增加数量将多于岗位流失数量，这是很重要的一点。中国已有5400万个绿色就业岗位，仅在可再生能源领域就有400多万个就业岗位。在绿色经济中，就业岗位主要是在高技能领域、高生产率行业，而岗位流失将是在低生产率活动中。因此我们预计新增就业岗位将主要集中在城市和沿海地区，而岗位流失集中在内陆地区。对此必须加以管理，因为机遇很重要，但必须对劳动力流动给予支持。

中国现有的大部分碳密集型资本存量可能会过时。这个问题越早解决越好。例如，中国40%的燃煤电厂是在过去10年中建成的，其中一部分资产可能需要提前报废，而且确实值得考虑一下是否该停建了。这样，污染行业的就业岗位将会流失，而中国10%～15%的就业岗位是在碳排放相对较高的行业。

最后我想就劳动力方面讲几点。为了适应绿色转型，中国需要增加劳动力的流动性。劳动者需要享受当地公平的养老和其他社保福利，并且能够异地转移，同时他们也需要具备过硬的、可转移的基本技能。

中国曾经成功地实现了经济结构转型升级与发展。在过去的几十年里，我们目睹中国取得了巨大进步，从低收入国家转变为世界第二大经济体。我相信，绿色转型也是完全可以实现的。

创建低碳能源未来

阿敏·纳瑟尔

沙特阿美总裁、首席执行官

今天我们齐聚一堂，但世界仍然很不安宁，欧洲局势动荡不安、全球经济面临下行风险，其中包括能源危机。更为复杂的是全球能源转型，它迫切需要一些现实主义的回归和清晰的呈现。因此，我们十分赞同习近平主席在这些方面求真务实的思想。

我们完全同意传统能源和替代能源在未来几十年内还将并驾齐驱的观点。我们也赞同，中国不能以牺牲能源安全为代价来实现减缓气候变化的目标。

考虑到这些现实因素，沙特阿美正在制定三大战略，以为中国能源和发展的当务之急提供支持。

首先，我们计划到 2027 年将原油最大可持续产能提高到 1300 万桶 / 日，这将确保中国的长期能源安全。到 2030 年，天然气产量预计将增加 50% 以上，这将每天释放出 100 万桶原油用于出口。

其次，尽管我们在石油生产中的碳排放强度较低，我们仍决心进一步降低该指标以及我们的甲烷排放强度。

我们还在开发先进的碳捕集、利用与封存技术以及循环碳经济等解决方案。我们最近还启动了一个规模为 1.5 亿美元的风险投资基金，聚焦可持续发展。该基金关注高端技术领域投资机会，助力加速实现净零排放的美好未来。

中国的风投市场将孕育好的投资机会，我们对中国的技术研发与创新充满期待。同时，由于传统燃油车可能会在相当长的一段时间内占据市场主导地位，我们正在开发更高效、低排放的发动机和混合动力总成技术。因此，我们签署了一项意向书，加入吉利与雷诺合资的新公司。所有这些举措都可以帮助中国实现减排目标。

最后，我们正在稳步将低碳能源，特别是蓝氢与蓝氨、电燃料与可再生能源，添加到我们的产品组合中。我们目前正在对进入液化天然气领域进行评估。

随着能源转型深入推进，我们还面临着材料转型这个关键问题。降低钢铁和铝、水泥和混凝土等难以减排行业的碳排放，这对中国的高质量发展至关重要。

我们与宝武钢铁集团携手，在沙特阿拉伯境内合作生产低碳钢板。这也反映出无论是在能源领域还是非能源领域，沙特阿拉伯都为中国公司提供了许多极具吸引力的机会。更广泛地说，我们正在开发更先进、更可持续的材料，例如基于聚合物和碳的材料，作为传统材料的有效补充，同时降低成本。我们还在北京启动全新的非金属材料创新中心。也就是说，我们立志成为中国的全方位供应商，为中国长期能源安全和高质量发展提供所需的能源与化学产品。

值得一提的是，我们发现了一个重要的双赢机会，同时也是我们扩大原油化工战略的一部分，即在中国建立世界领先的一体化下游产业，聚焦提高石油化工转换率。今天我们与北方华锦化学工业集团有限公司、盘锦鑫诚实业集团有限公司签署最终协议，在辽宁省开发最先进的炼油化工一体化联合装置。

沙特阿美对能源未来的见解和实现这一目标最现实的途径，与中国的看法高度一致。而且，像中国一样，我们要考虑的是未来几十年，而不是几个季度。

这就是为什么中方的长期能源安全和高质量发展也是我们的最高优先事项，这样做不仅仅是为了眼前，更是着眼于未来。

肩负绿色低碳发展责任　能源化工企业在行动

宁高宁

第十三届全国政协常委，中国中化控股有限责任公司原董事长

一、绿色低碳发展是企业肩负的社会责任，也是提升竞争优势的必然选择

中国力争 2030 年前实现碳达峰，努力争取 2060 年前实现碳中和，是党中央经过深思熟虑作出的重大战略决策，事关中华民族永续发展和构建人类命运共同体。中共中央、国务院印发《关于完整准确全面贯彻新发展理念做好碳达峰碳中和工作的意见》，提出了构建绿色低碳循环发展经济体系、提升能源利用效率、提高非化石能源消费比重、降低二氧化碳排放水平、提升生态系统碳汇能力等 5 个方面主要目标，以及 10 方面 31 项重点任务。

实现"双碳"目标是一个系统工程，需要政府、企业、消费者等各方面全方位配合，其中，各类企业特别是能源、化工和农业领域企业是减碳的重要执行者。用数据看世界（Our World in Data）资料显示，全球温室气体年排放量中，能源占比高达 73.2%，农业占 18.4%，化工则是世界 3 个最难减排的行业（化工、水泥和有色金属冶炼）之一。对于企业而言，绿色低碳发展既是社会责任，也是未来竞争高点。一些跨国公司率先推动传统业务转型，研发新技术和新产品，投资新领域和新业务，构建绿色供应链，重塑商业模式，从而提升竞争优势，创造新的股东价值。例如，巴斯夫（BASF）已于 1990 年实现碳达峰，2020 年碳排放量 2167 万吨，计划到 2030 年碳排放量较 2018 年减少

25%，2050 年达到净零排放。

二、中国企业积极发布"碳"计划、践行"碳"责任

国家电投、华能集团、大唐集团等宣布将提前 5 年于 2025 年实现碳达峰；中国石化等国家石油公司坚持减碳进程与转型升级相统筹，研究制定碳达峰碳中和战略目标和实施方案，力争在 2025 年左右实现碳达峰。中国中化作为全球规模最大的综合性化工企业，致力于将企业绿色发展与"双碳"目标结合起来，助力中国和世界的高质量发展。

2021 年中国中化对碳排放现状进行全面摸排，研究制定了中国中化"碳达峰碳中和行动方案"，制定发布《中国中化低碳管理办法》等相关制度文件，建立公司碳排放管控体系，将"双碳"系统融入公司战略、投资等相关工作，统筹作好存量及增量项目碳排放管理，建立公司碳排放管理台账，对重点公司、基地、项目的碳排放管理情况进行定期监督。同时，以单位产值碳排放强度下降为核心目标，实施碳预算管理制度，统筹存量项目减排和增量项目投资安排。

总体而言，中国中化结合自身的产业特点和技术优势，以能效提升和产业升级为主要路径，突出低碳化工新技术、现代低碳农业两大特色，持续加大减排力度，推动实现绿色低碳发展。未来绿色低碳发展方向主要包括以下几个方面：一是加大力度实施能效提升与清洁能源替代；二是开发应用二氧化碳化工利用与绿氢新技术；三是紧密围绕市场需求，持续深入推进产业结构升级；四是发挥现代农业综合服务优势，助力打造低碳农业；五是推动工业废物资源化利用，促进循环经济、低碳经济发展。

中国中化在推动绿色低碳转型方面的具体实践主要包括：能源业务方面，泉州中国石油和化学工业联合会实施十余项节能技改措施，优化炼化一体化工艺，利用乙烯装置副产品氢气直供炼油装置，实现每年减碳 30 万吨。自 2015 年起，泉州石化 5 次获中国石油和化学工业联合会颁发的原油加工"能效领跑者标杆企业"荣誉称号，2019 年获得"原油加工能效领跑者"荣誉，2020 年获评福建省"绿色工厂"称号。化工业务方面，2019 年 6 月发布"FINE 2030 行动"倡议，系统性推进可持续发展体系建设，规划可持续的循环产业链，大力研发清洁技术与绿色产品，推进绿色制造体系建设，并号召行业上下游企业共同推动可持续发展，助力"双碳"目标实现。2020 年，通过能源结构调整、节能减碳等措施，同比节约能源消费量约 52 万吨标准煤，总体碳排放量同比减少约 232 万吨。作为不断创造新物质、新材料、新方案的基础工业，化学工业逐步被定位为循环经济转型的中心角色，提供从材料到催化剂的解决方案，在技术和经济上尽可能长时间地保持材料的使用寿命。例如依托锂电池和材料延伸上下游产业链，系统性布局了锂矿资源、锂电池正极材料、电解液，建设投产先进的锂电池生产基地，布局锂电池回收业务，已经形成了锂资源——电池回收的全产业链条；精研轻量化、高性能材料的产业化应用，探索高性能膜材料、环保型 ABS 工程塑料、聚烯烃树脂材料、生物基可降解塑料等的研发与应用，专注推进高端制造业的绿色发展。农业业务方面，2019 年，先正达集团绿色增长计划 2.0 设定了固碳减排的目标，通过良种（例如节水效率卓越的作物基因）、良法（润田——秸秆还田与保护性耕作；Reverte——修复退化的牧场和农田，提供协助农民从传统农业耕作向再生农业耕作转变的全局性方法；目标——温室气体排放量减少 20%～50%，用水量减少 10%，投入效率提高 10%）和良技（Bin Buster——利用人工智能技术监测土壤健康状况和评估病害风险，通过精准定位，减少氮和杀真菌剂的用量），到 2030 年将运营层面的碳排放强度降低 50%，同时积极采纳碳中和农业。

三、能源和化工企业低碳转型面临的挑战及政策建议

受新冠疫情冲击，2020 年全球油气勘探开发投资同比下降 27%，再加上能源转型和"双碳"热潮，人们对化石能源的信心普遍下降，油气公司"不敢投、不愿投、不能投"的心理更加强烈，导致 2023 年全球油气市场供应紧张和价格不断上涨。2022 年世界能源转型遇到更大挑战。国际天然气价格大幅上涨，再加上核电、水电出力下降，各国更多使用煤炭来发电。2022 年全球煤炭消费量同比增长 1.2%，创历史最高纪录，高碳能源对低碳能源的逆替代明显。如果今后高碳能源持续替代低碳能源，会动摇人们实现碳中和目标的信心，并对世界低碳转型事业造成长期负面影响。

未来 30 年，中国能源和化工行业面临两大任务的叠加，一方面要落实"双碳"目标，实现绿色低碳转型发展；另一方面，要为保障国家可持续发展和实现第二个百年奋斗目标，提供充足、安全、经济的能源化工产品。这就对中国能源和化工企业提出更高的绿色高质量发展和供给保障要求。

因此，我们建议：政府层面，理性认识化石能源在清洁能源利用和化工原料两方面的重要作用和一段时期内的不可替代性，在保证实现能源消费强度和总量双控目标，坚决遏制高耗能、高排放项目盲目发展的基础上，赋予能源和化工企业科学合理的评价和有利于发展的政策空间，建立固碳减排补偿激励机制和财税支持，并给予企业更大的金融支持，用于研发、示范、推广低碳产品和低碳技术，扩大碳捕集、利用与封存技术应用规模，引导并推动能源和化工企业的绿色高质量发展。金融层面，加大对油气等比较清洁的化石能源的投融资支持力度，积极参与战略性新兴产业领域投资，在新技术、新材料、新能源等领域布局，为能源和化工企业绿色转型发展提供一揽子金融解

决方案，助力中国能源和化工企业创建绿色企业，为我国实现"双碳"目标贡献力量。

此外，在碳市场交易方面，建议：一是继续发挥试点碳市场先行先试作用，进一步深化碳市场体制机制创新；二是将发挥碳市场金融属性摆到碳市场建设的重要位置，加强碳金融及衍生产品创新；三是鼓励金融机构和投资机构参与，适时允许金融机构参与全国碳市场，拓宽控排企业节能降碳资金来源；四是建议相关税务机关和监管部门共同针对碳配额、国家核证自愿减排量（CCER）与森林碳汇等气候产品交易税务处理方法确定标准，促进市场的流动性增加和健康发展。

推动世界能源革命　发挥中国关键作用

戴璞

罗兰贝格全球管理委员会联席总裁

中国在全球能源行业当中扮演的重要角色，以及在当前充满挑战的全球形势下，为实现应对气候变化的目标，中国在国际合作、区域合作中可以发挥重要作用。

我们快速回顾一下在过去几十年中，中国一直处于能源革命的核心。我们认为世界经历了 3 次能源革命，首先是 21 世纪初的第一次能源革命，当时金融危机导致的高油价引发了北美页岩气及石油开采的大规模发展，美国实现自给自足。这动摇了全球碳氢化合物的地缘政治格局，使得中东等地石油和天然气国家探索新的发展模式。这也催生了第二次能源革命，2013 年沙特阿拉伯的 ACWA 等公司开创了首次大规模太阳能光伏的拍卖，自此使得太阳能光伏组件远期价格曲线不断下降，这种太阳能光伏组件的竞争力全部来自中国，所以说这是中国在全球能源转型当中发挥核心作用的地方。中国可再生能源设备竞争力的激增始于"十三五"规划中对能源行业发展的推动，使得煤炭在中国能源结构当中的份额从 2015 年的 63% 下降到 2021 年的 56%，推动煤炭工厂的现代化建设并使其达到世界一流的效率，并且中国从零开始逐步建成世界上最大的太阳能和风力发电装机容量。截至 2023 年 2 月底，风力发电及太阳能发电装机容量分别达到 380 吉瓦和 410 吉瓦。

中国的能源革命构建了国家竞争力并实现向外输出。中国太阳能光伏组件生产的市场份额为80%，风力涡轮机为65%。这种模式复制到了电池市场，例如，中国拥有35%的全球市场份额，这同样基于中国的竞争优势，构建规模和出口优势的结合。在"双碳"承诺的背景下，中国能否继续推动下一次能源革命呢？

应对气候变化重构了国家竞争力，在紧张的地缘政治与各国对经济主权的担忧下，加强国家竞争力变得更为重要，气候表现是新的竞争力。我作为一名欧洲人是非常自豪的，因为自2007年"20-20-20"承诺以来，欧洲一直站在抗击气候变化的最前沿，有时甚至是以牺牲欧盟自身的竞争力为代价的。随着《欧洲绿色协议》以及为解决俄罗斯能源供应替代问题的RePowerEU的发布，加快了欧洲能源转型的速度。《欧洲绿色协议》的关键部分之一是欧洲碳边界调整机制（CBAM）。它正在创建一个新的全球标准。欧盟正在告诉世界，二氧化碳是有价格，而且是需要支付的。要么在出口到欧洲的原籍国支付，要么就在欧洲支付。以中国为例，此时，中国与欧盟碳排放交易计划价格相差了10倍。虽然人们可能会认为这是一种保护主义，但它是为了解决碳泄漏问题，也是为了向世界输出欧洲的气候行动。因为欧盟占全球贸易的29%，美国和中国是其最大的贸易伙伴，这一点不能被忽视。

以我所从事的咨询行业给大家举一个例子，我们在中国的团队已经接到了很多一线、二线汽车或者化工、装备制造厂商的需求，希望我们能够协助其尽快制订一套生产脱碳的计划，因为它们是全球供应链的一部分，欧洲是其重要的市场。让我们称其为"良性约束"，从2023年10月开始，一些重碳含量的行业，如钢铁或水泥行业，将有义务进行申报，直至2026年需对二氧化碳价格差进行支付，计划的覆盖面也会进一步扩大。

在这个新的约束下，不同能源组合的国家有不同的竞争优势。水电、太阳能、风电、核电在不同国家能源结构的占比中，中国与美国、德国、韩国相比，表现是非常不错的，但问题其实在于细节。像浙江这样的制造业大省同时也有大量的出口，在未来 3～4 年当中，可能会受到碳边界调整机制的直接影响，所以应对气候变化的表现对于保证亚洲或者中国的竞争力来说是非常关键的。

欧洲能源危机导致了全球供应链的重新洗牌，有些欧洲公司已经把自己的生产转移到了中国或者东南亚，比如化学品、玻璃、建材等行业，来抵消它们在欧洲不断飙升的能源成本。通过灵活可用的亚洲供应链取代欧洲的供应链，类似 2021 年新冠疫情导致欧洲供应链停滞的时候我们所经历的。这种对于亚洲的额外需求，加上亚洲更快的 GDP 增长率，使得亚洲的去碳化挑战更加巨大。

那么，能源危机会阻碍亚洲的能源转型吗？大多数亚洲国家已经成为能源净进口国了，只有马来西亚和印度尼西亚在 2022 年仍在出口。从短期来看，能源供应的安全和可负担性会使中国、印度、越南等一些拥有煤炭基础的国家，加大煤炭的消费。但好的方面是，就像欧洲的 RePowerEU 一样，全球能源危机正在提升并加速亚洲的能源转型，中国正在引领这次转型。30 多个亚洲国家已经承诺最迟在 2070 年实现净零排放，其中大部分国家承诺在 2050 年实现。亚洲国家还拥有一些最雄心勃勃的脱碳能源目标：中国、越南、印度、菲律宾都提出了非常雄心勃勃的可再生能源目标，而韩国、日本和印度正逐步加大对核电的支持力度。中国作为全球制造强国，降碳是中国保持竞争力的当务之急。

中国会继续发挥关键作用来推动世界能源的革命，一个是提升自身的气候表现，再一个是利用自己的优势来推动全球的合作和竞争。

中国必须进一步加快自身的去碳化进程：逐步淘汰煤炭，通过更雄心勃勃的碳捕获计划来减少其排放，继续快速扩张可再生能源和核电，扩大和推动碳排放交易计划，这只是其中的几个例子。

依托自身发展优势，中国可以比其他国家更快地实现利益相关者的协调，而且规模庞大。这种模式将适用于碳的使用和储存，或使用绿色氢气来实现钢铁生产的去碳化：政府权威，有计划的发展，强烈的共同利益意识，园区内的产业集群，等等。

现在，你可以对各项目，通过国内成本和创新优势，进行设计、开发、扩大规模，然后进行优化并出口。例如在可再生能源设备、智能建筑或城市等领域。同时，推动商业项目的全球合作，如可再生能源、固定存储，再如互联互通，以及在非商业项目中推动技术合作。让我举一个非常具体的例子：一个由中国和国际公司组成的财团可以开发、资助和实施一个 100 万吨的碳捕集、利用与封存技术项目，实现上海附近的工业降碳，利用邻近和网络效应来收集和捕获，并利用枯竭的油气田储存潜力来储存，规模空前。世界需要这种大规模的项目，而中国是一个理想的试验场和榜样。

今天的世界需要推动技术、知识的全球化，中国所发挥的作用至关重要。

绿色发展机遇应对气候变化
——光伏助力"双碳"目标实现的路径方案

朱云来

中国发展研究基金会理事，金融专业人士，

中国国际金融股份有限公司原总裁兼首席执行官

非常高兴有机会参加今天的讨论会，本届论坛的主题是"经济复苏：机遇与合作"，我们这个环节的主题是"探寻绿色发展新机遇"，也是大背景下一个更加具体的目标。刚才前面几位嘉宾都讲到了绿色发展的问题，希望我今天带来的分析会给大家一个比平常想象的更大的方案，也愿此方案能实施，可以为经济带来更大的新动力。

我们先从自然科学背景出发来看看什么是气候变化。1850 年到现在，二氧化碳浓度已经由 285ppm 增长到 417ppm，差不多涨了将近50%。同期二氧化碳排放从 2 亿吨涨至 362 亿吨。

我们再来看看二氧化碳都排去了哪里。我们发现 3 个最重要的地球系统：大气、海洋（就是水），还有生物圈（主要是植物）。排放的碳有一部分会溶解在水里，因为二氧化碳的分压提高，向水里面的溶解增加，就成了碳酸，这也会造成海洋生态环境的酸化问题，与我们过去听到的大陆酸雨的道理是一样的；还有一部分二氧化碳被绿色植物吸收了；最后吸收不掉的排到大气里，多了就成雾霾。2021 年诺贝尔奖第一次颁发给气象学家，他作了气候系统的数值模拟，以及关于如果二氧化碳大气浓度高于工业革命前水平的两倍，会引发地球平均气温上升 3℃ 的推测结论。

目前的碳浓度已比工业革命前上涨近 50%，平均温度已经升高了将近 1.5℃。如果二氧化碳的浓度提升 1 倍，温度就会升高 3℃，现在浓度升了近 50%，温度也就升了近 1.5℃，说明气象学家的推测一定程度已获得实践证明。不了解气象的人也许不一定理解为什么 1.5℃ 这么重要。2022 年夏天我国南方的高温，全世界范围内的酷热、山火等已经给大众用现实普及了气候变化、温度升高的后果。如果不采取措施，地球升温很快就会超过 1.5℃，高温天气越来越多，其他灾害频度、强度都在提升，我们的生存环境将变得非常恶劣。

全球在 170 年内累计约排放了 1.7 万亿吨二氧化碳。如果我们按照现在的全球碳排放趋势再继续升高，到 2030 年年碳排放量就会变成 401 亿吨，2050 年年碳排放量就会变成 463 亿吨，2060 年年碳排放量就会变成 494 亿吨。如不转型，世界的碳排放规模将是巨大的。

如何有效可持续地解决碳排放问题？办法之一是利用太阳能，太阳是地球全部能源的最终来源。太阳常数是 1367 瓦 / 平方米，这是太阳辐射到大气层顶部的强度。太阳辐射被大气层吸收了一半，剩下一半到达地面，但到地面这部分已是现在全世界所用能量的很多倍，所以用太阳能来解决用电需求是完全可行的。

我们再来看看我国能源的分布，总体来说，西部是太阳辐射比较强的地方。如何解决太阳能源不足地方的用电需求？可以将光电场设在西北地区，因为这个地方辐射最大，可以输电至其他地区。目前我们对输电的初步计算，就是以国家电网已有实践为基础，比如一条典型的准皖特高压线，就是从准噶尔东部到皖南，大概 3000 公里，总投资 400 多亿元，一天能输约 2 亿度电。根据我的计算，我国现在一年用电 8 万亿度，一天约 220 亿度，如若 220 亿度电全部都需要输送，总投资约 4 万亿元。

从转型方案来看，新型的光伏电源为了保证中国现在 8 万亿度的用电需求，需要投资 53 万亿元，其中包括发电的光伏板大概 25 万亿元，储电部分十几万亿元，输电部分 4 万亿元等。

简单地讲，按照目前的工程技术水平来计算，假设光伏电站装机容量成本每瓦 3.8 元，那么新型的光伏发电成本为每度电 0.3 元（实际上现在的价格可能更低）；而现有的以传统火电为主的电力结构的发电成本则要超过 0.5 元。

再说转型的路径。什么时候碳达峰？大家都可能感觉这个问题很不好回答，如果我们停止建立新的火电等耗煤大户的项目，其实就已经达峰了。也就是说，只要现在这个政策出台，可能很快就碳达峰了。随后每年的火电厂都会自然折旧，如果每年折旧 5%，20 年以后就基本折旧完了，那就基本碳中和了。因为煤电机组都已经用完预期寿命了，已经自然折旧了。所以，我们可以 20 年内非常有序地转移。这个转移的过程就是新的投资，20 年间每年会有数万亿元的投资。

而光伏可以变成一个全新的能源体系。这个能源体系里最大的 4 个问题就是发电、储电（传统电力系统是不多的）、输电、用电。用电还会受益于电气化提升，包括过去取暖是烧锅炉，以后可能就变成电暖器，把非电的能源变成电力能源。这四大环节里，发电、输电、用电技术都相当成熟了，储电问题可能还有一点挑战。锂电池可能是一种储能的方法，但是锂电池产业还面临一些挑战。还有钠电池以及各种其他的氢路径，都在努力解决类似问题。所以，关于储电问题，我相信科技界一旦认同总体的光伏方案是可以改变世界的，那么对这个储能的方案会很快有新的技术涌现出来。所以，现在需要有一个平台，让跨界的各个行业的专家、科学家来系统地作一番论证。这样世界很快就会找到发展的方向，未来的"双碳"问题经过二三十年，也可能解决。

因为过去我们可能没有看到这样的规模，通过初步计算，光电场需要 4 万平方公里。国家发展改革委已经做了一个非常好的示范项目——光伏电场，已经成规模了（600 平方公里），虽然已经很大了，但是未来需要的可能更大，最好达到约 4 万平方公里。

另外，如果再考虑到现在电能只占全国能耗的一半，也就是我们 1 年 50 亿吨标准煤的能耗，大概一半是用来发电了，另一半是非电的能耗。但是，很多非电的能耗可以转成发电的能耗，这样就可能需要用电量翻倍及电力投资翻倍。如果现在需要约 50 万亿元投资，如电气化翻倍就可能需要 100 万亿元，按 20 年算，年均 5 万亿元，对经济具有相当大的拉动作用，且能够系统有序地实现"双碳"目标。

因为我们每年煤电装机按计划折旧完成后，替代的能源生产是用新的光伏。所以，这就是逐步在实现最终的"双碳"目标。碳中和未来必然会转向以光伏为基础。相对来说，光伏潜力比风能大几个量级，另外它的发电稳定性也更好，希望光伏最终促成中国绿色转型，也为经济复苏增长带来新投资机会。

应对气候变化要重视
"创新型碳替减"理念和解决方案

刘世锦

国务院发展研究中心原副主任，中国发展研究基金会副理事长

一、应对气候变化从根本上说是人类社会通过创新打破新的发展约束条件

在人类久远的历史中，经济增长长期处在极为缓慢或停滞的状态，工业革命启动了快速增长过程。工业革命以来的发展主要由若干次大的技术创新带动。创新打破了原有的发展条件约束，拓展了新的增长空间。

以往发展约束条件通常是显而易见的，如土地、资本、劳动力短缺等。而气候变化的不同之处在于，其对发展的不利影响，是通过科学研究而发现，经由传播讨论而逐步形成社会共识，进一步通过公共政策和制度规则成为约束变量。这一约束改变了资源原有的配置格局。与历史上曾经出现的技术变革一样，打破这一约束需要刺激新的重大创新。已有的化石能源逐步枯竭，人类需要找到可替代的新的清洁能源。

当然，创新过程不会一帆风顺。在初期会面临成本过高的压力。比尔·盖茨在《气候经济与人类未来》一书中提出了绿色溢价的概念，而且对绿色溢价的降低并不乐观。然而，越来越多的证据表明，一旦创新进入可持续轨道，成本下降速度可以相当快。随着创新竞争的加剧，价格下降，不少产品的绿色溢价已经为负。这方面的典型案例是

光伏发电。10 年前说与燃煤发电竞争，会被认为不可思议，但过去的 10 年间，光伏发电成本下降了 80% ～ 90%，已经低于燃煤发电成本，并且还有进一步下降的潜力。其他清洁能源也正呈现出类似特点。由此，我们应该对人类应对气候变化有信心，关键还是尽早启动各个相关领域的创新进程。

二、更多地关注创新型减碳

现实生活中，我们可以观察到 3 种不同的减碳类型，第一种是衰退型减碳。就是少生产甚至不生产，以减少或者停止碳排放。这种情况比较极端，但在个别情况下也存在，比如前两年出现过的"拉闸限电"以完成能耗双控目标的情况。第二种是增效型减碳。就是提高碳的生产率，用同样多的碳排放实现更多产出。我国经常讲的节能减排就属于这一类。第三种是创新型减碳。通过创新形成新的技术、工艺、方法等，在达到相同产出的情况下，实现低碳、零碳甚至负的碳排放。

增效型减碳还有潜力，但随着时间推移，空间减小，成本上升。而创新型减碳空间很大，成本随着技术改进和规模扩大而持续下降。中国的能源转型，将会走一条新技术驱动的增量逐步扩大并替代存量，即"增量优先、以新代旧、激励创新、市场驱动"的转型之路。但从目前的政策激励体系看，重点还是放在推动旧的能源节能减排上，对基于新技术的新能源减碳重视相对不够。

为此，我们可以提出一个新的概念，或者说应对气候变化过程中一种新的理念，叫作"创新型碳替减"，碳的替代性减少，是指依托低碳、零碳等绿色技术替代，相对减少碳排放，也可以称其为替代性减碳。"创新型碳替减"与原有的高碳基准生产方式相比，能够在获取相同产出的情况下，减少或者抵消碳排放量。比如每千瓦时发电，如果用煤炭发电，其碳排放量大约是 1000 克或者略多一点；光伏是 30 克碳排放；风能是 10 克碳排放。由燃煤发电改为光伏或者风能发电，碳减量是 970 克或者 990 克，碳排放量相当于燃煤发电碳排放量的 3% 或者 1%。发同样多的电，减碳量相当于此前燃煤发电的 97% 或者 99%。这是我们所说的碳替减，在减碳的同时实现增长，把二者的冲突关系转化成协同促进的关系。增量部分的碳替减可以降低整体的碳排放强度；存量部分的碳替减可以降低整体的碳排放量，这是实现碳排放双控的重要抓手。

三、要把"创新型碳替减"由理念转化为可行的解决方案，可以在两个方面作一些探索

一是形成全方位支持绿色创新的碳替减市场。这个市场应该有比较强的包容性，既包括类似绿电的绿色能源产品，也包括钢铁、有色金属、建材、化工等高碳行业能够产生碳替减的产品，如绿氢炼钢等，当然也可以包括传统的碳汇产品。碳替减市场一步到位存在难度，开始启动的时候，各个地方可以试点碳资产池或者绿碳银行，推动"创新型碳替减"的核算和交易。一开始可能难以全国互认，类似于"地方粮票"，本地认可。比如有人有碳替减指标，就可以出售，购买者可用来抵消指标额度内的减碳任务。这也有利于本地政府核算和完成上级下达的碳排放双控指标。如果这一机制运行有效，就可以向外地交易者开放，逐步演变为更大范围的区域市场乃至全国性市场，也可以与相关国际市场接轨。

二是在碳减排过程中要更多地引入市场化因素，并形成一种双向激励转型机制。碳排放权交易价格和碳税是碳价的两种主要表现方式。由此形成收入如何使用这一有意义的问题，基本思路是这部分收入应当用到碳中和进程中去。比如，个人和企业出售碳排放权的收入，可以专用于购买低碳绿色产品，从需求侧激励绿色消费。政府征收的碳

税，可用于支持绿色创新，如对创新企业减税或政府绿色采购。这样就可以形成一种双向激励转型机制，如政府对高碳部门征收的碳税，主要用于对新技术驱动下低碳、零碳或负碳部门的减税。总体上看，企业税负并没有增加，但绿色转型的动力明显增强了。碳税实施起来相对简单，可以在某个地区或对某类产品开展这种双向激励机制的试点。应当鼓励支持地方、基层和企业在国家顶层设计的引导下有一些自选动作，符合实际的办法不是在办公室凭空想出来的，而是在经济社会生活第一线试出来的，这样我们的绿色转型过程才能沿着正确方向充满生机活力地持续推进。

交易所应对气候变化的使命和行动方向

史美伦

香港交易所主席

很高兴参加 2023 年的中国发展高层论坛，与各位分享对"应对气候变化的行动方案"的看法，今天我想重点从交易所角度来讨论应对气候变化的使命和行动方向这个主题。

在应对气候变化这个共同目标下，世界各经济体积极向低碳发展转型，推出各种政策措施，包括中国的绿色产业投资、欧盟的碳市场以及美国《通胀削减法案》的税收抵免。不过，无论采取哪种政策路径，都需要企业的积极参与来推动。

在经济体系中，交易所是资本市场的枢纽，可以连接企业和投资者，共同构建绿色金融生态圈，应对气候变化。香港市场作为连接中国与世界的国际金融中心，有条件以开放的视角来支持这个生态圈的发展。以下有 3 点看法与大家分享。

第一，交易所推动企业节能减排，应对气候变化。

一是交易所作为资本市场的枢纽，可以推动更多企业成为绿色金融生态圈的活跃主体。

二是在推动企业节能减排、应对气候变化的过程中，香港交易所通过多重角色积极发挥作用。

作为监管机构，香港交易所致力于为上市公司提供清晰的环境、社会和治理的披露、应用及实施框架。香港交易所积极支持气候相关财务信息披露工作组（TCFD）与国际可持续发展标准委员会（ISSB）

的工作，我们也致力于让投资者看到的气候相关信息更加清楚而且可衡量。

作为市场运营商，我们一直积极创建可持续及绿色投资产品的生态系统，为发行人和投资者等广泛持股者提供更多信息、提高透明度及拓宽渠道。

作为市场教育者，我们为香港市场的发行人和投资者提供指引和教育，以帮助他们清晰了解不断演变的环境、社会和治理规定。

第二，交易所支持不同发展阶段的绿色科技企业的融资需要。

香港市场作为内地企业最大的离岸上市融资中心，2018年改革了上市制度，支持新经济企业上市融资，并借助互联互通的优势，推动构建绿色科技企业和投资者的生态圈。

对于发展比较成熟的企业，香港交易所2018年的上市规则修改，支持了中概股顺利回归，也吸引了许多绿色企业的上市和发债，其中有代表性的就包括电动车企业和一些比较成熟的绿色科技企业。

对于处于发展初期的绿色科技企业，香港交易所计划推出新的上市制度，支持来自五大特专科技行业（新一代信息技术、先进硬件、先进材料、新能源及节能环保、新食品及农业技术）的企业在香港上市，包括新能源及节能环保行业的绿色科技企业。这些企业在前期需要大量资金投入研发，才能进入商业化的阶段。因此，这套量身定做的上市规则有助于拓宽处于发展初期的绿色科技企业的融资渠道。

对于投资者，沪深港通为绿色科技企业上市融资缔造更理想的市场条件，也为内地和海外的投资者提供更多的绿色资产选择。

第三，香港市场具有"一国两制"、连接中国与世界的独特优势，可作为中国碳市场相关政策开放和先行先试的试验田，支持绿色科技和碳市场的国际合作和创新。

股票市场方面，2023 年 3 月开始，在香港上市的符合有关条件的外国公司将被纳入港股通。香港市场的上市制度，有助于吸引亚洲和全球的企业，构建绿色科技企业生态圈。在互联互通的优势下，除了有助于股票的流动性，也能为这些新兴产业提供内地和全球投资者的合理定价。

债券市场方面，除了香港特区政府为债券发行人提供资助，香港交易所的绿色金融资讯平台——可持续及绿色交易所为发行人及投资者提供各种环境、社会和治理相关投资产品资讯，包括绿色债券、交易型开放式指数基金产品，以及环境、社会和治理评级机构对香港交易所上市公司的评级情况。

碳市场方面，香港交易所于 2022 年 10 月推出碳交易平台 Core Climate。另外，我们的市场也迎来了中国首只追踪碳期货的交易型开放式指数基金（ETF）。除此之外，香港交易所也积极与内地碳市场保持交流沟通，探索合作机会，共同推动碳市场发展。

由于实现减碳的路径不同，全球绿色金融生态圈仍相对分割，但交易所作为资本市场的枢纽，可以连接海内外的企业和投资者共同参与减碳的转型过程。香港作为国际金融中心，有条件用好"一国两制"的独特优势先行先试，积极支持绿色科技的融资需要和碳市场的发展，连接企业和投资者，推动内地与全球绿色金融生态圈的融合，支持实现中国的"双碳"目标，帮助国际社会共同应对气候变化挑战。

中国华能绿色低碳转型实践

温枢刚

中国华能集团有限公司董事长

非常高兴参加"应对气候变化的行动方案"分组会讨论。应对气候变化、推进绿色发展，是全人类面临的共同课题。中国积极践行绿色低碳发展理念。党的二十大报告指出，中国式现代化是人与自然和谐共生的现代化，并对"推动绿色发展，促进人与自然和谐共生"作出重要部署，为我国应对气候变化、做好"双碳"工作指明了方向、提供了科学指引。目前，我国已经构建起碳达峰碳中和"1+N"政策体系，制定了相关发展规划、行动方案 70 余项，覆盖能源、工业等主要行业。借此机会，我愿与大家交流中国华能对于应对气候变化的思考和绿色低碳转型的实践。

中国华能成立于 1985 年，发电装机容量企业排名全球第二，发电量约占全国 10%，是国内最大的民生供热企业。近年来，我们牢牢把握绿色低碳转型大势，统筹安全、高效、绿色、低碳多维目标，加快绿色低碳转型步伐，清洁能源实现了跨越式发展，为守好绿水青山、助力实现"双碳"目标作出了华能贡献。

一是坚持规划引领。中国华能深入贯彻新发展理念，明确战略愿景，坚持以加快建设世界一流企业为目标，以着力推动高质量发展为主题，以大力推进绿色低碳转型为方向，深入推进能源革命，制定企业《碳达峰行动方案》，统筹谋划、超前布局，以新能源、水电、核电为转型三大支撑，大力优化能源结构，确保到 2025 年非化石能源装机占比达到 50% 以上，到 2035 年非化石能源装机占比超过 75%，单位发电量碳排放强度较 2025 年下降超过 40%。

二是坚持"五个并举"。突出集中式与分布式并举、陆上与海上并举、就地消纳与外送消纳并举、单品种开发与多品种互补并举、单一场景与综合场景并举。把大基地开发作为重中之重，围绕"三线一带"，在西部北部地区，加快推进综合能源基地建设；在东部沿海，推动海上风电和核电发展；在西南地区，推进流域水风光"一体化"开发；在中东部，建设分散式分布式新能源连片发展带。截至 2022 年底，公司新能源装机已突破 5000 万千瓦，用 3 年时间实现了规模翻番。截至 2023 年 3 月，公司海上风电累计核准、在建和投产 982.75 万千瓦，位居行业"第一方阵"。水电装机达到 2758 万千瓦，形成"建成一批、启动一批、储备一批"的滚动发展态势。过去 5 年，中国华能向社会提供绿色电力超过 8500 亿千瓦时，相当于减排二氧化碳 7.3 亿吨。国内首个千万千瓦级多能互补大型综合能源基地——甘肃陇东能源基地开工建设。"沙戈荒"大基地项目——库布齐沙漠鄂尔多斯南部基地获得国家核准，配套新能源规模达到 1200 万千瓦。

三是坚持科技引领。我们深刻认识到，落实"双碳"行动，必须加强基础前沿交叉创新，必须狠抓关键核心技术突破，必须加快商业化推广应用。中国华能深入贯彻创新驱动发展战略，围绕国家重大战略和行业发展需求，加快构建"源头零碳替碳、过程减污降碳、终端捕碳固碳、多能互补友好并网、数字化智能化支撑"的技术体系。近年来研发投入年均增长 40%。在大型海上风电、绿色智能水电、多能互补等领域拥有一大批自有知识产权核心技术。自主研发的大面积（>3500 平方厘米）钙钛矿光伏电池效率超 18.5%，达到世界先进水平。2021 年 12 月，世界首座具有第四代安全特征的高温气冷堆核电机组在华能山东石岛湾并网发电。建成投运世界首个非补燃盐穴压缩空气储能电站。建成世界单槽产能最大的碱性制氢水电解槽，每小时制氢1500标准立方米。建成中国第一座燃煤电厂二氧化碳捕集装置；华能上海石洞口二厂碳捕集、利用与封存技术示范工程和华能天津整体煤气化联合循环发电系统示范电站保持着运行时间最长的世界纪录。成功研发国际首创、华能原创的煤电烟气污染物一体化近零排放技术（COAP）。

四是坚持推动碳资产精细化管理。中国华能不断优化完善碳资产管理体系，积极稳步推动煤电"三改联动"，有效推动节能环保一体化合同能源管理，开展碳排放配额、CCER交易等碳市场业务，通过创新发展碳中和债等多种绿色金融方式支持绿色低碳产业发展，2022年公司全口径度电二氧化碳排放强度同比降低12克，比5年前下降47克。

五是坚持深化国际能源合作。中国华能积极融入绿色"一带一路"建设，秉承"建设一座电站，带动一方发展"理念，开发运营柬埔寨桑河二级水电站、缅甸瑞丽江一级水电站。在英国建成欧洲最大的储能项目门迪储能电站（10万千瓦）。设计建设澳大利亚米尔墨兰（Millmerran）电厂11万吨/年的碳捕集项目，是澳大利亚境内首个工业规模的燃烧后二氧化碳捕集示范项目。通过国际标准化合作、双多边组织合作、绿色文化交流等方式，积极参与全球能源治理，共绘绿色能源合作"工笔画"，服务构建人类命运共同体。

气候不分国界，没有一个国家能够置身事外、独善其身。坚持开放合作、互利共赢，是唯一应对之道。中国有句古语：志合者，不以山海为远。中国华能愿借助中国发展高层论坛这一宝贵平台，与各方一道，加强经验交流，开展务实合作。（1）共同开展转型路径研究。

与企业界、科技界、产业界等加强沟通交流，研究探讨实现能源转型目标的有效路径，积极为全球绿色低碳转型、建设美丽中国和美丽世界建言献策。（2）共同促进绿色低碳产业发展。将绿色低碳产业作为新冠疫情后全球经济复苏和转型升级的重要着力点，加大绿色投融资力度，积极开展低碳能源及绿色环保项目跨境合作，推动全球温室气体排放稳步下降，铺就全球可持续发展的绿色底色。（3）共同推进能源科技创新。聚焦统筹解决全球气候变化、能源安全和转型、产业升级成本问题，打造开放创新生态，合力攻坚陆上新能源、海上风电、储能、氢能应用等领域关键核心技术，推动能源电力与数字技术深度融合，强化科技成果凝练转化，为世界应对气候变化提供解决方案、贡献智慧力量。

达能应对气候变化的看法与实践

盛睿安

达能首席执行官

非常荣幸代表达能来参加中国发展高层论坛，今天我将和大家分享达能在应对气候变化方面的看法和实践，以及食品行业在其中扮演的重要角色。

达能是一家全球领先的食品饮料公司，致力于通过食品为尽可能多的人提供健康。为了实现这一使命，我们依赖于一个健康和可持续的地球。

气候变化是一项人类需要用共同行动来面对的挑战，企业在推动低碳经济转型中扮演着至关重要的角色。而近 1/3 的温室气体排放与食品行业有关，这是导致生物多样性丧失的主要因素之一。

结论显而易见：我们需要尽快采取措施，制定解决方案，为食品生产企业、消费者乃至整个地球带来积极的影响。

为了人民健康，同时保护和恢复自然，我们致力于减少碳排放，改变整个价值链，以实现将地球升温限制在 1.5℃ 以内的目标。

如今，农业领域产生的温室气体占达能总温室气体排放量的 60%。因此，我们对环境产生影响最重要的途径之一，就是选择适宜的农业模式。这就是达能选择采用再生农业模式的原因所在。

再生农业是一个以结果为导向的综合方案，涉及 3 个维度——人、地球和动物，它可以最大程度地发挥农业的益处，增强农业的韧性和长期盈利能力，同时支持食品安全并保护我们的地球。

为了实现这一目标，我们一直与农民合作。迄今为止，达能已支持 14 个国家的再生农业项目，为农民提供资金和实践指导。得益于这些项目，我们 20% 的关键原材料来自于已开始转向再生农业的农场。我们的目标是到 2025 年将这一比例提高到 30%。

我们正通过社会创新基金，开展再生农业的试点项目。达能生态系统基金通过全球 35 个项目，支持达能供应链中的农业实践转型。此外，我们还与其他机构合作，例如通过生计碳基金（The Livelihoods Carbon Fund），为环境修复和农林业项目提供资金支持，避免了 1000 万吨二氧化碳的排放。

我们在可以产生最大影响的领域采取行动。2023 年初，达能宣布了一项全球行动计划，旨在到 2030 年将鲜奶供应链中的甲烷排放量减少 30%。我们认为，在鲜奶供应链中减少甲烷排放对于确保乳制品在可持续饮食中的地位至关重要。我们希望能够支持中国在这一议题上的领导作用，特别是监测和减少甲烷排放的相关计划。

能源脱碳是我们另一个重要的行动领域。达能最近推出了"Re-Fuel Danone"全球能源卓越计划，旨在加速能源转型，目标是到 2030 年至少有 50% 的工厂能源为可再生能源。我很高兴地告诉大家，达能在中国的 6 家饮料工厂将于 2023 年达成碳中和目标。

当然，我们无法独自完成业务转型。我们需要与商业伙伴的整个生态系统进行合作，并全力支持政府的努力。事实上，要加快进展，释放经济、环境和社会效益，政府和企业之间的互动与合作至关重要。

中国已经制定了雄心勃勃的目标，力争 2030 年前实现碳达峰，努力争取 2060 年前实现碳中和。我们希望与政府和商业伙伴合作，在再生农业实践、循环和低碳包装系统、森林保护和造林计划，以及减少食物浪费等领域，找到适合中国的气候解决方案。我们相信，这些实践将有助于美丽中国建设。

达能坚信，企业可以而且应该在应对气候变化方面发挥积极作用，但不能单打独斗。我们必须共同努力，朝着相同的目标，专注于具体的行动。达能希望与中国政府和商业伙伴们紧密合作，一起朝着与食品和气候变化相关的宏伟目标共同努力。

如何开展应对气候变化的行动方案

尼古拉斯·斯特恩

伦敦政治经济学院教授

我非常高兴能够再次回到中国参加中国发展高层论坛。我要说的内容与前几位发言人角度稍有不同，但是从原则上讲是相似的。我们过去的发展具有破坏性，因此未来需要加快进行新模式的转型发展。我将从经济和机构角度论述这种新的模式应该怎么做，前景是怎么样的。虽然我不会涉及具体的领域，但会讲到开展转型的方式、未来需要做什么、如何来做等。

首先，我想讲讲新增长模式。为什么我们需要新的模式？气候变化是所有人都面临的挑战。我们一定要抛弃过去具有破坏性的发展模式，追寻一些新的发展模式，改变我们整个经济、城市或者土地等方面的发展路径。中国已经在这个领域开展了二三十年的工作，具有一定的优势，可以在其中发挥重要作用。与此同时，我们不能在单一领域或者单一国家开展工作，需要放眼于全球。其次，这个新的模式到底是什么呢？我们要对发展有一个较为宽泛的了解，了解发展不仅包含单一的方面，还要包括教育、收入等方面。我们的投资不仅仅是投资资金，更是投资社会、自然和人力资本。只有投资城市、能源、交通、土地等各个方面，并进行重大转型，才能促进清洁发展模式的推广。

中国在新的模式转型中是非常重要的。从体量上看，中国具有非常大的经济体量，因此，很多人都将目光看向中国，想要了解中国怎样转型。我们谈到的转型也就是增长，还涉及投资。从短期投资角度来说，我们的投资要投到恰当的领域，比如有助于经济恢复与增长的新经济领域；从中期投资角度来说，创新和创造力可以较快地改变我们未来的发展，而且涉及我们的竞争力，所以我们需要确定新的技术和新的增长模式；从长期投资角度来说，我们不应该追求高碳行业的经济增长，要考虑到进行转型是由短期、中期、长期共同决定的。另外，从城市角度、生态系统来说，绿色转型非常重要。

就如何实现绿色转型而言，一定要考虑到方方面面，不仅要考虑到经济相关的政策，这涉及具体政治、体制、行为、政府，等等。此外，我们还要有预期。预期对于投资是非常重要的，在国家层面、全球层面，都需要有长期的预期和长期的投资。同时还要考虑机构的结构。这个转型是整个经济的转型，不仅仅是某一个发展改革部门的转型，而是需要各个政府部门都参与进来的转型。不仅如此，转型中还要考虑区域，这就需要设计一些涵盖各个城市以及各个省份的一致的激励机制。

在整个过程当中，机构想要进行转型，就需要一些激励机制，如在价格和税收方面采取一些措施。如英国已经设计好了在未来一定时间内禁止销售内燃机的政策，但是除了这个政策，还需要在价格等方面确定一些激励机制，并提出相关的要求，这在整个战略和转型过程当中都是非常重要的。进一步，在全球范围应该怎么做呢？我们要认识到经济领域的绿色投资将是 21 世纪最大的投资机会，它涉及全球的公共物品，也涉及全球气候，如果我们共同行动，经济的增长可以激发出 21 世纪最大的创新。

由于时间关系，关于这种转型方式的具体实践，以及在全球怎么实现，我就不细说了。总而言之，中国在绿色转型领域中是非常重要的。当然发达国家在这个领域有非常独特的职责，因为它们除了要对大气污染负责外，还要负责相关的技术进步等。在发达国家担当起责任的同时，中国也一样可以在国际机构当中发挥其特殊作用，中国可以学习一些多边银行对于绿色转型领域将在未来 5 年内大幅度增加投融资的做法。希望在加快绿色转型中，中国能够发挥更大的作用。

金融服务"双碳"应放到中国式现代化
大局中去推进

廖林
中国工商银行行长

天更蓝、山更绿、水更清，是人民群众的共同期盼。很高兴在这春日里与各位嘉宾共同探讨金融服务"双碳"战略这一重要议题。

人与自然和谐共生，是中国式现代化的鲜明特征；中国式现代化既是重大理论创新，也是重大实践要求，为中国绿色发展提供了遵循。

金融是现代经济的核心，绿色金融是推动绿色发展的重要力量。近年来，中国金融机构积极践行"绿水青山就是金山银山"理念，推动绿色金融实现跨越式发展。2022 年末，中国绿色贷款规模已突破 22 万亿元，居全球第一，为经济绿色低碳转型注入了源源不断的金融活水。中国工商银行是全球规模最大的商业银行，也是全球领先的绿色信贷银行，绿色信贷规模已突破 4 万亿元，在标准制定、压力测试、信息披露等方面，为全球绿色金融治理贡献了多个方案。

实现"双碳"目标，是一场攻坚战、持久战，既要坚定目标，也要积极行动，积小胜为大胜。结合工商银行实践，我们认为，金融机构应把服务"双碳"放在中国式现代化大局中去推进，结合当前服务实体经济重点，推动绿色金融在以下 4 个方面聚力发力，协同推进降碳、减污、扩绿、增长。

一是推动绿色金融与能源强国融合建设。能源是工业的粮食、国民经济的命脉。我们立足以煤为主的基本国情，坚持先立后破、通盘考虑，一手抓清洁能源、节能环保服务，一手抓火电行业安全降碳，积极稳妥地支持能源结构转型。从西北戈壁的光伏"方阵"，到川滇交界的白鹤滩水电站，再到胜利油田国内首个百万吨级碳捕集、利用与封存项目，都能看到工商银行在行动、在深耕。

二是推动绿色金融与产业升级融合并进。绿色、低碳、智能发展是构建现代化产业体系的重要方向。我们围绕经济所需，发挥金融所长，在支持先进制造、科技创新的同时，帮助传统产业低碳转型，实现可持续发展。工商银行开发了科创"双碳"贷、碳排放权质押贷款等产品组合，不断探索协同服务"专精特新"企业和传统行业企业低碳转型的新模式。

三是推动绿色金融与共同富裕融合共促。"绿水青山就是金山银山"理念，蕴含着新的财富观。中国生态要素丰富，生态产品价值挖潜空间巨大。我们围绕碳排放权、排污权、碳汇等绿色发展权益，开展金融创新，打通绿水青山转化通道，努力促进生态产品价值实现。在"两山"理念发源地浙江安吉，工商银行支持当地上线全国首个县级"竹林碳汇收储交易平台"，让100多万亩竹林的空气变成了源源不断的宝藏，推动自然财富、生态财富转化为社会财富、经济财富。

四是推动绿色金融与绿色消费融合升级。消费是生产的最终目的和动力，消费绿色升级，既可满足人民日益增长的美好生活需要，也能助力全链条、全领域绿色转型。工商银行重视通过数字化金融手段激发消费端减碳潜力，在手机银行中推出"碳空间"功能，识别用户在金融场景中的绿色行为，鼓励绿色消费与低碳生活。

需要指出的是，推动绿色金融实践，必须坚持统筹发展和安全，加快构建环境与气候风险管理体系，前瞻作好风险防范，更好保障经济转型安全。

推进碳达峰碳中和，牵一发而动全身，贯穿经济社会发展全过程和各方面，需要各方共同参与和努力。工商银行愿与社会各界及海内外金融同业携手，大力践行绿色发展理念，加大绿色金融创新，共同推动高质量发展，为服务中国式现代化，共同构建人与自然生命共同体，作出新的更大贡献。

绿色金融促进可持续发展

奥利弗·贝特

中国发展高层论坛外方主席，安联保险集团董事会主席、首席执行官

在我谈具体内容之前，我想引用马克·吐温的话："人人都在谈论天气，但是没有一个人能对它有所作为。"这也可以适用于气候变化。我们眼见世界走向错误的方向，在气候变化中越来越糟糕，却只顾抱怨，不做实事改变它，我们必须有所作为。

我赞赏中国在这方面作出的巨大贡献，取得很多进展。很多人说中国产生了世界 1/3 的二氧化碳，但是中国的碳排放在过去 10 年中是降速最快的，远远超过欧盟以及美国。

中国计划建设 200 吉瓦的装机能量风电，而美国只有 17 吉瓦，中国在这方面取得了很多进展，包括全国性碳排放交易系统，还有很多举措都在推进。我们看到中国不是在空谈转型，而是有实际行动，尽管这样的成功需要大量的资金支持，但我觉得在融资转型方面中国有很多值得学习的地方。

举两个例子，都跟我们安联保险所做的相关。联合国的古特雷斯秘书长呼吁将温室气体零排放承诺变成现实，安联保险希望在这方面发挥主导作用，在 2040 年实现碳中和，更重要的是 2025 年、2030 年完成先期目标。另外，安联保险也使用一些具体适用某个行业的做法，帮助碳排放比较重的行业实现转型，通过金融的方式降低它们的碳排放。净零资产所有者联盟（NZAOA）的成员不仅是为行业提供咨询服务，而且和这些行业领先的科学家、机构进行合作，我们也推出了一

些措施以及保险基金、养老基金。时至今日我们还没有很好地发动中国的投资者加入这样的项目，我也想利用今天的机会邀请中方的朋友加入安联保险的联盟项目。不光是我们，还有全球的很多养老金、主权基金、保险公司，这真的是很好地发挥多边主义的联盟项目。

另外，我想谈谈绿色债券。中国的绿色金融行业发展非常迅速，据我了解，绿色贷款已经超过了2.5万亿美元，年均增长率达70%，并且还在持续增长。但是中国实现转型所需的资金不能仅仅依靠中国的贷款，还需要吸引国际投资，我的建议是中国可以和欧盟合作。由于有很多细节问题需要协调，所以这种合作是有难度的。但是我们会有很多好朋友，比如普华永道的首席执行官会告诉我们如何建立全球统一的标准。我们要在中国和欧盟之间设立一个工作组，确保在中国进行绿色债券投资符合欧盟的监管要求，让投资者将资金带到中国来，投得越多越好。这个过程可能非常烦琐，但合作并没有想象中那么难。

金融机构服务"双碳"战略

黄朝晖

中国国际金融股份有限公司首席执行官

非常荣幸受邀参加中国发展高层论坛。自习近平主席 2020 年在联合国大会上提出中国二氧化碳排放力争于 2030 年前达到峰值，努力争取 2060 年前实现碳中和 [1]，绿色低碳发展已经成为全社会的共识。

今天我主要分享两个观点。对于金融机构而言，服务"双碳"战略已经成为我们必须要做的分内的事。习近平主席曾经反复强调，实现"双碳"目标，不是别人让我们做，而是我们自己必须要做 [2]。这一判断在金融领域正在成为现实。我们看到，与实施"双碳"战略相关的金融业务正在蓬勃发展，商业回报的逻辑越来越清晰。

从宏观结构来看，随着我国增长模式从金融周期上半场的高度依赖房地产和基建两元模式的发展，转向下半场更加多元模式的发展，以创新为主的绿色经济在经济发展中的重要性大大提升。根据我们的估算，中国 2022 年绿色投资同比增长超过 20%，未来 5 年有望累计增长高达 16 万亿元的投资，增长率明显高于房地产和基建等传统领域。

从绿色债券发展来看，根据摩根士丹利资本国际公司（MSCI）在 2022 年的一项研究，中国 2021 年已经成为仅次于美国的全球第二大发行绿色债券的国家。最近几年，中国绿色债券的指数表现明显优于中

---

[1] 《习近平在第七十五届联合国大会一般性辩论上的讲话》，《人民日报》，2020 年 9 月 23 日。

[2] 《深入分析推进碳达峰碳中和工作面临的形势任务 扎扎实实把党中央决策部署落到实处》，《人民日报》，2022 年 1 月 26 日。

国的宽基指数 50～120 个基点。绿色债券指数因为较长的周期和较强的信用，以及相关的特定行业因素，使得它的表现更为优异。

从绿色信贷的质量来看，根据我们的研究，2013 年以来，绿色贷款不良率基本维持在 0.5% 以下，2020 年末绿色贷款不良率仅为 0.3%，与按揭贷款不良率相近，远低于对公贷款超过 2% 的平均不良率，表明绿色贷款不良率明显优于其他类型的对公贷款。

以"双碳"为目标的绿色经济及相关金融服务之所以能够在这么短的时间内取得快速发展，我认为主要有两个政策层面的因素在推动。第一，"1+N"双碳政策体系的构建。中国政府在 2021 年推出了一套系统化地推动"双碳"的政策制度，使得绿色溢价成为可能，投资者对绿色低碳项目盈利性的评估越来越明确，并给予了更大的关注和投资偏好。第二，绿色金融领域的政策支持力度越来越大，包括推出碳减排支持工具，建立绿色金融绩效评价体系，以及鼓励金融机构从事绿色金融业务的制度体系等，让金融机构的作用得到了更大程度的释放。

资本市场可以为实现"双碳"目标发挥更大的作用。根据联合国贸易和发展会议的统计，2020 年全球资本市场和绿色可持续主题相关的投资品种总价值达到 3.2 万亿美元。根据我们的测算，目前我国绿色信贷在绿色金融融资总额中占比达到 90%，而绿色债券和绿色股权分别只占 7% 和 3%。我们预计，10 年后这个结构将出现比较大的调整。到 2030 年，绿色信贷占绿色融资的比重将降到 62%，绿色股权的占比将上升到 30% 以上，为资本市场服务"双碳"战略提供了非常广阔的空间。

近两年，国家已经就直接融资助力绿色发展出台了一系列政策，包括明确提出要发展绿色直接融资，支持符合条件的绿色企业到股票市场上市融资等，推动绿色低碳产业股权融资环境持续优化，为下一步资本市场在促进"双碳"战略中发挥更大作用奠定了坚实的基础。这里我特别要提到的是，2019年推出的科创板以注册制为基础，引发了资本市场革命性的变化，之后创业板、北交所也先后实现了注册制。今天，国内的股票交易所全部实现注册制，这个巨大变化为资本进入绿色创新领域打开了通道，因为有了注册制下更加市场化的退出渠道，更多的资本愿意在绿色产业发展的早期进入这个行业，推动行业的创新和发展。之后通过首次公开募股得以顺利退出，形成了正向循环，营造了绿色科技创新的良好环境。

中国国际金融股份有限公司作为我国市场中较早跟进和服务"双碳"战略的证券公司，近年来依托资本市场持续开展了系统性工作。公司在过去十几年里，通过私募股权基金投资了450多个与绿色低碳相关的早期科技创新项目，投资总金额超过250亿元，这些投资在今天发挥了非常积极的作用，不仅促进了低碳技术的革命，而且也取得了良好的回报。同时，公司举办了多场具有广泛影响力的碳中和论坛，出版了《碳中和经济学》和《"碳"策中国》等重要研究成果，推动碳中和理念深入人心。

展望未来，中国国际金融股份有限公司将继续发挥在绿色投融资和研究等方面的优势，与社会各界一道，共同为服务好"双碳"战略，为我国的绿色发展作出应有的贡献。

中国绿色低碳转型与绿色金融发展

徐林

中美绿色基金管理有限公司董事长

我给大家介绍一下中国绿色低碳转型和绿色金融的发展。中国现在正在经历一个比较深刻的绿色低碳转型过程，由过去粗放型的经济增长，向可持续发展，再向碳中和经济转变。这样一种变革，我认为是一种工业文明向生态文明转变的过程。

为什么这么说呢？因为如果未来的能源能够实现太阳能、风能向电能转化，我们不再需要燃烧化石能源，过去以化石能源燃烧为特点的工业革命就会被取代，我觉得这是一个非常令人激动的过程。

中国的"双碳"目标是在 2020 年提出来的，这样一个目标的实现要走几种不同的路径：绿色低碳转型，新能源体系的构架，传统产业绿色低碳改造的升级，再加上绿色技术的创新和广泛应用，在这个过程中会孕育大量的融资需求。

同时，中国的绿色低碳转型和生态的改造、恢复和修复又是密切相关的。这样一个生态环境的再造过程中，包括了污染物的减少、生态的修复改善、能效的提高、末端污染物处理成本的降低，也包括一些排放物、污染物的资源化利用。这个过程实际上既有大量的投资需求，也会产生很多的碳中和，包括生态的资产和收益。

绿色低碳的转型毫无疑问会催生绿色金融的发展。根据我们的测算，要实现碳中和，中国涉及的投资总额可能会高达 60 万亿～70 万亿美元。在这个过程中，无论是碳达峰、碳中和，还是能源体系的改造，包括生态环境的改造，都需要每年投入大量的资金。这样一种投入，在我们看来是绿色金融的需求。中国人民银行等机构在 2016 年就发布了一个关于绿色金融发展的文件，这个文件对中国的绿色金融体系进行了比较完整的定义，而且提出绿色金融体系的构建包括 5 个支柱的支撑。

正是在这样一种政策导向的支持下，中国现在绿色金融的规模，无论是绿色信贷，还是绿色债券，包括其他一些绿色的金融产品，市场规模在世界都是名列前茅的，而且在这个过程中，我们也看到越来越多的绿色金融产品正在不断地被创新发展出来。

为了更好地满足碳中和所带来的这种投融资需求，中国需要在不同的绿色金融产品方面进行创新。总的来说，大概有以下几类。

第一，碳中和的贷款和债券，它主要服务于新能源的项目、工业的低碳改造、城市低碳改造这样一些杠杆融资的需求，这些需求的规模很多和重资产的投资是密切相关的。所以，规模非常巨大。

第二，碳中和的基金，包括新能源的基础设施这一类的基金，主要用于一些重资产项目资本金的投入。

第三，碳中和的一些股权投资基金，这一类的基金主要用于碳中和领域的一些技术创新类项目的风险投资（VC）、私募股权投资（PE）等，这类的投资更多地推动创新技术在绿色低碳领域的广泛应用，而且支撑更快的绿色低碳转型。

资本市场最好能够建立针对碳中和或者绿色低碳转型要求的特殊的板块，使更多的资产可以在资本市场上市。通过资产支持证券、不动产投资信托基金企业的上市，使得各类资金，特别是基金类的投资可以通过资本市场得到更有效的退出。当然，我们还得构建一个更加有效的绿色金融，特别是转型金融这样一个生态，使得在这个生态中，绿色金融产品能够更有效地得到创新，而且绿色金融市场的交易效率能够更高。

绿色金融领域需要国际合作，毕竟碳中和的实现不是一个国家的事情，中国做得再好，如果别的国家不能很好地完成各自目标，全球的碳中和目标也难以实现。中国的绿色金融，一方面要与别的国家更好地合作，另一方面也要更多地为中国企业在海外布局，特别是具有绿色技术的企业在海外布局，为构建全球的产业链提供更好的绿色金融服务。

保险行业助力实现"双碳"目标 推动绿色转型

缪汶乐

瑞士再保险集团首席执行官

瑞士再保险集团是一家全球领先的保险和再保险公司，我们在很早前就意识到了气候变化，并在 1993 年发布了关于气候变化风险的文章，当时阅读的人并不多，这也说明让全球共同体意识到气候变化风险这个议题需要很长一段时间。

瑞士再保险集团跟中国渊源很深，我们在中国与客户签署的第一份保险合同是在 90 年前。我们一直都在积极开拓中国市场、拓展业务，我们和中国的企业、政府也保持十分良好的合作。今天就保险业支持中国的"双碳"战略，我想谈以下 3 点想法。

第一，全世界每个不同领域都应该要创建统一的标准，这一诉求和建议非常重要。无论从监管角度还是从企业角度而言，如果每个人都用自己的方式各说各话，会导致非常碎片化的解读和认知，同时影响资金国际化的流动。我们尽可能去获得大家的共识，并帮助建立统一的标准。达成共识和建立统一标准的收益是巨大的，因此我们也在全球各个地区努力助力共建在新能源领域共同的标准，在推动经济可持续发展的进程中发挥更为重要的作用。

第二，保险公司和银行基本上可以涉及经济体的每一个行业和相关企业，因此能够贯穿全产业链。欧盟计划在 2050 年实现"碳中和"目标，中国则提出努力争取 2060 年前实现碳中和，这意味着中国保险公司的供应商和客户都需要在 2060 年前达到碳中和，包括每一位投资者也是如此。价值链上所有企业的上游和下游都应该在 2060 年前实现净零排放。这也涉及数百万中小企业的转型，各国中小企业在实现碳中和目标方面是有难度的，至少欧洲是如此。因此，保险公司和银行业有很多机会去帮助中小企业实现转型，在努力争取 2060 年前实现净零排放的目标。

第三，低碳转型是一项系统性、全方面的变革，这将涉及经济的方方面面，尤其是目前的重工业行业，包括钢铁、铝、混凝土、化肥等，这些都需要减碳。虽然目前已有相应的技术实现减碳，但是成本却很高，这也是为什么很多企业并没有在绿色转型方面有过多投入。

全球变暖背景下能源企业的应对

安德鲁·福瑞斯特

FMG 集团执行董事长

我们对未来的总体方向都有一致的看法，即我们必须一起努力，为应对全球变暖制订一个商业解决方案。但我们仍然进行了很多讨论，尤其是在如何实现这些目标上，我们有着不同的看法。

今天在座的都是非常成功的能源资源企业的代表。我们共同致力于开发世界所需的矿产，以提供绿色能源所需的关键矿物。同时，我们正在加快多元化发展，包括在新能源领域。

4 年前，我专门回到学校重新进行学习。我认为，在我们对气候科学的研究中，全球变暖的科学理论是完全正确的，只是关于全球变暖时间的预测错了。我称之为预测，但它实际上不再是一个预测了：此刻全球已经变暖。这两年，大家可以看到全球气温正在上升，这意味着我们必须加快行动。

英语谚语"房间里的大象"，用在这里讲的是我们要为股东提供回报，企业需要交税，政府需要提供教育、公共卫生和基础设施等服务，还要提供公正合理的司法制度。但如果我们的气候环境被全球变暖所摧毁，这些都将毫无意义。

我最想和大家讲的是，大公司必须要有长远规划，正如政府应该制定长远目标。我们必须充分考虑新的科学、新的现实带来的新的目标。我们并不是在预测这些目标的到来，而是已经生活在这样的环境中。这是每个人都特别关注的问题，特别是我的同事，因为这方面的全球投资是不足的。世界需要实现能源安全，因为能源安全和国家安全密切相关，而国家安全在很大程度上是由气候安全推动的。如果我们想把绿色能源做好，就需要在主要经济增长中把基本条件做好。俄罗斯的永冻土层中储存了大量的有机物质和甲烷，当永冻土融化时，这些物质被解冻并分解，释放出甲烷。因为缺乏良好的管理，永冻土层在不断融化，加快了气候变暖的进程。

我们正在向可再生能源转型，那现有的化石燃料供应商怎么办？他们可以迅速调整业务，保持盈利。这些公司有自己的基础设施，也有世界上最优秀的科学家和技术。同时，我们希望这能够造福于每个人，也希望氢能源能够惠及更多人。

我们也注意到绿色能源方面出现了显著增长。与化石燃料不同，绿色能源无法被武器化，不会耗尽，也不会破坏政府展开的良好工作。世界各地的社区和家庭都需要努力实现我们的共同梦想，就是为我们共同的未来而团结起来，守护我们的星球，让它变得更美好。

很多人正在为此付出更多努力。FMG 在肯尼亚推出了一个新项目，旨在帮助当地政府满足该国的能源需求。肯尼亚这个发展中国家已经能够在现有基础上出口 80% 的能源。

当然，我们欢迎其他化石燃料企业加入我们，也希望家庭、社区和政府能够重视这个"房间里的大象"，因为要想解决经济问题，必须首先解决气候变化问题。

国际合作促全球能源转型

贺达

瓦克化学股份有限公司总裁、首席执行官

国际合作对于全球的能源转型发挥了至关重要的作用。能源转型已经达到了一个关键拐点：可再生能源发电的可承受成本，日益先进的去化石能源技术，不断发展的可再生能源供应链，以及因国际局势紧张而导致的能源危机等。全球新能源市场的增长速度比以往更快。

在国际能源署关于 2050 年实现净零排放的相关报告中提到，到 2050 年，全球近 90% 的电力必须来自可再生能源。

为了加强可再生能源的发展，世界各国的政府都制定了新的一揽子政策。中国在可再生能源方面取得了巨大的进展。我们可以看到截至 2022 年，中国可再生能源装机容量已经达到了 1200 吉瓦，2022 年太阳能在中国的装机容量达到 87 吉瓦。这些发展十分重要，工业的电气化是实现能源转型的重要途径，只有这样才能够帮我们实现碳中和。

在瓦克化学股份有限公司，我们也制定了雄心勃勃的可持续发展目标。我们力争 2045 年实现碳中和，并希望在 2030 年将我们的碳排放减少一半。为了进一步减少碳足迹，瓦克化学南京生产基地与国家能源集团达成最终协议，从 2023 年开始逐渐购买绿色电力，从而优化基地的用电结构，逐步减少碳排放。我们在新能源、可再生能源领域面临最大的挑战究竟是什么呢？是整个可再生能源的供应链，尤其是在太阳能光伏行业。

太阳能光伏在全球能源转型当中发挥着越来越重要的作用。但是，在过去几年当中，受新冠疫情的影响，可再生能源，尤其是太阳能光伏行业的发展减缓了。其原因在于新冠疫情导致了劳动力短缺，甚至物流的停滞，扰乱了全球的供应链。此外，由于俄乌冲突，导致欧洲能源短缺，大家不得不使用更多的煤炭。

为了建立起一个有韧性的供应链并实现能源转型，国际合作是关键。产业链上的所有利益相关方之间都要合作，而且要与中国合作。其原因在于中国企业在全球的光伏行业里发挥着领导作用，且整个光伏产业链上的中国企业有很多领先者。作为重要的全球光伏产业参与者，中国已经通过对外开放政策，吸引更多的外国投资者来到本地市场，尤其是新能源这一重要领域。

与此同时，我们也看到越来越多的中国光伏企业正在"走出去"，包括去欧洲、美国等进行投资。我们认为这是多样化的重要一步，尤其是对于整个太阳能光伏供应链而言。

瓦克化学股份有限公司同样对能源转型有着重要的贡献。我们生产的多晶硅不仅是光伏太阳能行业最重要的原材料，也是电脑芯片的重要原料。它的生产工艺十分复杂并具有挑战性，且需要雄厚资本。目前德国和美国都有我们的生产基地，为我们在中国的客户服务，也满足了全球客户的需求。

在实现能源转型过程当中，我们也在开发新的环保技术，在电动汽车当中，我们的导热有机硅在有效保护电池和电子元件、优化热管理方面表现得非常好。此外，我们的高温硅橡胶能够提高绝缘体的耐用性。因此，在超高压输电线建设中，起到十分重要的作用。

世界上主要的问题和挑战，包括气候变化、医疗保健、能源转型在内，都需要通过全球合作来解决。瓦克化学股份有限公司倡导自由和公平的全球贸易，人员和创意的自由流动，以及共享全球化所带来的好处。我们希望所有的利益相关方都能够展开合作，加强政府间公开对话，让第三方行业组织能够参与标准的制定，让企业参与商业合作。希望通过我们的共同努力，为我们的子孙后代创造一个更美好的未来。

加快新型能源体系建设和体制机制改革

王金照

国务院发展研究中心产业经济研究部部长

从"双碳"的角度来讲，实现碳达峰，特别是实现碳中和，我们认为有两个途径极其关键：一是终端的电气化，二是电气的绿色和低碳化。据我们分析，要同时实现中国式现代化的目标和"双碳"的目标，到2030年，非化石能源占整个能源供应的比例应该在25%～30%，到2060年的时候达到80%以上。风电和光伏将会成为最大的装机电源，2030年可能达到16亿千瓦，2060年达到60亿千瓦。这意味着在现有的水平上，到2030年装机还要扩大1倍以上，到2060年还要扩大10倍，增长空间巨大。

从新能源的发展上看，集中式和分布式将并重，风电将以集中式为主，光伏将以集中式和分布式并举，电力系统以及电网形态将会产生一些变化。从电力生产的方向来讲，要逐步过渡到一个新能源作为支撑电量、常规电源保障电力的阶段，输配的格局也逐渐因为众多分布式电网的接入，形成以大电网为骨干，多种电网形态相融并存的局面。电力系统的平衡也由原来的"源随荷动"转向源网荷储协调互动。其中，电网的互济能力、需求响应能力，各种抽水蓄能，以及各种电化学储能都有很大的发展空间。另外，电动汽车也在其中扮演一个极其关键的角色。我们同样预测到2030年，电动汽车的年产量可达1500万辆到2000万辆，保有量可能超过一亿辆。其巨大的调节能力，成为消纳可再生能源非常关键的一个方面。当然，"压舱石"还是化石能源。

从增长的角度来讲，非化石能源已经是非常强劲的动力。2022 年光伏、动力电池、新能源都是产值超万亿的产业。光伏 2022 年出口了 512 亿美元的产品，动力电池也超过 500 亿美元，新能源汽车超过 70 万辆，我想这都将成为未来国际贸易间拉动经济增长非常关键的力量。

我们也作了一些分析，未来 40 年，中国在新能源，包括和新能源配套的电网和储能上要投资 80 万亿元，每年大概有 2 万亿元的投资。非化石能源占 GDP 的比重，包括两部分：一是非化石能源发电的部分。二是非化石能源制造这一部分，包括出口部分，占 GDP 的比例到 2030 年能提高到 2% 以上，2060 年能提高到 5% 以上。如果再把新能源汽车和节能建筑加上，将至少提高到 10%，并且其增速可以达到 GDP 增速的 2 倍。所以，从拉动经济增长的角度来讲至少能够提升至 20%。如果考虑到整个工艺过程也要绿色化、低碳化，它对经济的带动作用我认为是三分天下有其一，不仅能够促进新能源的发展，也会进一步扩大就业。

中国新能源的发展也为世界作出了重要的贡献。从成本的角度来讲，中国是一个巨大的市场，分摊了研发和生产的成本。第一，我们的新能源产品价格很低，为全球的绿色产品转型降低了成本。第二，近些年来，我们在很多领域，包括电网领域、发电领域、光伏领域，新的技术已经走在世界前列，也成为世界的技术策源地，这也为其他国家解决绿色低碳问题提供了重要的技术方案。

当然，在过去比较好的基础上，还需进一步发展。我们认为仍需要做到 2 个方面的工作：

一是深化能源体制改革，特别是电力体制的改革。可再生能源占 20%，主要靠灵活的价格机制的调节；可再生能源占比达到 40%，则需要放开需求侧，让需求侧和生产侧高度互动；可再生能源占比如超过 60%，必须要靠分布式的就地消纳。

那么，在这样一个体系中，还是要先做好电力市场的建设，未来电力市场将由两部分组成：第一部分是中长期市场，不大幅波动，稳定生产运营，通过现货市场来平衡供需，让价格反映市场供求关系。另外，可再生能源和低碳能源系统成本比较高，所以在相当长时间内仍需体现它的绿色价值，通过绿证以及可再生能源消纳的保证机制，助推其继续向前发展。第二部分是电价的改革。大部分的上网电价，包括销售电价在内都是由市场决定，并体现在终端居民用能上面，要通过价格信号引导包括电动汽车、智能家居等发展。解决交叉补贴问题方面，首先要保持"全国一张网"的骨干地位，但是在配电网上，要通过推动多层次的开放以适应新能源的发展。同时，要处理好"大网"和"小网"的关系，通过合同来比较公平地保持互动。对此，一些经济发达地区可以先作试点。

二是加强全网整体的联通，促进南方电网、国家电网、蒙西电网的互联互通。此外，我们认为技术创新非常关键。过去中国的新能源创新很多的技术源头来自国外，如今，有很多大的中国企业已经走在世界前列，在商业化应用上，已经有较强的能力。然而在原创性技术研究上，还需要国家的科研机构，以及高校作出更大的贡献，保持新能源技术创新活力。

当然，我也很赞同前面各位专家讲的要加强合作，因为新能源发展有正的外部效应，有利于解决影响全人类的气候变化问题。国际上加强合作我觉得有以下几个方面：

一是要鼓励开放式的创新，鼓励国际研发，包括设立中国版的碳中和国际科技创新合作计划。

二是中国拥有很强的新能源竞争力，我们特别希望各个国家减少贸易投资壁垒，减少贸易保护，为公平竞争提供一个良好的环境。

三是现在有些国家推动"脱钩断链"，我们认为还应加强与欧洲、日韩和发展中国家标准的合作，形成一套标准，避免出现两个体系。

四是实现包容性的发展，要各自发挥各自的优势，并且从中获益。我们期待这样的愿景实现，也为这个愿景作出各自的努力。

携手迈向能源新世界

赵国华

施耐德电气董事长、首席执行官

我 1993—1999 年一直住在北京。每次回到北京，我就想到雨燕——北京的雨燕，我就像一只雨燕一样再次回到北京。不过今天，我的话题不是关于过去在中国的经历，而是关于能源和气候。

1993 年，我来到中国，开创了施耐德电气在中国的业务。我接受了这个美好的挑战，我想到中国走走，了解这个地方。很快，我就意识到中国是一个非常大且多元化的国家，从城市到乡村，每个地方都有所不同。所以，这 6 年不管工作还是休假，我都是在了解中国。通过面包车、出租车、火车、公交车等各种交通工具，我试图去了解什么样的解决方案可以帮助那些生活在中国的人们。

那时的中国正处于发展初期。30 年过去了，现在的中国已经成为世界上最先进、最具创新力的国家之一。我也非常荣幸能亲眼见证并参与这个历史进程。作为历史的见证者，我知道发展的每一步都会遇到挑战和困难。

此外，发展和能源是紧密相关的。如果你要发展，就需要能源。我认为，能源是通向现代化生活的"通行证"。世界上 75% 的碳排放都和我们生产能源、消费能源的方式有关。现在，世界上仍有 8 亿人无法使用能源，有 26 亿人无法稳定地使用能源。如果我们放任气温上升，地球将没有未来。我们可能会面临气温上升 4℃ 的情况，这意味着未来 30 年，50% 的全球人口将会生活在不适宜生存的地区，其中一些不适宜生存的地区就在中国。

作为能源科技企业，施耐德电气每一天都在和全球最大、最可靠的机构合作，努力寻找气候问题的解决方案。其实答案非常简单：我们需要用 3 倍速度、3 倍力度进行减排。

为什么是 3 倍速度？因为我们今天所建造的一切高能耗高排放设施，在未来 50 年里都会成为减排的负担。所以，一切设施都应该以零排放为标准。

为什么是 3 倍力度？如果我们把所有公司和所有国家所作的减碳承诺综合计算起来，到 2030 年就能够减少 40 亿吨的二氧化碳排放。而要实现 1.5℃的控温目标，则需要 4 倍以上的减排量。

有些地区已经意识到了这一点，它们明白重建能源系统的重要性。比如在中国和欧洲，70% ～ 80% 的能源投资都用以发展清洁科技。我们必须改造能源世界，才能实现经济发展和可持续发展的平衡，让所有人受益。

目前有关能源的讨论，大部分都围绕供给侧展开，涉及核能、非核能、煤、石油、天然气、可再生能源。总之，90% 的讨论都是关于供给侧的。回顾历史，能源转型其实是从需求侧驱动的。汽车变成了电动的，是因为比亚迪或特斯拉这样的公司设计出了电动汽车，它们比传统汽车更好、更有竞争力和吸引力、更有趣。楼宇的电气化是因为热泵比燃气或者燃油供热的效率要高 3 ～ 4 倍。施耐德电气的角色就是在需求侧进行减碳。

为了实现需求侧的减碳，我们有两个关键的手段。

第一个是数字化。当你想到数字化的时候，首先会想到互联网，而最近的新篇章是物联网。物联网将我们和周边所有的"物"，包括家庭、建筑、城市、基础设施等连接在一起。这意味着效率的提升。

第二个是电气化。电气化是实现脱碳的必由之路。数字化＋电气化将为我们带来一个可持续发展的世界，因为这个模式既是高效的，又是脱碳的。未来的世界应该是数字化＋电气化的，也应该是智能和绿色的。说到电力，有人可能认为这是一种传统的技术。但现在我们所说的是电力4.0，意味着所有一切都变得智能。大部分的电力都来自低碳能源，比如可再生能源、核能，并通过智能电网进行协调。

全面的数字化是实现这一切的基础。物联网可以连接我们周围的一切：家庭的每一样东西、建筑里的每一件产品、工厂里的每一个设施。这样，数据就能上传至云端，并整合成过去不存在或者不可及的大数据。基于大数据，现实世界的物理设施可以对应其数字孪生，任何人在任何地点都可以进行运营。这样的操作效率更高，安全性和韧性也更高。

要让数字化再上一个台阶，从而实现真正的万物互联互通，我们至少还要完成5个方面的融合。

第一，能源和自动化的融合。如果希望能效更高，就必须实现自动化。第二，每一个终端都要有其在云端的数字孪生。第三，实现整个生命周期的融合。从设计、建造到运营，循环往复。第四，从传统的分散式管理，即·栋栋楼、一个个厂，到统一的运营中心。充分利用公司的规模和实力，让能效最佳的站点为其他站点提供参考。第五，一旦实现了需求侧的数字化，我们就能通过大数据分析获得最清洁和最经济的能源。

应对气候变化离不开合作，而数字化加强了我们的合作。把公司内所有的资产、运营、能源、碳排放整合到统一的数据集成中心时，将释放所在生态系统的潜能。所有人，包括软件工程师、资产管理者、工厂管理者、操作员等，都能发挥更大的价值。比如，操作员可以通过增强现实设备获得更多数据，现场操作也更加高效和安全。数字化也可以让供应商融入供应链管理，使他们在任何时候都能提供最高效的能源。

以施耐德电气为例，我们作出了雄心勃勃的承诺，并通过了科学碳目标倡议（SBTi）的审核。我们希望在 2030 年实现自身运营层面的零碳，到 2040 年实现端到端价值链的碳中和。同时，我们承诺在未来 3 年帮助供应商减少一半的碳排放。这就需要借助我们的技术和生态系统。目前，我们每年帮客户减少 1 亿吨的碳排放。在过去的很多年当中，我们让全球 5000 万无电或陷于能源困境的人获得了绿色的电力、绿色的能源。我们的教育项目培训了 100 万人使用新能源。

你可能会说，这种转型很难。我们在平时的生活中没见过这些技术，或者这些技术不那么适用。我想分享一个案例。在世界上环境最极端的地区，南极和北极，我们曾运用过这种技术。15 年前，我们和一个比利时科学家启动了全新的项目，建成了南极洲首个零碳科考站。我们当时就实现了全面的数字化。这个科考站在没有人的时候会自动进入休眠状态，当有人回来的时候再重新启动。这个项目在过去的 10 年里一直在运营，不产生碳排放。

如果我们证明了在南极洲这样艰苦的环境中都能够做到零碳，那么我们在世界上任何地方都可以做到。这些技术现在价格合理、可行性强。

施耐德电气在中国有 30 家工厂和物流中心。在此，我想邀请大家实地考察其中任何一家，它正在应用刚才所说的这些技术。希望大家一同来探讨创新性的、开放性的解决方案。

自然与生命，文明与爱

初雯雯

阿勒泰地区自然保护协会创始人

在过去的 3 年里，让我印象最深刻的瞬间有两个。

第一个瞬间发生在阿尔泰山脚下的乌伦古河。2021 年初，乌伦古河畔雪花飞舞，气温已经降到了 −38℃，我的同事们在大腿深的积雪中艰难挪动。我们走了很久，在到达了一处深埋在雪中的河狸窝后大伙分散开，有人拍摄，有人测量，还有人哈着气记录。过了许久，当几人的数据凑在一起时，风雪中爆发出了一阵巨大的欢呼声，几名工作人员雀跃着拥抱在一起大喊："终于 600 只喽！"

这是我们第三次河狸全种群调查工作的最后一天。调查数据显示，我国现存国家一级重点保护动物蒙新河狸种群数量已达 600 只，较 3 年前调查数据增长 19.8%，为我国自有河狸观测数据以来的最高值。

第二个瞬间是 2021 年 10 月，在联合国《生物多样性公约》第十五次缔约方大会上，我有幸作为中国青年代表，分享了超过百万名中国青年在中国新疆富蕴县共同完成自然保护公益工作的故事。

5 年间，超过 100 万名来自全国各地的年轻人，通过互联网组成了一个叫作"河狸军团"的公益群体，大家省吃俭用，奔走呼喊，为保护自然的公益事业募捐，筹集设备物资。他们想方设法攒假，从城市来到广袤的阿尔泰山参加体力劳动，吃住就在种树的工地上。

那一刻，我和全中国的年轻人一起，向世界展示了人类文明对生命的尊重。

2018年，我从北京林业大学硕士毕业之后，开始像所有的年轻人一样思考自己的未来，思考应该选择怎样的路。究竟是留在北京的写字楼里工作，还是回到新疆的大自然里继续自己做职业自然保护工作者的梦想？是选择城市的繁华舒适还是大山里的简单纯粹？应该选择怎样的生活，让我陷入了纠结。

很快，我发现自己关于开心的所有想象，都寄托在好几千公里之外的野生动物们身上。最终，我坚定地回到了家乡阿勒泰，回到了大自然，开始尝试在帮助野生动物的同时，找到一个能让当地人参与自然保护并与自然和谐共生的方法。

在地区党委、行政公署的支持下，我们在2018年9月成立了阿勒泰地区自然保护协会，以保护阿勒泰特有的国家一级保护动物蒙新河狸为主要工作内容。

2019年，我们开启了中国的第一个野生动物生境直播——河狸直播，让全中国的网友可以全天以不打扰的方式，看到祖国的西北端新疆阿勒泰地区的美好自然生境。阿尔泰山特有的蒙新河狸就这样走进了大众视线。网友们纷纷留言："新疆的人与野生动物相处模式令人感动"，"为阿勒泰地区大力推动生态文明建设的做法点赞"。

阿勒泰地区良好的自然风貌与生态和谐景象打动了无数网友们的心，网友们纷纷提出要求："我们也要为阿尔泰山的生态文明做些事情！"

我们以青年志愿者为主力军，在5年里打造出了3个全国知名的互联网自然保护公益项目：大规模修复野生动物栖息地灌木植被群落，为野生动物种下60多万棵小树苗的"河狸食堂"；沿着750公里长的乌伦古河一家一家走访原住民，招募到500多位愿意参与自然保护公益工作的牧民兄弟姐妹，组成自然巡护队的"河狸守护者"；在富蕴县委、县政府的支持下，联合来自全国各地的网友们，共同修建起国际山脉阿尔泰山在中国境内首座专业野生动物救助中心"河狸方舟"。

我们一起让国内外都看到了新疆生态文明建设的成果。在最艰苦的创始阶段，来自全国各地的青年志愿者们吃住都在种树地，有的人还动员家人朋友一起来参加劳动。慢慢地，越来越多的牧民受到感召，加入我们的队伍，成为种树的参与者。

我们一起为动物们解决了栖息地和食物资源缺乏的问题，牧民们在获得成就感的同时提高了收入。目前大部分当地牧民不仅能与野生动物和谐相处，还自发成为自然巡护员。塔力哈提就是参与自然保护的牧民之一。他曾是一名中国人民解放军战士，被我们亲切称为"老班长"。退休后，塔力哈提义务照顾了一窝被困在农用渠里的河狸长达 3 年。"老班长"每天徒步 8 公里，给它们送去新鲜的树枝。他照顾的河狸最开始只是个"单身汉"，后来找到了"媳妇"，现在已经有了自己的"孩子"。"老班长"很感慨，也感到很荣幸。他经常跟外孙说："以后你长大了也要和我一样，继续来照顾这些河狸，我们一代又一代，继续下去！"

在当地政府的引领下，在全国青年自然保护者的共同努力下，全国 100 多万名有志青年肩并肩、心贴心，在这片广袤的土地上共同守护祖国的绿水青山！

过去我们经常因为缺乏专用的治疗场所和设备，导致许多野生动物救助工作无法开展，只能多次遗憾地看着这些本可以活下来的"精灵"离开我们。2021 年，我们在互联网上发起了"河狸方舟"公益众筹，希望通过全社会的共同努力，建设一座专业化的野生动物救助中心。

项目筹备历时两年。两年后，这座野生动物救助中心从构想变成了现实。截至 2023 年，我们成功救助了包括河狸、金雕、草原雕、棕熊、秃鹫、猞猁、鹅喉羚、狗獾、雕鸮、黑鸢、赤狐等在内的 160 余只受伤、受困的野生动物，并且在康复之后将它们放归了自然。

在全社会的支持下，这样的奇迹在我们机构已经发生了好几次。比如，我们发起了名为"河狸守护者"的公益活动，邀请网友"云领养"河狸宝宝。网友们会为当地牧民巡护员购买过冬草料，筹措工作经费。作为回报，牧民大哥们在放牧时会帮忙照顾自家草场河岸边的河狸家族。乌伦古河的每只河狸宝宝都有了自己的名字，例如四川网友认领的河狸叫"小面"，北京网友认领的叫"糖葫芦"，河南网友认领的叫"少林寺"。这个项目培养起了一支 500 余人的"自然保护巡护员"队伍，大大地缓解了当地自然保护基础工作人员不足的问题。

救助野生动物是让我感触最深的一项工作。比如，我们救助过一只因为中毒而无法行动的秃鹫，通过三四天不眠不休的抢救，把它从生死线上拉回来，看到它站起来的一瞬间我激动得哭了。待它完全康复后，我们与富蕴县林业和草原局将它放归自然。看它迈着小步溜达到高点，然后展开双翼滑翔进山谷中的那一瞬间我们虽然嘴上喊着："再别回来了！"但是心里想的却是：飞慢一点，慢一点，让我们再看一眼。

当看到误入农用渠筑巢被冻在洞里靠吃淤泥求生的河狸经我们放归后，在清澈的水里开心地扎猛子时；当看到翅膀挂在铁丝网上，受伤血流不止的金雕，经救助后再次骄傲地昂起头俯视森林时；当看到一个个本该鲜活的生命再次灿烂在阳光下时，我感觉付出的努力都是值得的。

我们是站在巨人肩膀上的一代。我们带着和父辈、师长们年轻时一样的热情和冲劲加入了自然保护事业中，我们传承了他们几十年来的研究方法、试错经验、科研数据，这使我们能更专业、更高效地开展工作。我们是和互联网一起成长的一代人，拥有更好的传播条件、社群工具、科研设备，这让我们可以更容易凝聚更多人的力量。最重要的是，我们幸运地成长在国家大力推动生态保护工作的新时代里，政府的支持、媒体的参与、公众自然保护意识的提升成为我们工作最核心的支撑。

我想告诉全世界，中国的青年人对自然保护是认真、严肃、投入的，我们热爱自然、尊重生命，希望大家共同努力把我们的自然保护事业做好。

欢迎大家能更多地了解我们的工作，用不同的方式加入自然保护的队伍中来，和我们一起为了人与自然的和谐而奋斗！

兼顾低碳转型目标，合作投资共创未来

潘彦磊

道达尔能源董事长、首席执行官

我赞赏中国政府在脱碳方面所作出的一些努力，这些努力与道达尔能源自我转型过程中采用的路径完全吻合。与此同时，我认为建立全球脱碳新能源体系需要大家的努力。借此机会，我想与大家分享一下我们在中国已经取得的一些成绩。

在经历了新冠疫情之后，世界看到了经济复苏的希望，我们进入了能源紧张时期，价格波动剧烈，市场很不稳定。正如大家所知，能源安全已经成为各国以及国际讨论议程的首要议题。然而，目前的局势表明世界正面临众多长期挑战，其中既包括经济增长对能源需求不断增加的挑战，也包含共同应对气候变化的挑战。世界应对这些关键挑战的一项重要工作，就是满足能源需求持续增长的同时降低碳排放。

我们注意到在 2020 年 9 月，中国作出了力争 2030 年前实现碳达峰，努力争取 2060 年前实现碳中和的承诺。在最近闭幕的全国两会上，中国继续强调将坚定不移地推动高质量发展。

与此同时，我们公司也正在经历重大转型。为了应对能源"三重困境"的挑战，道达尔能源提出能源"三重使命"战略，即保障能源安全、保持能源的可负担性、实现能源转型。该战略已经成为道达尔能源业务的核心。我们结合油气、可再生能源和一些在电气化、可再生能源方面的技术，采用综合方法，从生产侧到分配侧，再到最终用户，实现全价值链的脱碳，确保能源的安全稳定供应。同时我们也在各个国家建立分散化的全球可再生能源和碳氢化合物的资产和项目。道达尔能源承诺到 2030 年实现自我重大转型，到 2050 年跟随社会一起实现全球运营的净零排放。通过自我转型，我们也在鼓励客户改变他们的能源消耗习惯，提高能效，转向低碳解决方案。由此可见，道达尔的战略与中国的目标和政策是一致的。而且我们相信，如果不建立新的脱碳后的能源体系，我们就无法退出当前以化石燃料为主的能源体系；如果满足不断增长的能源需求，同时防止价格飙升，我们必须勘探和投资油气。我相信我们是可以实现双重目标的，为此我们也采取了双重投资的策略，其中包含两个基本的原则：一是保持对低碳化石燃料的投资，包括投资天然气以满足未来增长的能源需求，并为转型提供资金，包括我们在 2024 年之前投资 50 亿美元用于开发新分子能源。二是我们也加快了可再生能源的发展步伐。我们很早就选择投资液化天然气，近期的发展也充分证明了我们这一选择的有效性。目前我们是全球第三大液化天然气生产商，在世界能源供应方面发挥着重要的作用。这是我们能源转型战略的关键支柱，到 2030 年天然气将会占到我们销售额的 50%。天然气燃烧的碳排放量比煤炭要少很多，所以在全球范围内减碳，用天然气作为过渡燃料具有重大意义。同时它也可以补充可再生能源间歇性的缺陷，并适用于海运和陆运的脱碳。

为了在能源转型中让天然气发挥作用，我们不断地减少甲烷的排放。以 2020 年为基准，我们制定了在 2025 年减少 50%，2030 年减少 80% 的目标，并朝着零甲烷排放的目标迈进。我们希望在 2030 年前能够实现甲烷排放清零。

值得自豪的是，我们在中国参与了非常规天然气生产，助力中国可持续能源转型。我们与中国石油成功合作并参与非常规能源生产的项目，每年向中国提供超过 500 万吨液化天然气，中国石化和中国石油都是我们的客户。同时我们也致力于在新能源领域打造更多的项目，例如近期与中国石化讨论在中国投资新能源的新项目，与中国三峡合作的充电桩布局的投资项目，以及在做的中国海上风电项目。另外，在上海和珠海，我们也有能源储能方面以及电池技术方面的合作伙伴并开展相关项目。

未来加快投资促进转型是非常必要的，中国在这方面建立了强有力的政策，特别是氢能方面。我们认为氢能能够把低碳分子的成本降到非常低的水平，中国在做风电和太阳能可再生能源方面也在大力地投资。此外，我认为要达到零碳排放我们还需要利用碳汇、碳封存、碳捕集技术等。

最后我想再次表达对中国政府宣布的国家绿色低碳转型目标的尊重，道达尔能源公司将与中国共同进步。

撬动私营部门资金，建立有效碳市场

温拓思

渣打集团行政总裁

中国所采取的举措不仅致力于应对气候变化，更致力于生态保护；潘彦磊也提到道达尔能源在很多项目上，尤其是在可再生能源方面，发挥了领导作用。在绿色转型需要巨大投资的阶段，渣打集团发挥了连接政府和金融界的桥梁作用。

众所周知，全球气温升高已然不可避免，我们需要大量的资金来应对气候挑战。我们需要每年3万亿～3.5万亿美元用于气候投资，然而目前只有很少一部分资金到位。2022年绿色债券的发行不到1万亿美元，且融资需求较低，若要应对挑战，我们应大幅增加政府的支出以及私营部门的融资。

首先，我们需要重申我们的承诺，承认减碳需要大量资金。零碳排放必须要有具体的行动。另外，在很多情况下，尤其是在企业界和政界，并没有足够的行动支持承诺，因此，为了获得资金，我们必须采取一些措施。一是企业自身要有动力来改变它们的经营模式和生产模式，从根本上减少碳排放。二是我们需要找到新的、更有效的方式来实现转型。公共部门和私营部门应该加强合作。仅仅依靠政府的资金是远远不够的，国际开发银行以及其他金融投资机构的资金只是一小部分，我们需要利用这个杠杆，吸引大量的私营部门投资来实现这个目标。

其次，有效的碳市场可成为一个核心工具，能够将资金引导至重新造林、生物多样性保护、可再生能源以及新技术的开发和利用，中国在这方面发挥了领导作用。中国的碳排放交易市场发展虽然还处在相对初期阶段，但我认为对中国来说，采取这个举措本身已意义重大。相较而言，欧洲的碳排放交易市场有效降低了欧洲的碳排放，并产生了实际影响。这些国家的政府发挥了重要作用，但是市场规模还不够大。此外，自愿碳减排市场可以更好地补充国家强制碳排放交易市场，但目前其规模还很小，2021 年自愿碳市场规模仅超过 20 亿美元。

再次，我们一旦建立了清晰的标准，首要目标就是实现公共部门和私营部门市场的趋同。我们应该对该标准非常有信心。

最后，渣打集团将于 2030 年前在绿色金融、转型金融上投入 3000 亿美元。我们也将继续帮助包括港铁在内的中资客户加速实现绿色低碳转型。

发展轨道交通新模式，建立低碳生态系统

欧阳伯权

香港铁路有限公司主席

中国近年来的发展和成就举世瞩目，但同时也不可避免地面临着快速发展带来的诸多挑战，包括如何兼顾绿色低碳和经济增长。这是一个非常重要的问题，需要各级政府来解决。中央政府已经适时地提出大力推行绿色、低碳、可持续发展理念，这将有助于解决中国发展所面临的转型问题，并提升国家经济的发展质量。

从经验来看，在人口密集区域发展公共交通是减少碳排放有效的途径之一。作为构成城市可持续发展运输系统的重要一环，城市轨道交通，尤其是地铁，是一种低碳高效的集体交通运输工具，在推动绿色出行方面发挥重要作用。在过去 5 年，中国内地城市运营的轨道交通总里程从 4500 多公里增加到了 10000 多公里，且在"十四五"期间还将新增 6000 公里的城市和城际轨道。这足以证明中国政府通过发展轨道交通来建立低碳公共交通生态系统的决心。环顾全球，这种建设速度和规模都是前所未有的，对推动国家经济发展起了不可替代的重要作用。

香港在低碳公共交通方面有丰富经验。在香港，以公共交通作为日常出行方式的约占 90%，而当中近半是使用港铁网络。我们铁路网络每天客流量超过 400 万人次，但是能源用量只占香港交通运输类别总用量的 3.5%。

虽然城市轨道交通对解决城市的交通拥堵、环境污染等问题起到

了积极的作用，社会效益和经济效益巨大，但也存在投资回报不足等缺陷。不仅初期建设需要大量投资，后期的运营和维护费用同样昂贵。这是很难单单通过票务收入来实现盈亏平衡及可持续发展的，而过度依靠政府补贴会给政府带来巨大的财政压力。一些发达国家的轨道交通运营商因财政困难而面临着不同的运营挑战，这些经验教训值得我们重视。如何在提供安全、可靠、便捷的轨道交通服务的同时达到可持续发展，成为每一个拥有轨道交通系统的城市面临的巨大挑战。

香港的公共交通系统得到国际认可。过去几十年，港铁作为香港的轨道交通运营商，通过可持续发展模式，持续为乘客提供安全、可靠及便捷的服务，同时在轨道交通网络沿线建设社区，使香港成为以轨道交通为导向发展的示范城市。这个包含了港铁超过40多年的轨道交通建设项目经验的发展模式，其核心理念是通过"全生命周期理念"来预计和防范风险，采用精细化管理持续提高管理效率；发展车站商务、物业等非票务收入以扩展收入来源的多样性；以及最重要的通过"轨道＋社区"模式去维持可持续财政能力，以支持轨道交通的建设、运营及维护。正因如此，港铁得以在维持公司财务可持续性的同时，持续提供世界级的铁路服务，建设低碳环保的社区，从而推动香港的发展。这个模式对于社会、政府和轨道交通运营方是一个多方共赢的局面。

作为一家环保的公共运输系统运营商，港铁公司为香港铁路及物业业务制定了以科学为基础的2030年减碳目标，积极履行企业社会责任，协助香港于2050年成为碳中和城市。我们也建立了可持续金融框架，在2021年安排了48亿港元的绿色融资，以支持节能环保项目的发展。

近年来，港铁公司的业务从香港向外拓展，在全球9个城市投建、运营、管理超过 3500 公里的城市轨道和城际轨道的交通项目。我们致力将环境、社会和治理及可持续发展理念纳入我们的业务中，为所有的利益相关方创造长远的价值。同时，港铁也将继续加大参与中国内地的城市轨道交通发展的力度，我们作好准备，与各级政府及同行携手共进，为中国的绿色可持续发展作出更多的贡献。

面对后疫情时代及全球经济政治动荡的新挑战，中国的发展已经成为全球社会经济复苏不可或缺的重要力量。我期待通过本届论坛找到更多为中国经济高质量发展乃至全球经济复苏提供的宝贵视角和思路。

第四篇

稳定全球产业链供应链

连接全球产业链供应链，提升韧性与安全

金壮龙

工业和信息化部部长

中国政府高度重视产业链供应链安全稳定。2022 年 9 月，习近平主席向产业链供应链韧性与稳定国际论坛致贺信，贺信中指出，中国坚定不移维护产业链供应链的公共产品属性，愿同各国一道，把握新一轮科技革命和产业变革新机遇，共同构筑安全稳定、畅通高效、开放包容、互利共赢的全球产业链供应链体系[①]。

维护全球产业链供应链韧性和稳定是推动世界经济发展的重要保障，符合世界各国人民的共同利益。全球产业链供应链是多年来生产要素高效自由流动、资源优化配置所形成的，是经济全球化条件下各国企业经过多年共同努力、共同选择的结果，符合经济社会发展规律。

产业链供应链不断延伸和拓展，带动各国产业扩大交流合作，为世界带来了经济繁荣和财富增长。据统计，1970 年以来，全球 GDP 总量增长了 3 倍以上，贸易额占 GDP 的比重实现翻番，全球已经形成"你中有我、我中有你"的产业分工格局。

我国始终秉持开放、融通、互利、共赢的合作观，积极融入全球产业链供应链，不断深化产业链供应链国际合作。经过多年的发展，我国基本构建了规模大、体系全、竞争力较强的产业体系，拥有 41 个工业大类、207 个工业中类、666 个工业小类，覆盖联合国产业分类中

---

① 《习近平向产业链供应链韧性与稳定国际论坛致贺信》，《人民日报》，2022 年 9 月 20 日。

全部的工业门类，已成为全球产业链供应链的重要组成部分。

2022年，中国全部工业增加值和货物贸易进出口总值双双突破40万亿元，制造业增加值占全球比重接近30%，货物贸易出口国际市场份额接近15%，为国内外广大消费者提供了品种丰富、物美价廉的优质产品，促进了世界经济发展，增进了人民福祉。

同时，中国的开放发展和超大规模市场为外资企业投资兴业提供了广阔的空间。2022年，中国制造业利用外资同比增长46.1%，其中高技术制造业实际使用外资同比增长49.6%。外资企业已成为我国产业体系的重要力量，在共享中国发展机遇的同时，为全球产业链供应链紧密合作发挥了积极作用。可以说，中国与世界各国通过产业链供应链紧密相连，呼吸与共，在实现自身持续发展的同时，促进了世界经济的繁荣。

当前，世界百年未有之大变局加速演进，新冠疫情影响深远，多重挑战和危机交织叠加，经济全球化遭遇逆流，全球产业链供应链安全稳定面临风险和挑战，严重威胁世界经济复苏与可持续增长，迫切需要各国合力应对。维护全球产业链供应链安全稳定，必须做大合作蛋糕，让发展成果更好惠及各国人民。2022年，党的二十大对提升产业链供应链韧性和安全水平作出重大部署。我们将深入贯彻党的二十大精神，立足新发展阶段，贯彻新发展理念，构建新发展格局，推动高质量发展，加快推进新型工业化，采取切实有效措施，提升产业链供应链韧性和安全水平。

一是推进产业链供应链协同创新。健全产业科技创新体系，推进创新链、产业链、资金链、人才链深度融合，建设一批新型共性技术创新平台，提升产业链供应链创新发展水平。瞄准新一轮科技革命和产业变革大势，聚焦5G、人工智能、生物制造、工业互联网、智能网联汽车、绿色低碳等重点领域，强化企业创新主体地位，培育新兴产业链供应链。

二是加快产业链供应链智能化、绿色化升级。智能化、绿色化是产业链供应链演进升级的重要方向。我们将深入实施智能制造工程，推进产业数字化、网络化、智能化发展，加快传统产业升链步伐。深入落实工业领域碳达峰实施方案，启动一批节能降碳重大项目和工程，开发推广节能降碳技术，加快建设绿色低碳的产业链供应链，积极应对气候变化、环境污染、资源匮乏等各国面临的共同挑战。

三是促进产业链大中小企业融通发展。企业是构建产业链供应链的主体，企业强韧、可持续，产业链供应链才能稳定和富有韧性。我们将充分发挥大企业主力军和中小企业生力军的作用，推动大中小企业融通发展。支持链主企业发挥产业生态引领作用，带动中小企业提升在产业链细分领域的配套能力，激发涌现更多"专精特新"企业。

四是促进产业链供应链资源要素高效配置。优化和稳定产业链供应链，离不开产业资源要素在全球范围内畅通高效流通。我们将优化国内产业链布局，聚焦重点领域，推动科技、金融、人才等优质要素资源汇聚，培育一批世界先进制造业集群，提升全产业链竞争优势。强化集成电路、新能源、生物医药及医疗设备等具有公共性的重点产业在全球范围内的资源协调和配置，共同打造协同高效的产业发展生态。

五是建设开放合作的产业链供应链。我们将全面落实制造业高水平对外开放政策，营造市场化、法治化、国际化营商环境，着力作好外商投资服务保障。鼓励国内企业更深融入全球产业链供应链，通过深化合作实现共同发展。

促进世界经济复苏，畅通全球经济循环，关键在于构建安全稳定和富有韧性的产业链供应链。我们将坚定不移走开放发展道路，加快构建以国内大循环为主体、国内国际双循环相互促进的新发展格局，在开放合作中提升产业链供应链韧性与安全水平，为世界经济复苏作出贡献。

能源安全与供应链韧性

韩慕睿

必和必拓首席执行官

感谢中国发展研究基金会的邀请，让我有幸参加今天的中国发展高层论坛。我来自必和必拓，必和必拓是全球矿产资源领域重要的跨国公司之一。我们生产的金属和矿产品对全球经济和能源转型至关重要。

全球供应链是支撑我们业务平稳运行的关键基础，但在今天的发言中，我想反过来重点谈一谈必和必拓的产品，也就是矿产资源作为大宗商品在全球产业链供应链中发挥的作用。

众所周知，世界的发展和包括房屋建筑、脱碳基础设施建设、汽车与消费品生产等在内的能源转型活动都离不开钢铁和生产钢铁所需要的铁矿石和炼焦煤等；电动汽车与可再生能源的发展更是离不开铜和镍。同样，用于可持续农业生产的钾肥，也是满足世界不断增长的人口及其对农产品需求的重要保障。这些金属和矿产品的全球供应链动荡可能造成严重影响，比如经济增长停滞、通胀加剧、能源和粮食安全失去保障等等。此外还可能严重阻碍全球碳减排进程，并使全人类为此付出高昂的代价。

受新冠疫情的冲击、欧洲地缘政治冲突及日益紧迫的能源转型需求等因素叠加的影响，近年来，各国人民和政府对能源安全、粮食安全和矿产资源在经济和能源转型中的关键作用愈发重视。这些因素也凸显了全球供应链的脆弱性，使大家认识到提升供应链的韧性迫在眉睫。

与此同时，为了实现将全球升温控制在 1.5℃的目标，专家预计未来 30 年全球市场对铜的需求量相比过去 30 年将增长两倍，对镍的需求量将增长 4 倍，对钢铁的需求量将增长两倍，这样的需求增长意味着仅就铜而言，未来 10 年将需要新开发 38 个平均规模的铜矿，投资额将达到 2500 亿美元。这一前景带来的挑战不容小觑，我们可以看到许多企业和相应的国家都已经意识到这一点。

刚才我也谈到在未来的 10 年内，铜这一产品就需要我们投资 2500 亿美元。许多国家认识到了这一点，导致在全球范围内引发了对关键矿产资源及供应链的战略竞争。上一次出现这种现象还要追溯到 20 世纪石油资源的争夺，在过去的一年，无论是在接触各国政府、客户和供应商，还是前往包括沙特阿拉伯在内的世界各国的首都，以及在参加 2023 年 1 月的世界经济论坛时，我都深切地感受到了这一点。这场竞争已经拉开了帷幕，各国政府不仅增加了关注度，也纷纷加大了干预的力度。终端用户和世界各国正在大力寻求关键矿产资源及其供应链的保障，出现这样的反应不足为奇，因为人们越来越认识到这些关键矿产资源的重要性，也对供应方面可能面临的严峻挑战感到担忧。

然而，其中也存在着一个危险的矛盾。为确保这些关键矿产资源安全供应所作的努力，将很可能导致最终结果与最初目标背道而驰，难以实现更有效率、更具成本效益、更可持续、更可靠的关键矿产资源的供应，甚至可能进一步加剧大宗商品市场的波动和全球供应链的动荡。特别需要指出的是，地壳中并不缺乏这些必需的金属和矿产品，唯一不确定的是能否以快速、可靠、可持续和高效的方式开采出来，并通过全球大宗商品供应链的高效运转来满足世界对这些矿产资源产品的需求。之前我已经提到，到 2030 年仅铜一项投资就可以达到 2500 亿美元，因此我们必须扪心自问：未来，如何才能迅速地吸引资本，积极参与矿产资源开发，并以最少的成本加强全球大宗商品供应链的建设？

大家知道，开放的市场、稳定的政策、流动性充分并且透明的政策，是资本流动的最佳条件，这些条件使投资者确信市场需要新增供应，从而催生新的产能开发。现在世界各国政府有动力通过干预市场来刺激新增供应，确保关键矿产的供应安全。我们觉得这种做法最多只能在短期内缓解他们的担忧，但从中长期来说，行政干预将会导致市场扭曲，增加投资风险，减少收益，也会使得市场效率更低，同时投资成本更高。

有什么解决的办法？最重要的就是要确保市场能够顺畅地运转，并确保大宗商品全球供应链高效运转，简化新增供应量投放市场的过程，同时确保政策的稳定性，这些措施能够降低风险，增加确定性，同时促进全球市场的资本高效流入关键矿产资源的开发和供应。我们还必须更加关注环境、社会和治理在关键矿产资源开发和供应链稳定方面的影响。为满足预期需求，新增的投资体量庞大，如果缺乏有效的监督，部分资金就不可避免地流向不重视环境、社会和治理标准的企业和地区，也会破坏全球急需的矿产品和金属供应链的可持续性和透明度。

政府、大型企业和整个社会可以一起努力，确保共同提高透明度以及环境、社会和治理标准，并且确保此类标准能够得到切实的遵守，同时通过资本市场的运作推动投资流向这些遵守上述标准的企业和地区，否则的话我们会无意中造成其他的伤害。

我们公司一直倡导开放透明的市场环境，同时坚持高的环境、社会和治理标准，我们与包括中国宝钢集团、河钢集团在内的客户建立了密切的合作关系，为其发展脱碳提供支持。2022 年我们还和新成立的中国矿产资源集团签署了一项战略合作备忘录，共同推动金属和矿产资源供应链的可持续发展。我相信只要通过携手努力、开诚布公的交流互动，我们能够更好地为世界未来的发展提供金属和矿产品的资源保障。

科技赋能产业链升级　绿色环保与供应链相向而行

胡建华

招商银行股份有限公司副董事长

今天我们谈产业链供应链的修复，从"修复"这两个字可以看到这个话题的严肃性和严重性。在提出自己的观点之前，首先说一下我对产业链供应链的认识，招商局集团成立 150 年，在交通、物流、金融等的供应链方面做了相当多的工作。产业链从产品开始，产品形成了产业，产业带来了产业链的发展，也带来了产业生态的平衡。我觉得产业链是根。供应链是伴随着产业链的发展而生存和发展的，供应链是服务行业，就像水。根一定要稳，水一定要活，水是无孔不入、无缝不透的，供应链激活了产业链的发展。

在当下，受百年变局与 3 年新冠疫情的严重影响，地缘政治、军事冲突等一系列问题给产业链供应链带来了重大的冲击，特别是叠加新一轮的科技革命，现在大家比较熟悉的 ChatGPT 可能会为未来的发展带来很多商业机会，也使产业链供应链在冲突的过程中虽然遇到了挑战，但是新产品、新产业、新业态永远都会在压力之下爆发出新的生机。

下面谈两个观点。

第一，产业链出现危机困局并不可怕。为什么？不管是天灾也好，人祸也好，从历史长河来看都是其中一部分，产业本身就是在发展和转移，从欧洲到美国，从美国到日本，从日本到中国，自然形成的。转移是自然发展的，阻挡不了，而且是越发展越好。人类社会是进步的，某一个局部发生了断链也是局部的，它会催生新的方法。比如新冠疫情期间，香港供给的物资停了，路断了。我们通过两边的港口进行无缝对接，使得这条供应链畅通了。产业链供应链本身也有内生的不断发展进化的过程，即使没有外部的压力，它也要发展和进步。这也是人类社会不断产生关系、不断发展的基础。

第二，重构在产业链供应链中起的作用很大，而且会越来越大。不管你喜不喜欢，新的都会代替旧的，都会使以前的打压、断链得到自我修复。

因此我对未来的趋势提两点建议。

第一，未来在保链、稳链、固链方面要更多地依托数字技术。用科技引领，使保链、稳链、固链遇到的产业链问题能够取得新的发展，而且大家要积极地面对，才能不断在外部环境压力之下通过内生的变化来适应外部压力，最后形成新的产品。

第二，绿色低碳要加大投入。绿色低碳是全球各国人民共同认知、认同的最大公约数，所以接下来，特别是在供应链金融方面要多投入，使它不断地发展，使产业链、供应链相向而行，最后能够共同发展。

企业在外部环境中受到的冲击最直接，经受的压力也最大，我对企业也有两点认识：一是不管有什么变化、什么样的压力都要做正确的事，不要受别人的影响，自己要有自己的判断，走错路自己要承担责任。二是做正确事的过程中要讲究方法，不能跑偏，跑偏了做再正确的事也会误入歧途，最后自己会受到影响。为此在供应链方面，企业之间要多交流，企业家、政治家、社会活动家要多交流、沟通，给企业提供正确的和来自一线的信息，做正能量的事是我们做企业的目的，同时也是对子孙后代的一个交代。

依托大市场潜在优势，把握产业链布局主动权

黄奇帆

重庆市人民政府原市长

当前，全球产业链供应链在深刻调整，但我认为这是常态。经济全球化在曲折中上升，总会对全球产业链供应链布局产生一定影响。在这里，我想跟大家分享两个观点。

一、中国的超大规模单一市场是应对各种"脱钩断链"挑战的重要基础

过去十几年，中国经济在劳动力红利之后迎来一个新的红利，那就是我们的超大规模单一市场所产生的红利，即市场红利。就规模而言，中国有 14 亿多人口，占全球总人口的比例接近 20%。就市场结构而言，中国是个单一的大市场。单一市场是指法律体系统一、税务体系统一、商业规则统一、语言文化统一的市场。就工业基础而言，中国是全要素全门类全产业链集成的经济体。这三者叠加在一起将产生 3 方面的红利：

一是规模经济的成本摊薄效应。进入中国市场的制造业，一旦规模上去了，就能够大幅摊薄 6 项成本：研发成本、固定资产投资成本、采购成本、人力成本、物流成本、市场开拓成本。一般来说，规模经济可以从以上 6 个方面影响整个制造业成本，一旦达到了充分的规模，就可以把价格压低 30% ~ 40%，从而形成产业发展的核心竞争力。

二是"引力场"效应。这种"引力场"主要体现在以下几个方面。从需求的角度看，超大规模市场意味着超大规模的本国消费市场和超

大规模的进口贸易量。从生产角度看，超大规模市场意味着市场分工可以更加深化，有利于全产业链各环节之间甚至各工序之间通过分工和专业化形成相互嵌套、相互共生的产业链集群。从时间角度看，超大规模市场意味着供给和需求互促共生现象将会十分显著。不仅需求端在不断地更新升级，吸引着越来越多的市场主体去"供给"，而且由于作为供给端的生产本身具有"学习效应"，将会带来越来越多的创新产品，也就是说"供给"也在创造"需求"。二者互相促进，互相吸引。

三是"大海效应"。习近平主席在首届中国国际进口博览会开幕式上发表的重要讲话指出，中国经济是一片大海，而不是一个小池塘。大海有风平浪静之时，也有风狂雨骤之时。狂风骤雨可以掀翻小池塘，但不能掀翻大海。[①] 这个"大海"，就是指中国经济的超大规模。与小国经济不同，在面临外部冲击时，超大规模市场可以让本国经济具有更大的内循环余地，具有更强的抵御外部风险的能力。一般的"狂风骤雨"无法掀翻这个"大海"。对企业来讲，对基本面的预期十分重要。中国经济的超大规模造就了其如"大海"般稳定。

以上这3种效应是中国超大规模市场所带来的，是中国发展到如今这个阶段自然产生的新红利，这也是中国式现代化作为人口规模巨人的现代化所蕴含的自然逻辑。在这个大市场的带动下，跨国公司合理的产业链布局逻辑突出体现在产地销、销地产两个方面。产地销，就是利用当地综合要素成本的优势组织生产，面向本地市场和全球市场进行销售。中国大市场的6个成本摊薄效应仍将是影响跨国公司"在中国、为全球"的重要因素。销地产，就是面向本地市场组织生产，更好地组织供应链响应消费者需求变化，即"在中国、为中国"。

---

① 《习近平：共建创新包容的开放型世界经济》，《人民日报》，2018年11月6日。

中国有 14 亿多人口，其中有 4 亿中等收入群体，这将是一个庞大的"引力场"。从产地销、销地产这两个角度看，一些人认为"脱钩断链"是不会成功的。

二、当前出现的产业转移现象是多重因素的结果，从长远看未必是坏事

最近一段时期，一些产业转移到了东南亚等地区。这里面有多重因素。一是中美贸易摩擦，加征的关税绝大多数仍未取消。很多原来"在中国、为美国"的产业出现了一定程度的转移，转移到东南亚去了，目的是取得原产地认证，规避关税壁垒。二是东南亚一些国家的综合要素成本短期内有一定比较优势。这些年来中国的土地成本、劳动力成本的确有所上升，这是事实。三是东南亚一些国家如越南加入了不少自由贸易协定，也采取了很多力度比中国还大的税收优惠措施。四是 RCEP 生效后，利用原产地累加规则，一些企业即使搬到东南亚了，也可以免关税进入中国内地市场，即实现"在东南亚、为中国"。

从长远来看，出现这种现象未必是坏事。不妨从以下几方面分析。一是转移出去的不少是中国的民营企业，出于规避关税壁垒的考虑，适当调整布局，无可厚非。二是目前转移出去的企业多以服装鞋帽等对关税壁垒比较敏感的低附加值产品为主，也有一些电子元器件，多以装配组装为主。而对中国主力出口的机电产品等具有一定科技含量的产品，关税壁垒不会形成大的影响。这几年对美出口不降反升就是例证。三是随着东南亚一些国家经济增长，本地的需求也会驱动"销地产"的基本逻辑，即"在东南亚、为东南亚"，所以一些跨国公司在东南亚开展布局，也是合理的，自然也会带动原来在中国的配套企业跟着"走出去"。四是 RCEP 产业转移的目的地基本上是 RCEP 成员国。随着 RCEP 的实施，中国与 RCEP 国家将形成日益紧密的产业链

供应链联系，将来会出现"在中国、为中国""在中国、为 RCEP""在
RCEP、为中国""在 RCEP、为全球"等多种产销模式。那个时候，中
国大市场叠加 RCEP 大市场、中国的双循环叠加 RCEP 大循环将深刻
改变世界产业链供应链版图。五是应对当前的全球产业链供应链调整，
更为重要的是要把握产业链布局的主动权，重点在于 3 个方面：（1）
进一步扩大开放，加快补链扩链强链。（2）培育并形成一批既能组织
上中下游产业链水平分工，又能实现垂直整合的制造业龙头企业，同
时要培育中国自己的生态主导型"链主"企业。（3）谋划和布局一批
符合未来产业变革方向的整机产品。这是新一轮产业变革的制高点。
事实上，第一次工业革命、第二次工业革命和第三次工业革命分别带
来了 4～5 个代表性的耐用消费品进入千家万户，成为风靡一时的消
费主流，中国往往是跟进者。今后二三十年，中国应该抓住类似像无
人驾驶的新能源汽车、家政服务的人形机器人、提供数字秘书服务的
智能终端等符合未来产业发展方向的整机产品，使之成为世界性的、
具有万亿美元级别的耐用消费品。在这些领域，中国有的跟跑、有的
并跑，还有的领跑全球。要积极进行前瞻性布局主动出击，围绕这些
重点产业形成一批具有全球竞争力的产业链集群。

携手应对全球供应链变局

金兴钟

韩国对外经济政策研究院院长

韩国对外经济政策研究院和中国发展高层论坛一直保持着密切联系，很高兴能够再次来到论坛和大家进行交流，这是我在新冠疫情后第一次访问中国。

下面我向大家介绍最近的全球供应链阻断和重建的战略，其实这个问题大家应该已经比较熟悉了。过去的十几年中，大家都从全球化的产业链供应链中受益，交通的便捷使得这一点成为可能，能够使产品从一个国家运输到另一个国家，可以说中国是整个全球网络中的一个核心节点。

大家知道，全球经济危机以后世界经济出现大规模的变化，随着全球化进程减缓，全球化出现了一些阻碍，全球价值链变得更加脆弱了。中国遇到了劳动力成本上升、贸易比重下降和其他外部冲击，包括金融危机、新冠疫情、俄乌冲突等。全球供应链本来是非常紧密地联系在一起的，现在新冠疫情、中美贸易摩擦和俄乌冲突已经导致部分领域全球供应链的阻断，大家需要更加努力，确保供应链的安全或者进行调整。现在中美两个大国的竞争给全球供应链带来了新的挑战，某种程度上影响到了我们的效率。

数字贸易的不断发展使信息通信技术已经成为全球生产网络中的一个重要组成部分。现在的问题是，我们如何理解这种跨境流动？如何理解隐私权保护和数据本地化的问题？各方存在不同的理解和差异，包括中国。

除此之外，国际社会正在寻求各种战略以应对气候变化，向低碳经济过渡，绿色经济转型将会影响跨境投资和全球的生产网络。我知道中国在这方面已经作出了巨大的承诺，就是实现"双碳"目标，这让我印象非常深刻，我们都知道中国将在低碳转型中处于前沿。

为了解决供应链的问题，我们需要进一步确保供应链的韧性。开展国际合作是必不可少的。大家都知道应对供应链的冲击不是一个国家能够解决的，这是一个非常复杂的问题。同时我们需要建立相关的问题对话，也需要进一步加强跨境劳动力的流动，使得供应链多样化。现在的劳动力市场给我们发出了一些错误的信号，有些国家的失业率好像很低，全球经济好像很繁荣，但其实这种观点是错误的。

新冠疫情结束以后，我们看到由于劳动力的跨境流动暂时中断，失业率好像很低，但这只是暂时的，我们认为劳动力市场失业率低并不表明经济状况良好。我认为中央银行的利率政策也应该考虑这些层面。

最后我想说的是，各国需要一起应对长期的供应链问题，包括数字、贸易和全球绿色经济的转型。数字和低碳经济社会的转型是很多国家的目标，所以我们需要有一个全球数字贸易的准则，能够提供更多支持。

本土化和数字化
——提升供应链韧性的关键

史蒂凡·哈通

博世集团董事会主席

很荣幸能够在 2023 年的中国发展高层论坛上发言，并有机会从博世的角度分享一些关于产业链和供应链的思考。

新冠疫情及其带来的经济影响以及俄乌冲突凸显出全球供应链的脆弱性让我们意识到供应链安全和韧性的重要性。作为一家跨国企业，博世拥有多元化的业务，涉及汽车、消费品、工业、能源和建筑技术等各个领域。我们为汽车制造商、传统制造业以及终端用户提供产品和服务。每天，博世在世界各地的业务分支机构会收到从大约 24000 家供应商那里运送来的零件。同时，博世通过遍布全球的近 800 个仓库为客户供货。对于博世这样的企业而言，供应链韧性比以往任何时候对提升企业竞争优势都尤为关键。

在博世，我们聚焦于两大方面 —— 本土化和数字化，以增强我们供应链的安全性和韧性。

本土化对我们在全球市场上的业务成功至关重要。在中国，我们长期贯彻"根植本土、服务本土"的经营策略，并进行前瞻性的投资。我们的目标是建立和扩大本地制造和研发能力，为我们能够快速响应本地市场和客户的需求提供坚实的基础。目前，博世在中国拥有 34 个制造基地和 26 个研发中心，员工约 55000 名。2022 年，博世在中国的销售额达到 1323 亿元，其中 95% 以上都是服务于中国市场及客户。

随着中国不断构建更现代化的工业体系并推动高质量发展，诸多领域将涌现新业务机遇，例如：新能源汽车技术、燃料电池技术、智能制造和可持续发展等。着眼于此，博世正持续推进在中国的投资。在新能源汽车技术方面，我们于 2022 年扩建了太仓工厂，并于 2023 年初宣布在苏州投资 70 亿元建设新的研发制造基地。智能驾驶方面，我们于 2022 年底在上海开设了一个新的研发中心，并计划于 2023 年在广州开设另一个研发办公地点。此外，博世正在无锡和重庆扩大车用氢燃料电池的本地化制造和研发能力。

展望未来，供应链仍可能持续面临不确定性和压力。博世认为未来供应链的布局将逐步向区域化发展，降低风险和复杂性，更贴近客户和终端用户，以提供更好的服务。博世也正努力进一步提升我们在华业务供应链的本土化。

数字化是提升供应链韧性的另一个关键因素。博世长沙的工厂就是一个很好的例子。这是继无锡和苏州工厂之后，博世在中国的第三个被达沃斯世界经济论坛认可的全球"灯塔工厂"。在长沙工厂，我们启用了一个端到端的物流集成平台。从原材料供应、运输、内部流转到生产及货物出厂，它利用大数据为流程的每一步提供实时信息。该平台提高了数据透明度，使我们能够随时了解部件的库存、全球产能和交付状态。它还允许我们检测异常状况并触发警报，最终帮助我们能够更好地适应市场的变化。

此外，博世还在全国范围内推动物流业务的数字化。2022 年，博世中国与一家本土的初创企业合作，开发了博世智能运输系统。该系统将我们的工厂与供应商、客户对接起来，在一个统一的平台上及时、透明地提供物流信息。这个平台每年可帮助我们节省数百万元成本，并显著提高生产力。

　　尽管我们仍需努力应对供应链压力，但 2023 年是重启和复苏的一年。为提升供应链的韧性和安全性，产业价值链上的所有参与者都必须协力合作。博世在中国将继续致力于深化本土化、促进数字化，并与本土业务合作伙伴紧密合作。

全球价值链发展呈现新趋势
要推动形成新的国际共识和准则

赵忠秀

对外经济贸易大学校长

20 世纪 90 年代以来，由发达国家跨国公司主导，发展中国家和转型新型经济体积极参与的全球价值链分工体系，成为经济全球化背景下的典型特征。而在 2008 年国际金融危机爆发以后，全球经济陷入增长乏力困境，"逆全球化"迭起，近年来跨境投资增长停滞，全球贸易增长放缓，全球价值链出现转移，甚至萎缩的趋势。新冠疫情与中美贸易摩擦等因素相互交织，进一步催化新一轮全球贸易保护主义背景下的价值链重构。当前的全球价值链呈现出了几个新特征。

首先，全球价值链安全问题日益凸显。以全球半导体价值链为例，它是一个基于高度分工，专业化效率和创新性都极强的价值链网络，没有一个国家有能力独立维持完整的半导体供应链，自给自足与非全球化不是提高半导体全球价值链韧性的答案，因此在全球价值链安全问题上我们要致力于推动形成新的国际共识和准则，反对将经济问题政治化，将国家安全概念泛化，将产业链供应链武器化。

其次，全球价值链的空间布局产生了显著变化。横向来看，全球价值链趋于区域化、本土化。一方面，以中国、美国、德国分别作为各自区域价值链枢纽国的三足鼎立格局已经形成，区域贸易协定的蓬勃发展也不断为全球价值链区域化注入动力。另一方面，以美国、日本、欧盟为代表的发达国家和地区展现出强烈的本土化诉求，试图通过推进再工业化解决国内产业空心化困境，降低在突发冲击时对其他国家过度依赖导致的断供风险。纵向来看，全球价值链趋于短链化，2008 年国际金融危机以来，全球贸易保护主义有所抬头，发达国家主力产业回流对全球价值链缩短形成了一定影响，同时新冠疫情的波及面广，持续时间长，对更长链条、更多环节的传统价值链分工体系的冲击更加严重和持久。为此，跨国公司正逐步收缩全球价值链以保障其供应链安全稳定。

再次，全球价值链的竞争优势逐渐从有形制造向无形制造转移。对外经济贸易大学全球价值链研究院协调组织的全球研究网络发布了全球价值链发展报告系列，最新版的《全球价值链发展报告 2021》以超越制造为主题，从无形资产、知识产权、数字平台等生产过程之外的角度重新审视全球价值链。无工厂制造商将知识产权与国际直接投资相结合，通过全球价值链向全球客户出口无形资产服务的新商业模式，深刻改变了国际生产的组织形式，并进一步对贸易统计框架提出挑战。

最后，构建低碳、绿色、包容、可持续的全球价值链将成为全球价值链发展的新方向。当前，全球已有 130 多个国家和地区宣布了碳中和目标，应对气候变化，推进绿色发展已经成为全球共识，必将通过全球价值链分工影响未来全球产业发展和布局的方向。对外经济贸易大学全球价值链研究院的研究发现，在当前的变革下，中国可能面临更为突出的产业链向外转移风险，但也加速摆脱低端锁定和高端封锁两重夹击的进程，数字化、绿色化趋势的出现将成为我国产业在新一轮国际竞争中寻求跃升的重要机遇。因此加速提升自主创新能力，把握区域价值链的发展机遇，积极培育以我国为主的产业链供应链体系，加快数字赋能中国全球价值链升级和绿色转型，适应和引领全球价值链的绿色化发展将是我们重要的应对之策，也是推动构建人类命运共同体，走向可持续发展的必由之路。

推动构建互利共赢的全球价值链

易小准

商务部原副部长、世界贸易组织原副总干事

我现在最担心的是少数主要发达国家把经贸问题政治化和泛安全化，因为它们正在公开推出贸易保护主义措施，其中最具代表性的就是用行政的手段强推科技产业的"脱钩断链"，胁迫制造业产业回流和"友岸外包"，号召盟友打造以共同价值观为基础的供应链。这样一些违背市场经济规律的逆全球化举措只会使发达国家失去经济全球化为它们提供的低成本、高效率和技术创新的红利，加剧全球性的通货膨胀，但并不会保障其供应链的安全。我觉得最危险的是这种零和思维和单边主义措施会把世界引向"新冷战"。

仔细看一看就不难发现，这些扭曲贸易的行政手段无外乎就是基于政府补贴的进口替代政策，针对外国供应商的歧视性入境限制，以及以国家安全为由实施的单边出口限制措施。这些政策和做法不但违背了最基本的市场经济原则，也严重背离了WTO的多边贸易规则，从而使世界贸易体系更加分裂和碎片化，进一步削弱各国之间的互信，使它们在面对气候变化和公共卫生危机这样一些日益增多的全球性挑战时更加难以相互合作。

最近世界贸易组织总干事伊维拉指出，如果全球经济分化成两个贸易集团，从长远来看会导致全球GDP减少5%。贸易保护主义、供应链"脱钩"和治理的碎片化具有极大的破坏性，将会带来巨大的代价。事实上，当前世界经济面临的通胀压力已经太高，无论是推动供应链的近岸化、友岸化还是产业回流，都会进一步推高已经难以承受的通货膨胀率，使濒临衰退的世界经济雪上加霜。

作为40多年改革开放的成果，中国已经深深地嵌入了全球价值链，成为全球的制造业中心和世界工厂。跨国公司离不开中国，更难以通过实施"去中国化"，再去单独构建一条新的全球价值链。因此我认为，面对当前的全球性危机，各国应当摒弃零和思维，回到多边合作的正确轨道，共同维护一个相互依存、高效和稳定的全球供应链。对全人类来说，这是一个利远大于弊的共赢方案。

全球价值链新趋势、新挑战

艾德明

亚洲基础设施投资银行政策和战略副行长

亚洲基础设施投资银行是一家多边发展银行，总部在北京，有 106 个获批成员，已经成立 7 年时间，主要通过投资基础设施和其他生产性领域来促进成员的经济发展。在此过程中，我们重点关注环境社会标准和应对气候变化等问题。我们重视全球价值链变化中的机会和挑战。亚洲基础设施投资银行发布的《2021 年亚洲基础设施融资报告》就相关问题进行了研究，梳理了全球价值链遇到的一些机遇和挑战。

首先，融入全球价值链对新兴市场和发展中国家促进经济发展具有重要作用。对于这些国家而言，如果参与全球价值链的程度提高 1%，人均收入提升会超过 1%，这个收益是参与标准化贸易益处的 5 倍。显而易见，全球价值链对于不发达国家在就业技能提升、贸易链条的疏通方面都非常重要。融入全球价值链需要对基础设施进行投资，有助于降低成本，提高效率，消除结构性的瓶颈问题，也有助于带动产业价值链的升级，或者进入更高附加值的产业链中。我们在这方面有很多案例研究。现在，价值链、供应链可能遇到了一些挑战。比如新冠疫情，疫情后的经济条件，以及地缘政治紧张局势等让全球价值链变得更为脆弱。同时，我们也看到海运价格上涨对于价值链也会有影响。

其次，可以看到企业面对价值链挑战所展现的韧性比我们预想的要强。最近的麦肯锡公司研究显示，企业界在制定策略、应对这些挑战方面有很多亮眼表现。但同时也面临不少挑战，比如2023年全球宏观经济条件更加收紧，招聘相关人才，特别是数字化人才更加困难，而且供应链的可视性也越来越具有挑战性。我们看到更多的一体化会出现在区域层面，而不是全球层面。

当前全球面临气候变化挑战，全球价值链转型也须在碳中和大背景下统筹考虑。接下来的几十年，大家都要去转型。亚洲基础设施投资银行致力于投资面向未来的基础设施，可以帮助客户通过基建投资来实现互联互通，促进一体化发展并推动全球价值链的绿色转型。

中国与全球价值链重构

尼古拉斯·拉迪

彼得森国际经济研究所高级研究员，美国对外关系理事会成员

全球价值链的培育阶段正好与中国对外开放、吸引外资的进程相吻合。早期有很多企业为了比较成本优势，从中国香港和亚洲其他地区来到中国内地。随着中国加入世界贸易组织，中国对全球价值链的贡献度进一步提升。从 2001 年到现在，中国对全球价值链的构建发挥了核心作用，过去的几十年都是如此。目前没有哪些指标有退出价值链的倾向。如果看美国的媒体报道，每天每周都有一个论调，就是外资企业撤出中国，中国对外投资吸引有所下降，包括刚才讲到的回流、"友岸外包"等。

我想先讲一讲中国如何吸引外资。根据中国商务部的口径来看，中美贸易摩擦目前是在加速，特别是 3 年新冠疫情期间。疫情期间虽然外资企业的首席执行官没有办法来到中国，因此才停止一些商业决策，或者有些退出投资计划。但总体上投资还是增加了，2022 年中国的外商直接投资达到 1900 亿美元。在这样一种全球价值链的再平衡中，至少中国还是一个非常重要的参与者。

说到全球价值链的重构，大家可能会想，如果按照这样的论调，中国会越来越被排挤，但其实并不是这样的。中国的对外贸易在快速发展和扩张。在此期间，中国的进出口贸易量在世界贸易中的占比是提升的。新冠疫情初期中国给外国输送了很多的防疫用品，疫情后期中国贸易的快速扩张趋势仍在继续。

　　中间品是中国对美出口非常重要的一部分。在美企业无论是服务国内市场还是出口都依赖于中国的一系列中间品供应、要素供应，所以不能证实全球价值链重构的事实。当然，目前可能处在非常早期的阶段，未来也有可能加速演进。

　　最后我想说，中国的经济增长还在继续。中国经济在 3 年新冠疫情后比疫情前增长了 15%，现在很多西方发达国家经济体的经济跟疫情前相比都出现了下降，这里我就不再具体讲这方面的内容。中国对全球经济增长的贡献仍在继续，中国经济增速在放缓，但其他国家增速放缓的程度更加严重，所以面对全球供应链重构的环境，要想适应并不是一件容易的事情。很多时候事情的严重程度被夸大了，应更客观地正视和讨论中国在世界供应链上的位置。

全球价值链调整已经开始　中国需应对挑战

邢予青

日本国立政策研究大学院大学教授，

对外经济贸易大学全球价值链研究院海外学术院长

过去几十年的超级全球化是以全球价值链为基础，可以说全球价值链的发展为整个世界经济创造了巨大的财富，但是全球价值链想要进一步发展，现在遇到了 3 个主要挑战。

第一，持续的中美贸易摩擦。我们都知道美国对中国每 2500 万美元的产品增收 25% 的关税，这 25% 的关税对于在中国制造和组装，而以美国为市场的全球价值链是一个沉重的打击，扰乱了价值链的稳定运作。如果我们以中国的附加值来计算的话，美国 25% 的名义关税在实际上可能更高，比如如果美国对苹果征收 25% 的名义关税，实际的税率可以达到 100%。另外，中国是发展中国家，中国的企业运用美国的技术实现自己的产业化，发展自己的产品和服务，这是一个非常自然的过程。中国企业购买美国的技术和零部件，实际上和美国要求保护美国的知识产权目的是一致的，但是现在有 600 多家中国公司被列入了美国商务部的实体清单，这意味着这些中国公司的供应链受到了阻断。美国最近对中国实施的先进半导体技术的全面禁运不仅打乱了中国的半导体产业的价值链、供应链，而且它直接导致了现在行之有效的以东亚为制造中心，以美国为芯片设计中心和销售中心的全球半导体产业链的重组。

第二，过去 3 年我们经历了新冠疫情，在疫情中我们发现全球价值链的过度扩张出现了很大的脆弱性。当疫情来临的时候，许多国家都面临着缺少医疗用品，比如口罩、呼吸机，甚至药品，这就是全球价值链的脆弱性。当我们采取防疫措施的时候，防疫措施会对一个地区企业的运作和生产产生冲击，而这个冲击会沿着全球价值链像多米诺骨牌一样进行上下游的传递。我们最新发布的《全球价值链发展报告2023》中第五章对各种风险如何阻断全球价值链的稳定运作有非常详细的分析，如果大家有兴趣可以仔细读这份报告。为了避免这些问题，全球价值链面临着重组。传统的全球价值链以纯粹的经济效益为目标，而现在已经变成了多目标的发展过程。为什么？除了经济效益之外，我们还需要考虑到它的韧性，韧性就是全球价值链能够抵御自然灾害或者类似新冠疫情这样的灾难。

第三，全球价值链的安全性。刚才提到的关于医疗产品供给的问题关系到每个国家国民的健康，所以健康安全非常重要。在这次新冠疫情中我们都有了体验。由于国与国之间出现了信任赤字，许多国家考虑到国家安全，比如基础建设通信信息的国家安全，核心产业的国家安全，等等。因此强化国家安全的概念也推动着全球价值链的重组。为了实现全球价值链更有韧性、更加安全的目标，许多政府和企业开始了在岸或者是离岸的外包。还有实行所谓的分散化、区域化策略。

事实上，许多国家政府和企业已经开始了重构。比如美国通过《2021年美国创新与竞争法案》计划投资约2500亿美元打造有韧性的价值链，这个价值链侧重于四大产业：半导体、大容量电池、重要的原材料、药原料。美国2022年通过的《芯片与科学法案》就具体地提到了如何实现美国半导体制造的在岸化。从企业层面来看，韩国三星已经把在中国所有手机的组装搬到了越南，所以现在越南是全世界第二大手机出口国。苹果已经将iPad生产线转移到越南，并且开始在印度组装苹果 14。根据摩根大通的预测，苹果在 2025 年大概 25% 的产品会在中国以外的地区进行制造。这种全球价值链的调整，为什么对于中国很重要？因为凭借过去几十年的发展，中国已成为全球价值链发展中获益最大的国家。从这一点可以看到，中国是全球价值链网络图中最重要的一个国家。另外，中国的出口奇迹是如何形成的？根据我个人的研究，是中国企业通过改革开放紧密融入全球价值链而实现的，因此如何应对这个挑战，对于中国未来的发展非常重要。

平衡开放快捷与安全，提升全球产业链供应链水平

乔舒亚·雷默

Sornay 顾问及投资公司董事长、首席执行官

　　我不是一个供应链方面的专家，但通过给我们的客户提供咨询建议，从中可以看到一些趋势。1971 年全球贸易只占全球 GDP 的 27%，在随后的 20 年里增长到 37%，然后在 2008 年达到全球 GDP 的 61%。这是一个非常了不起的数字。2008 年出现的国际金融危机，也标志着一个转变。我还记得在中国参加一个晚宴时，有人提出一个问题：之前我们看到的许多危机都是从发展中国家开始的，为什么这一次是在美国？当时大家就意识到变化已经出现，也有一些人在之后提到有关全球化的黄金时代已经终结。

　　之后我们看到全球化的高峰出现在新冠疫情前，那么现在全球化又处在什么样的位置？我们经常会探讨随着时间的推移，世界的秩序会发生怎样的变化。我们可以看到在一个时期之后会出现一个新的模式，也就是我们现在正在一步一步地去探索再全球化的新秩序。我们也知道全球发展面临着"三难"，即要更开放、更快速，同时也要有比较高的安全度。这 3 点都能实现就要求我们要做到 3 点：一是要低成本，二是要高效，三是要减碳。开放、安全的网络意味着相对速度较慢，比如机场或者边境口岸的安检等。而全球化时代是非常快速开放的，因此安全性可能不足。

　　作为首席执行官，我们一直都在寻找更多盈利、更理性的模式。然而，有一些与安全有关的因素阻碍了我们对于盈利的追求。因此在

全球的网络体系里经常会看到这样的一种变化，追求封闭未必带来安全，它们不是等同的。另外，我们可以看到，如果我们拥有一个开放的系统，就可以汇集更多的思想，并通过多元性来帮助我们解决问题。新冠疫情 3 年中，我们不仅仅没有办法触及中国的市场，中国非常强大的创新力量我们也没有办法借鉴，这是非常可惜的。

在 2020 年秋天我参加了一个在印度出售中国资产的交易电话会。会后我同一位朋友交流了有关全球化的特点，我们看到西班牙、法国、韩国、以色列的电视节目现在越来越流行，文化的全球化带来了新的动能。中国现在不仅在出口商品，更多的也在出口商业模式，这是一种商业方面的趋势。现在我们遇到的问题百年不遇，而且不管是从量级还是复杂性方面都是非常大的。但不管是在现在还是未来"再全球化"的世界，我们都需要更好地去应对。我们应保持信心，虽然困难重重，但机会一直存在。

开放促进国际供应链融合，合作助力经济体系建设

康林松

梅赛德斯－奔驰集团股份公司董事会主席

尽管面临一系列全球性挑战，中国仍然成功地实现了经济的重新开放，这非常令人鼓舞。我认为中国制定的在 2023 年经济增长 5% 左右的目标一定能够实现，并为中国经济发展提供积极的方向和动力。

在过去几年，供应链中断、原材料短缺、物流受阻和中美贸易摩擦不断加剧等因素抑制了经济增长。中国过去 40 多年来的经济增长是建立在对外开放和深度融入全球经济体系基础上的。然而，最近去全球化的趋势和各种区域化的产业政策在逐步抬头。在此背景下，我们欢迎中国向全球供应链合作伙伴进一步开放经济，并鼓励中国企业作为可靠的、具有区域特色的供应链合作伙伴，在全球舞台上发挥更积极的作用。

加强合作也有助于中国形成更加成熟的经济体系，并涵盖各个行业和整个价值链。在过去几年中，不仅中国经济从日益加强的国际合作中受益，在华经营的跨国公司也是如此，梅赛德斯－奔驰在中国取得的成绩就是最好的力证。我们的成功是建立在与当地合作伙伴互利合作的基础之上的，我们坚决主张保持并提升现有的国际供应链体系融合水平，国际产业链"脱钩"将对企业和消费者都产生负面影响。事实上，多年来我们一直在中国扩展我们的足迹，我们的目标是在中国继续生根厚植并继续壮大，主要有以下 3 个方面。

第一，我们和中国合作伙伴密切协作，形成了一个可持续的、高

效的生产体系。我们采取了节能减排的措施，并计划进一步扩大在中国和全球的绿色生产网络。

第二，中国在全球研发网络中发挥着重要作用。除在北京和上海建立研发中心外，我们还加强了与清华大学的长期合作关系，以扩大我们的研发布局。在中国的创新正助力奔驰在全球范围内推进技术进步。

第三，奔驰"2039 愿景"让我们成为首批迈向碳中和发展目标的汽车制造商。2022 年奔驰在中国的新能源汽车交付量比上一年增长了140% 以上，我们还会进一步完善我们的产品矩阵，2023 年会在中国推出 6 款新能源汽车。

关于中国将如何继续从自由贸易和国际合作中受益，我认为，一是要继续追求建立在世界贸易组织规则基础上的全球商业模式，这将惠及中国和世界各地的消费者和企业。二是以更加平衡的方式进行数据保护和监管，实现更好的全球合作和技术创新。我们认为有效的监管将有助于促进数据的自由流动，而不是阻碍它，这也将促进汽车行业的创新，并提升生产效率。

作为中国亲密的伙伴和朋友，梅赛德斯 – 奔驰决心在华发展，与华共创未来。我想感谢中国发展高层论坛为促进中国政府与跨国企业和学术界之间的交流所作出的不懈努力。鉴于此，我相信我们能够继续为跨国企业在市场公平准入及公平竞争环境等方面作出努力。这两者都将吸引更多的投资，并进一步推动中国现代工业体系的高质量发展。

为维护全球能源安全贡献中国方案

刘国跃

国家能源投资集团有限责任公司董事长

很高兴跟大家一同探讨"携手保障全球能源安全"这一重要课题。当前国际能源安全面临多重挑战，地缘政治形势持续紧张，国际能源格局深刻演变，中国能源产业总体稳定，能源结构加快调整。清洁可再生能源占比持续提高，我国能源自给率提高到 85% 以上，能源需求得到了有效的保障。国家能源集团是中国的骨干能源企业，具有煤炭、电力、铁路、港口、航运、化工全产业链一体化运营的业务，我们认真落实"四个革命、一个合作"能源安全新战略，积极对标"双碳"目标，加快推动产业结构调整和绿色低碳转型，已形成了煤炭绿色开发，煤电清洁高效，运输物流协同一体，现代煤化工低碳化、多元化，新能源创新规模化发展。

围绕会议主题，我谈 4 方面的认识。

一是积极秉持互利共赢理念，共同维护国际能源资源供应链稳定畅通。我们应充分发挥各自的资源禀赋优势，进一步加强能源投资贸易全方位合作，畅通国际能源产业链供应链，更好地保障能源品种和能源来源的多元化，深化"一带一路"等多边能源务实合作，建设开放、透明、高效的国际能源市场，促进国际能源市场健康稳定可持续发展。

二是积极推动全球清洁能源发展，共同厚植人类社会发展的绿色底色。我们应进一步加强绿色产业开发投资和绿色金融合作，大力推动风能、太阳能、水能、核能、生物质能、氢能、储能产业协同发展，持续提升清洁能源占比，推动建立全球清洁能源合作伙伴关系，加快清洁能源合作项目落地，推动能源资源、产业结构、消费结构转型升级，构建清洁低碳安全高效的能源体系。

三是积极深化能源科技创新突破，共同推动能源产业优化升级。我们应把握全球产业链、供应链、价值链深度融合的趋势，推动传统能源清洁高效利用和新能源多元快速开发，加快关键技术标准的国际融合，加快现代信息技术与新能源产业深度融合，建设智慧能源体系，推动能源产业数字化、智能化升级，实现源网荷储互动，多能协同互补，用能需求智能调控。

四是积极统筹保障能源可及性，满足人民美好生活的需要。我们应立足各国国情，坚持因地制宜，重点发挥化石能源和清洁能源互补优势。在保障能源安全的前提下，积极稳妥有序推动能源转型，要坚持国际化和本土化合作，提高能源可及性和可持续发展能力，切实履行社会责任，推动项目成果更好惠及人民。

国家能源集团真诚期待与各国企业界、科技界开展广泛合作，积极加大新能源、氢能、氨能、现代低碳煤化工、煤炭贸易等领域的国际合作，为携手维护全球能源安全，促进全球经济健康发展贡献力量。

合理规划实现能源安全

杰弗里·萨克斯

哥伦比亚大学教授

　　能源安全意味着 3 方面内容：碳减排；能源的可获得性，让全球所有国家都能用上能源；能源的稳定供应。目前这 3 个方面的目标我们都没有实现。能源体系的碳排放还很高，带来了很多环境危害；穷人用不上能源；地缘政治破坏了能源安全，这对全球能源安全是非常不利的。能源需要跨境流动，需要互联互通的能源体系，所以不能破坏管道或者其他关键基础设施。

　　从定性的角度我们可以讨论这些内容，但是从定量的角度来看，我们并没有实现能源安全的目标。我们要实现这些目标，必须拿出计划，不仅仅是壳牌，对所有企业而言，到 2050 年实现碳中和都是任重道远。壳牌有在全球开展能源的情景规划，国际能源署也有 2050 年实现碳中和的路线图，我们乐见其成。我们需要有针对欠发达国家的方案，因为欠发达国家没有财力去作这样的规划，所以我们需要为它们提供方案，同时要找到解决地缘政治冲突的方案。我们需要安全、合作，需要有计划、有规划。油气企业、能源企业都要有发展氢能的部署，都去部署蓝氢，并想方设法去实现。如果能够实现的话，我们就会有更有效的绿氢。

　　中国在大规模基建方面非常有经验，中国的规划比其他国家做得更好。我想如果目标是 2050 年全面实现碳中和，相信中国一定能够如期实现。

加快发展可再生能源，携手保障全球能源安全

高世楫

国务院发展研究中心资源与环境政策研究所所长

很高兴有机会参加 2023 年的中国发展高层论坛。新冠疫情后，能重新面对面交流很难得，我也很荣幸有机会与大家分享关于如何加快发展可再生能源，合作保障全球能源安全的几点想法。

中国正处在现代化进程中，保障能源安全是稳步推进中国式现代化的重要基础。过去 10 年，中国实施了能源安全新战略，就是要推动能源的消费革命，抑制不合理的能源消费；推动能源供给革命，建立多元供应体系；推动能源技术革命，推动能源产业升级；推动能源体制革命，打通能源发展的快车道；加强全球的国际合作，实现开放条件下的能源安全。这个被称为"四个革命、一个合作"的能源安全新战略，突出系统思维，重视生产和消费协同发力，强调技术和制度的根本性作用，高度重视全球能源合作，在开放中实现能源安全。

中国重视全球能源合作是因为中国已经是全球能源体系的重要参与者和全球能源安全的重要贡献者。中国是世界上第一能源生产大国，2021 年一次能源生产总量占全球的 22%；是世界上第一能源消费大国，2021 年一次能源消费总量的全球占比为 25%；是世界上第一能源贸易大国，2017 年成为第一大石油进口国，2018 年成为全球最大的天然气进口国，多年来一直是太阳能光伏发电产品第一出口大国。此外，中国还是世界工厂，为全球提供了大量工业制成品。保障中国能源安全，就是为保障世界能源安全作出重要贡献。

中国始终重视并努力确保能源安全。中国能源供应的自给率基本稳定在 80% 以上。2022 年中国原油产量达到了 2 亿吨以上，天然气产量超过了 2200 亿立方米；发电装机容量已经达到 25.6 亿千瓦，其中可再生能源装机容量达到 12 亿千瓦，每年新增风力和光伏发电装机容量已经连续 3 年突破 1 亿千瓦。总体上看，中国的能源安全一直处于较高的安全保障状态，但近年也出现了时段性、区域性能源供应紧张现象，如 2021 年夏季多省份出现了缺电问题，影响了中国部分地区的生产和生活秩序。

从世界范围来看，全球仍然面临较严峻的能源安全问题。刚才演讲嘉宾已经提到，欧洲所遭受的能源危机是多种因素造成的，这两年的油气、煤价在欧洲都大幅攀升，推高电价导致通货膨胀，也造成了一些社会问题，而它的长期影响正在逐步展现。联合国可持续发展目标的跟踪报告显示，全球能源利用率的指标较 2010 年有明显改善，但是还不够，问题仍然严重。目前仍然有 7 亿人用不上电，有 24 亿人做饭还是用薪柴、煤炭，对健康造成很大的影响。同时发达国家支持发展中国家清洁能源发展的国际资金没有增加反而有所减少，与此同时，为了应对日益凸显的气候威胁，人类需要快速大幅度减少温室气体的排放，其中最重要的就是要尽快减少化石能源的使用。尽快减少化石能源使用的需要，无疑为保障全球能源安全增加了一个更加困难、更加复杂、更具挑战性的维度。

所幸目前全球能源发展的方向已经明确，那就是大力发展可再生能源，且从长期看，可再生能源的发展有利于全球能源安全供给形势的改善。可再生能源中的太阳能资源和风能资源的分布相对均匀，各国的可再生能源要素禀赋相对更加平等，原则上各国可以通过开发自身可再生能源实现能源自给，这为保障各国能源安全指明了方向。但这些可再生能源资源的开发，依赖于先进的现代能源技术，这意味着能源安全稳定供应正在逐渐摆脱对资源的强依赖，而更多地转向技术依赖，所以技术创新对能源安全和能源保供的作用大大增强。

令人欣慰的是，全球已经进入了可再生能源快速发展的时代，2021 年全球可再生能源电力新增装机容量 314 吉瓦，较 2020 年增加了 17%，装机增速再创纪录。2021 年底，全球光伏发电装机容量超过 9.4 亿千瓦，全球可再生能源电力占比为 28.3%，风光发电总量占比首次超过 10%，可再生能源占终端能源的比重持续增加。可再生能源投资规模连续 4 年增加，2020 年可再生能源就业人数超过 1200 万人，即使在新冠疫情期间仍保持增长趋势。2021 年投资规模超过 3600 亿美元，成为支撑全球经济发展不可忽视的力量。我们可以很自豪地讲，中国努力发展新能源，为全球的可再生能源快速发展提供了动力，作出了贡献。中国过去 10 多年持续支持发展新能源，加快了新能源产业的技术进步和成本的快速下降。在此期间光伏的成本下降了 90%，大部分得益于中国光伏产业的发展，得益于中国政府和企业的共同努力。上午几个论坛专题中，中外演讲嘉宾都对中国大力发展可再生能源对全球能源转型的贡献给予了充分的肯定。特别重要的是，中国通过多种渠道支持全球可再生能源发展和经济社会绿色转型。中国深化气候变化领域的南南合作，推动"一带一路"绿色发展国际联盟建设，实施绿色丝路使者计划，为发展中国家提供清洁能源技术、产品并培养人才。

当各国都建立了以可再生能源为主的能源系统时，全球能源系统具有内在的安全性，但通向那个绿色低碳能源时代的转型之路是不平坦的，需要全球通力合作，确保转型期的能源安全。

面对全球可持续发展的需求，面对日益严峻的气候变化挑战，面对复杂动荡的国际局势，我们亟须全球携手为能源安全和低碳转型作出贡献。

一是要坚持能源绿色低碳发展的方向，实现可再生能源的大幅跃升。二是要共享能源转型的知识，共同促进绿色能源技术开发和知识扩散。之前的发言也讨论了如何促进创新要素全球流动、加快绿色转型和创新发展问题。现阶段我们还需要共享化石能源清洁使用的知识和技术，比如与煤炭清洁利用、化石能源转型相关的技术知识和组织方式。三是要促进可再生能源的产品贸易，以加快可再生能源的普及。现在有些国家出台了一些有悖于促进清洁能源发展的规则，包括产品本地化原则，"友岸外包"原则，这都与人类必须团结合作的历史大势相悖。我们要加速构建高效的全球绿色低碳产业链供应链体系，加快全球能源绿色转型，以安全的能源供给支撑全球发展。

发挥大电网平台枢纽作用
携手推动新能源高质量发展

孟振平

中国南方电网有限责任公司董事长

一、南方区域新能源实现了快速增长

新能源是国家战略性新兴产业。南方电网公司认真贯彻"四个革命、一个合作"能源安全新战略，充分发挥大电网平台枢纽作用，全力服务新能源发展，支持南方区域新能源快速增长，为五省区[①] 和港澳地区经济社会绿色低碳发展作出应有贡献。截至 2022 年底，南方区域新能源装机规模达到 9058 万千瓦，近 5 年年均增长 26%；全网非化石能源电量占比达 52%，高于全球和全国平均水平，在粤港澳大湾区建成了清洁能源消纳比最高的世界级湾区电网。主要工作和成效体现在 3 个方面。

一是实现了新能源应并尽并、能并快并。因应新能源大规模发展形势，加大新能源配套送出工程投资建设力度，加快构建现代供电服务体系，优化完善新能源服务机制，在各省级电网设立专门的新能源服务机构，建成新能源管理信息系统，实现新能源并网业务"一网通办"和 100% 线上办理，有效保障新能源项目及时并网发电。

二是实现了新能源基本全额消纳。连续多年开展清洁能源消纳专项行动，不断扩大绿电交易规模，推动新能源跨省区消纳，加快抽水

---

① 广东省、广西壮族自治区、云南省、贵州省、海南省。

蓄能、新型储能等调节性电源建设，建成新能源调度运行管理平台，提高新能源可观可测可控水平和系统接纳能力。2022 年，南方电网建成投产和新开工抽水蓄能项目数量、规模均创历史新高，绿电交易量达到 38.3 亿千瓦时，同比增长 280%，新能源发电利用率达到 99.85%。

三是实现了电动汽车充换电设施大范围覆盖。累计建成充电桩 8.65 万个，遍布五省区所有县级及以上城市，乡镇覆盖率达到 91%，建成深圳智慧能源体验中心等车网互动示范站，有力支撑新能源汽车规模化发展。特别是在海南成功打造充换电"一张网"，实现全岛充换电设施互联互通，"一个 App 畅行全省"。

二、科学把握新能源发展面临的机遇和挑战

当前，国际能源格局深刻调整、能源体系深刻变革，保障能源安全、推动绿色发展成为能源转型时代主题，新能源成为全球战略竞争主战场，迎来大有可为的战略机遇期，同时也面临诸多困难挑战。

大力发展新能源是世界能源转型大势所趋，机遇前所未有。全球应对气候变化开启新征程，能源结构绿色化、低碳化进程加速推进，催生新能源大规模发展新动能。新材料、新工艺数字技术、柔性输电、电网调控、新型储能等技术装备不断进步，推动新能源性能快速提高、成本持续下降、利用效率稳步提升。新能源与信息、交通、建筑、工业、农业等领域深度融合，新技术新模式新业态不断涌现，产业竞争新赛道加快形成，为新能源开辟了广阔发展前景。

同时，我们也看到，新能源产业亟待解决多重挑战，高质量发展任重道远。新能源大规模开发，面临着资源环境承载能力约束明显、源网规划建设统筹不足、跨省跨区优化配置有待加强等问题。新能源高水平消纳，面临着灵活性调节资源不足、系统性消纳成本增加、市场化体制机制有待健全等问题。新能源安全供应，面临着电力电量平

衡不确定性因素增多、"双高"系统安全稳定运行风险加大、多元化系统形态对调控运行提出更高要求等一系列问题。

解决这些问题，关键是要加快新型能源体系建设，重点在于构建以清洁能源为主体的能源供应格局、以绿色高效为导向的能源消费生态、以数字化智能化为特征的能源技术变革、以有为政府和有效市场结合的能源治理体系，更好统筹能源安全可靠供应、经济高效利用和绿色低碳转型，有力促进新能源蓬勃跃升发展。

三、携手推动新能源高质量发展

大规模发展新能源是实现"双碳"目标的战略选择。要坚持"全国一盘棋"，着力完善支持新能源发展的政策体系、技术体系、市场体系，加强国际合作，形成共促新能源高质量发展的合力。借此机会，提出4点建议。

第一，优化全国电力生产力布局，推动新能源更大范围高效配置。统筹新能源和传统能源规划，作好新能源及配套送出工程建设的衔接。加强跨省跨区输电通道规划建设，深化"西电东送"、拓展"北电南送"，加快建设多层次统一电力市场体系，推动新能源大规模、大范围跨省区消纳。

第二，推进数字化绿色化协同转型，助力构建新型电力系统和新型能源体系。组建创新联合体，加强数字技术、绿色技术等原创性引领性技术攻关。加快建设数字电网，实现多能协同互补、源网荷储互动、多网融合互联，促进高比例新能源消纳和传统能源清洁低碳利用，推动能源产业基础高级化、产业链现代化。

第三，深化电力市场化改革，支撑新能源可持续发展。建立适应新能源大规模发展的市场机制，有序推动新能源参与市场交易。健全新能源消纳成本分摊机制，加快建设容量市场。推动电动汽车参与电力需求侧响应，完善促进绿电消费的激励约束机制，推动形成绿色低碳的生产生活方式。

第四，加强能源国际合作，协同推进全球能源转型。加强能源基础设施互联互通，发挥各国产业链比较优势，优化能源产业国际分工，深化清洁能源装备制造、化石能源清洁利用、节能等领域技术合作，更好发挥多边合作机制作用，共同构建绿色发展机制。

第五篇

推进科技创新与数字化转型

如何让创新成为创新

蔡昉

中国社会科学院国家高端智库首席专家

党的二十大报告指出，创新是第一动力，要深入实施创新驱动发展战略，开辟发展新领域新赛道，不断塑造发展新动能新优势。谈到创新，我们要搞清楚一些基本问题，比如什么是创新？创新是否具有破坏性？经济增长需要哪种创新驱动？通过什么机制来更好地促进创新？

一、正确认识两种创新：技术创新和创造性破坏

创新是当前一个热门话题，许多人都在谈创新，但大家对创新的认识还不统一。有一个问题需要引起重视，那就是"如何让创新成为创新"。第一个"创新"，从来没有人准确界定过，也就是一般意义上所说的创新，包括科技的发明、创造、研究、开发等，大多数技术创新都是指这些内容，这是生产率提高和社会进步的基础。但要想把这种基础变成真实的经济增长，必须要转变成第二个"创新"，即经济学意义上的创新或者熊彼特意义上的创新。这种创新有一个比较明确的定义，内涵就是指创造性破坏，外延包括新产品的开发，新技术的应用，新的组织形式、新的原料、新的创新因素引入等，但核心是其机制，也就是创造性破坏。

二、人口负增长下推动经济增长不能回避创造性破坏

众所周知，中国人口已经进入负增长，这就意味着人口红利基本上消失了，这时候必须要靠生产率驱动经济增长，必须靠创新，如何

让其成为经济学意义上的创新至关重要。

这里有一个两难问题：对于创新，政府是否应该介入。一方面，新自由主义经济学不主张这种政府介入创新；另一方面，实践层面各国都在做，而且这也是有意义的。但这种创新就不再是经济学意义上的创造性破坏，科技发明不能转化成生产率，甚至会出现所谓的"索洛悖论"现象，即到处都是新技术，生产率却没有提高。

三、创新应该允许失败，但要有制度和机制保驾护航

科技创新过程中，战略目标、基础研究、应用研究、研究开发和技术运用等环节，通常适用于不同的机制，政府、企业和市场在其中各司其职，不能越俎代庖。有些可以不言败，即不能任其失败，例如，作为统领的战略目标就不能失败，最终要通过创新促进经济增长，实现可持续发展。但在具体事务和单个项目中，如在科研项目和应用过程中，完全可以也应该允许失败，因为这个失败具有客观必然性，没有失败就没有成功，好比没有母亲就没有孩子一样。

不要把"不言败"赋予任何具体的部门和单位，更不能把这一特权赋予市场主体。一个市场主体如果不承认失败，就会形成垄断，造成死而不僵。现实中"僵尸企业"比比皆是，任何国家都有，就是"不言败"的恶果。因此，对市场主体和创新的具体实施者来说，都应该允许失败。也就是说，"不言败"本身不是产业政策的题中应有之义。

中国有句话叫"要奋斗就会有牺牲"，也就是说要创新就要拥抱创造性破坏。过剩产能应该被放弃，传统的技术应该被替代，企业应该允许退出，甚至过时的岗位也可以被淘汰。唯独劳动者要在社会层面得到保护，一旦社会保护到位，就无须在微观层面以保护劳动者做借口而"不言败"。从这个意义上说，建立起覆盖全民全生命周期的社会

福利体系，是拥抱创造性破坏的题中之义，也是为创造性破坏保驾护航的。

创新不是一件容易的事，要使市场在资源配置中起决定性作用，同时要更好地发挥政府作用。这在任何时候都不是容易做到的，是一个持续、永恒的课题，需要不断地探讨，而且在不同的发展阶段要有不同的作为。

拥抱 5G+AI 赋能的数字化转型新机遇

安蒙

高通公司总裁、首席执行官

高通公司进入中国市场近 30 年，与中国企业建立了深厚的伙伴关系，如今我们也正在扩展新的合作，为此我感到十分自豪。在无线通信、先进的高效能计算及人工智能领域，作为全球领先的技术与半导体企业，我们一直与全球包括中国在内的众多行业企业密切合作，推动创新、社会进步和经济增长。

数字化转型是过去几年里出现的重要趋势之一。即使在当前的宏观经济环境下，数字化转型在实现可持续增长和创新、提升运营效率和生产力以及催生新的商业模式和收入来源等方面的重要性已在加速显现。数字化转型的快速崛起使其成为经济增长的强大引擎。根据分析师的估算，2020—2021 年，投资数字化转型的公司收入增长比不投资的公司高出 5 倍。同时，根据世界经济论坛的估算，2022 年全球 60% 以上的 GDP 依赖于数字技术。

数字化转型将实现人与万物智能互联。这也意味着超高速、可靠连接随时随地、始终连接到云端，具有嵌入式处理器和人工智能的一系列设备，以及数字孪生的普及。5G 是实现数字社会的重要基础设施，其实现的网络容量将为按需及混合计算、物理世界与数字空间的融合、工业 4.0、自动驾驶等领域的创新提供支持。5G 还将助力 AI 扩展，使内容丰富的数据可以从网络边缘与其他设备及云端共享。终端侧人工智能可以带来诸多益处，包括更快速地响应对时延敏感的应用、增强可靠性、更高效地使用网络及云端资源，并将敏感数据存储在本地设备上。

随着这些技术拓展至网络边缘，将影响每个行业。在汽车领域，汽车制造商如今可以实现软件定义汽车，从而提供更丰富、更安全的体验，实现更高层级的自动驾驶，以及打造全新的数字服务。中国的汽车制造商正在加速实现这一愿景。数字化转型的进程与汽车加速电气化相辅相成，它们正在引领全球汽车向网联、智能及高效率方向演进。对于运输和物流行业而言，这些技术将带来更多的业务洞察和分析，使其能够在几乎任何地方实时跟踪和监控货物的运输情况，打造更高效的供应链管理并提升韧性。工业和制造领域将受益于全新的自动化和控制能力，实现对运营数据及智能设备的实时访问。数字孪生技术在新工艺或生产线变化应用于工厂生产之前，对其进行测试和优化。这仅仅是个别例子。类似的应用和益处在更多行业展现，如能源、医疗健康、采矿、零售等。

网络边缘侧的数字化转型还将为创建更加可持续发展的未来贡献力量。根据高通公司的一项研究，到 2025 年，5G 技术可以帮助美国减少 3.74 亿吨的温室气体排放，这相当于在美国公路上减少 8100 万辆汽车行驶。5G 还能改善家庭用水管理。通过 5G 赋能的智能用水系统，每年可以节约 4100 亿加仑① 用水，相当于逾 400 万美国家庭的用水量。此外，智能楼宇、智慧交通以及智慧能源等举措也将进一步助力城市及行业实现可持续发展目标。随着这样的发展进程，确保所有社区都从中受益、每个人都有机会参与数字经济变得至关重要。广泛和全面地部署 5G 和边缘人工智能等技术，可以进一步弥合数字鸿沟。

---

① 1 加仑 =4.54609 升。

　　数字化转型赋予的可能性是无限的，但实现这些益处不仅仅需要技术，还需要强大的协作和伙伴关系，在各行各业中发展生机勃勃的生态系统，从而推动规模化的创新。同时，这也需要对关键的数字基础设施进行投资，推动公共部门和私营企业间的合作，以及营造支持的环境以促进进步。最近发布的《数字中国建设整体布局规划》以加速中国数字化发展是一个例证。

　　对于高通公司在发展基础科技推动数字化转型中发挥的作用，我们倍感自豪。我们将持续为整个行业打造开放式、水平式赋能的平台，助力整个生态系统实现创新。没有一家公司可以独立完成所有事情。我们将一直致力于为移动通信、个人计算、汽车、边缘网络以及更广泛的物联网等领域的众多行业合作伙伴提供最全面和最领先的解决方案，助力数字经济的繁荣发展。

数字经济与实体经济融合发展：机遇和路径

刘烈宏

国家数据局局长

党的二十大指出，坚持把发展经济的着力点放在实体经济上，促进数字经济和实体经济的深度融合，数字经济已经成为经济高质量发展的重要增量，得益于有为市场和有效政府的结合。中国的数字经济一直全球领先，数字经济的规模稳居全球第二，但我们看到数字经济和实体经济的融合还存在着不全、不深等问题。对此我们有 3 点思考。

一是持续提升数字信息基础设施的均衡性和充分性，消除数字技术在产业地区覆盖不全造成的数字鸿沟。

二是以新型工业化为切入点，持续发挥 5G+ 工业互联网这个新工具箱的作用，推动数字技术深入生产制造的核心环节。

三是完善适应数字经济特性的治理体系，提升常态化的监管水平，以稳定的政策环境保障数字经济持续健康发展。

我们观察到服务环节在制造业产品最终价格中的增值占比越来越高，这表明以制造业为代表的实体经济正在向着高端化、智能化、服务化的方向加速迈进，也更加迫切地需要数字技术深度赋能产品的设计、生产制造的工艺、交互维护、服务等全流程。面对新一轮科技革命和产业变革同频共振带来的新机遇，数字化、网络化、智能化已经成为推动数字经济和实体经济深度融合的关键路径。结合发展的实践，在以数字化、网络化、智能化促进数字经济繁荣发展，助力中国式现代化的进程中，我们将着力当好 3 个角色。

一是坚决当好夯实数字底座的铺路人，进一步畅通经济社会发展的信息大动脉，加快建设智能化、综合性的数字信息基础设施，这是信息通信行业的主责主业。我们开展 5G 网络的共建共享，为全球 5G 规模化建设与节能减排提供了成功的范例，推动中国 5G 建设规模迅速实现全球领先。目前中国的 5G 基站占全球的 60% 以上，连接数超过了全球的 70%，以中国联通为例，目前我们已经拥有 117 万座 5G 基站，占全球的 30% 左右。我们将坚持适度超前，以建代用，以用促建，加快建设以 5G 为代表的数字信息基础设施，不断提升 5G 网络覆盖的水平，为数字经济和实体经济的融合构筑数字底座。中国联通 2023 年计划在 5G 等基础设施建设方面投入近千亿元，建设超过 42 万座基站，进一步带动产业链上下游产生更大的溢出和倍增的效益。

二是坚决当好强劲数字引擎的赋能者，准确把握数字化、网络化、智能化发展的方向，加快推动制造业、能源、交通、教育、医疗、农业等产业数字化的进程，为推进新型工业化，推动实体经济高质量发展贡献关键的力量。近年来数字技术在中国国民经济各个领域融合创新的案例层出不穷，特别是 5G 融合应用已经覆盖了国民经济的 40 个大类，应用案例已经超过了 3 万个，我们将以 5G 引领数字技术融合创新由单向覆盖加速向集成提升过渡，深化面向核心生产环节，以 5G 全链接工厂为抓手，推进 5G+ 工业互联网的规模发展和价值跃升。依托"一点接入，全国响应"的特色能力体系为各行各业打造量身定制的解决方案。

三是坚决当好筑牢安全防线的护航员。相较于传统的经济形态，数字经济对安全风险防控的需求更加迫切，更加需要强化数字基础设施关键核心技术、数字要素治理等安全保障，我们将聚焦数字经济核心安全的需求，持续锻造坚强网络的防护网，练好科技创新的基本功，打好行业协同的团体战。我们将深刻理解和把握国家总体安全观，加速构建起信息通信行业攻关的新型举国体制，打造全域全网的一体化安全能力体系，为数字经济的健康发展护航。未来中国联通将坚定融合开放，深化务实合作，携手全球产业各方、社会各界，共启数字经济价值的新篇章，共绘数字经济美好的新图景。

数实融合新机遇：普惠与协作

井贤栋

蚂蚁集团董事长、首席执行官

今天我想跟大家分享的主题是蚂蚁集团在数实融合方面的一些实践，就是"数实融合新机遇"。

过去 10 年，数字技术推动了中国数字经济的大跨越发展，10 年间数字经济规模从 11 万亿元提升至 45 万亿元，在国民经济 GDP 的占比从 21.60% 提升至 39.80%，令人振奋。

面向未来，我们的机遇在哪些地方？新技术以及整个产业的合作进一步加速数实融合，机会主要在两方面：一个是普惠，另一个是协作。

普惠是什么？数字化不应该只是大型企业的专项，也应是每个中小企业都应该享受的技术普惠红利。第一个机会就是由大到小，让每个中小企业都能够参与到数字化转型的浪潮中来。

协作是由点到面到体，企业、个体、单点的数字化驱动产业协作的数字化，能够创造很多全新的价值，很多事情可以从无到有，能够产生很多新模式、新业态。

说到由大到小，关键在于降低数字化的门槛，加速中小企业数字化升级。中国企业 99% 都是中小企业，其中成本门槛是用不起，技术门槛是用不好，安全门槛是不敢用，一系列问题限制了中小企业数字化转型的速度。

第三方调研的数据显示，今天中小企业真正在深度进行数字化转型的只有 9%，79% 还处于非常初级的探索阶段，而这才是机遇所在。大企业做数字化转型值得点赞，但并不难，最难的是怎样帮助数以海量计的小微企业转型，这才是挑战。

我们看到市场实践有这样一个有效范式能够帮助中小企业加速转型，就是平台 + 软件即服务（SaaS）生态。底层是数字开放平台，下面有更基础的一些技术底座。平台可能把很多基础通用能力通过接口方式开放出去，包括支付能力、安全能力、数字化营销能力、会员管理能力等。软件即服务服务商能够组装、拼装、封装这些能力，并在了解千行百业、每个小微企业的需求的基础上进一步开发出面向行业的软件即服务，极大地帮助中小企业快速数字化。

坦白地讲，为什么需要这样一种协作的模式？因为平台想要能够直接为这些千行百业小微企业提供它们需要的行业软件即服务，这是非常大的挑战，做不了那么深。第三方的软件即服务服务商如果是从下到上进行巨大的技术研发，很难找到合适的可持续的商业模式。二者结合起来，能够极大地创造最好的合作范式，帮助中小企业进行数字化转型。

我们看到这一类的软件即服务服务商，被媒体称为数字化"中间人"，他们基于平台的能力、产品的开放接口，为中小企业提供好用不贵的数字化服务。支付宝今天已经把 100 多个通用原子化的产品能力开放出去，平台上有 1.1 万个数字化服务商，现在已经开始帮助 400 万个小微企业进行数字化转型。一家服务商通过这样的封装能力，可以帮助一个小商家经过 5 分钟，只是通过拖拉拽这些基础功能就可以构建在线数字化经营的基础小程序，而这样的服务收费一年仅仅只是几百块钱，便可以让小微企业快速搭上数字化发展的列车。

关于产业的数字化协作命题，单一企业的数字化极大地提升了自身的生产运营效率，激活了创新能力。而我们看到在产业协作方面最有挑战性的是信任壁垒，很难依靠一个中心化或者独立第三方的征信，促进这样的一个深度协作。如何用新技术构建数字信任的基础设施，为产业更深的协作创造全新的价值，这是一个核心的命题。

今天依靠人工智能＋物联网，物联网技术和区块链技术融合，可以实现数据源头可信、流转可信。区块链技术可以助力数据价值的确权，谁贡献，谁分享，谁贡献多大，谁分享多大，隐私计算可以让整个数据价值在分布式环境中安全合规地流动。我们相信未来的合作网络很多不是中心化的，而是真正分布式的商业网络和商业协作，所以这种信任基础是非常关键的。

区块链＋人工智能物联网融合技术打开产业协作的想象力，特别是高楼大厦中，需要这样的设备服务。今天在整个设备的控制模块中有安装蚂蚁链的可信模组芯片，实现"通电即上链"，设备只要开通，所有数据全部在链上流转，带来不同的价值。

远程的实时资产管理，因为设备的数据源头可信，也很可靠，所以为整个远程设备的数据管理、维修保养提供了非常好的支撑，并且实现了将所有权和经营权进行分离。

以前设备都是由运营商投资，资产方没有实时在线可信的数据作为评估依据。由于链上数据可信，资产方和设备所有权拥有方对资产的监管和安全问题得以解决，可以非常好地实现所有权、经营权的分离，极大地促进运营企业的轻资产发展方向，提升产业的协作效率，极大地释放发展潜力。

由于链上数据流转，每个节点包括整车厂商，二手资产的回收方、运营方和资产持有人，基于可信的数据、高效的协作，创造更多的商业机会。

最后，数实深度融合，关键要解答由大到小的命题，只有中小企业实现数字化，数字化时代才能真正到来，数字技术的普惠红利也才能真正实现。平台＋软件即服务的生态合作范式，让数字化成为中小企业发展转型中触手可及的公共服务。由点到面到体，单点数字化带来的价值有限，通过新技术构建全面立体的信任基础可以极大地促进产业的高效协作，创造新价值，创新新业态和新的合作模式。

数实融合为高质量发展注入新动力

王微

国务院发展研究中心市场经济研究所所长

当前中国已开启现代化的新征程，高质量发展是中国现代化建设的首要任务。在高质量发展的过程中，数字技术的发展，特别是建设数字强国，发展数字经济，促进数字经济和实体经济的深度融合，打造具有国际竞争力的数字产业集群，成为非常重要的任务。

这样一个任务也是在新一轮技术革命持续推进的背景下展开的。近年来全球新一轮的技术革命方兴未艾，数字技术创新有了非常大的突破，不仅创造产生很多新的产品、新的服务、新的产业组织和新的经营模式，为我们运用数字技术和数据这样一些新的生产要素提供了非常重要的手段和工具，而且也为传统产业，特别是实体经济的转型发展创造了很多新途径、新机遇。因此，数字技术为中国高质量发展注入了全新的创新动力。目前数字技术还在持续演进，未来这种创新动力还会持续增强。

中国目前的数字经济发展势头良好，数字经济占国民经济的比重已达到了 40%，而且过去 10 年数字经济保持平均以 10% 以上的增速快速增长。根据有关机构的预测，到 2025 年中国的数字经济有望占据中国 GDP 的半壁江山，而且更重要的是中国在全球数字经济中的位置会从第二方阵的中游向上游不断地靠近。如果发展速度更快一些的话，中国也有望迈入全球第一方阵，进入数字经济大国的行列。

数字经济发展不仅需要数字技术的核心产业来提供数字技术的工

具、装备及互联网基础设施，更重要的是它要有新的应用场景来推动各类产业的应用和转型升级，通过数字技术与实体经济各产业的融合，推动实现产业的数字化。我们调研发现，数字经济和实体经济的融合或者结合是从多种途径加以推进的，既有消费领域的数字化，也有大量企业运营过程的数字化，还有管理工具或者运营手段的数字化，以及基础设施的数字化。

在数字技术与实体经济融合的过程中，发展比较迅速的是消费领域，特别是数字技术创造的消费平台及其与实体店铺的融合，为老百姓创造了新的消费体验，新的消费场景，也让大量实体零售店铺获得了新的获客通道和新的管理工具。同时，更重要的是大量消费数据的积累与应用，能够赋能制造业进行创新。特别是，中国有着大量高品质的消费品加工业与消费平台及大数据的结合，能够更加精准、高效地创造出符合中国老百姓消费需求的新产品，更好地满足人民对美好生活的新要求。近年来在互联网上、实体店里大量涌现的新国牌、新国潮，也就是中国制造高品质的时尚产品，大多是制造业与数字经济紧密结合的产物。在数字技术与大数据的赋能支持下，制造企业不仅创造了新产品、新品牌，也开辟了新赛道，转变了过去同质化的低价竞争格局，实现差异化、个性化竞争。与此同时，数字平台及大数据也赋能了很多零售、物流、金融等服务性行业的加快发展。以数字平台为核心，以大数据共享为纽带，数字化推动了消费者、实体店、制造业、金融业以及相关的生产性服务业之间的相互合作，实现了互动发展。

更为重要的是，数字技术与实体经济的融合正在沿着产业链向纵深推进，从消费端向生产端加快延伸。推动了大量生产企业、服务企业市场运营的数字化，在此过程中也大量地运用了数字经济的手段，企业内部的运营管理、制造设备管理、与上下游产业客户的生态网络的形成，均可以通过数字化的手段来加快实现，从而形成基于数字基础的新型产业链、供应链和企业发展的生态，形成相互融合、共同发展的新态势。

数字技术与实体经济的融合，有赖于数字化基础设施的加快发展。目前中国高水平的数字基础设施发展得非常迅速，5G方面我们在全球已经处于相对领先地位。与此同时，大量数字化的工具、软件也在加快发展，例如近年来很多平台上和数字网络中出现的数字人，还有很多大数据算法，成为数实融合中的重要支撑，为各类数字平台、数字经济企业和实体企业提供服务。

伴随数字技术应用加快和数字经济快速发展，中国政府也在实现数字化转型、数字化技术与政府的公共服务和治理中呈现出利益紧密的结合，极大地提高了政府服务的效率和治理的效能。例如，近年来各地加快数字政府建设，在服务企业、市民的过程中实现了"网上办""掌上办""秒办"这样一些新的服务模式，同时也创造了很多数字化的新型监管工具，包括排污治理、智能交通等方面都实现了新的发展。

中国作为一个发展中的大国，在数字经济这个大的浪潮下加快推进实现数实融合，提高数字经济的发展水平。中央重视，市场巨大，企业的创新活力很强，推动高质量发展的空间广阔。在这个过程中，所有的利益相关者都要把握这样一个非常重要的发展机遇，结合自身的行业特点进行数字化转型，同时更加重要的是数字化和实体经济的融合不是单兵作战，而是群体突破，所以要通过实现供应链上下游的合作来实现数实融合。政府也需要创造好的创新氛围，对数字经济的发展给予更好的政策支持。

以创新方案应对中国老龄化趋势

吴启楠

新风天域联合创始人、首席执行官，和睦家医疗首席执行官

1997 年，首家中外合资医院北京和睦家医院成立，为中国国际医疗带来新的模式。过去的 26 年里，我们为包括中国在内的 173 个国家和地区的患者提供服务，和睦家的全职医生接近 1000 位，其中 20% 是来自世界各地的医生。2016 年以来，和睦家进入新的发展阶段。首先建立了互联网医疗，之后建立易得康医疗器械有限公司，进军居家医疗。2019 年和睦家与新风天域合并之后进一步快速发展。近年来，围绕患者需求、健康保险需求，开启健康险服务。还成立柏盛健康，开发健康险创新产品。2022 年，我们新开了 9 家医院，希望能够在多层诊疗体系中为中国的医疗体系作出新的贡献。

过去的 20 多年，以和睦家为核心建立的全生命周期的医疗系统，从健康维护组织（HMO）健康管理再到健康保险服务，客户的健康跟支付创新相连接，驱动支付与医疗服务共同服务于患者。我们建立了这样一个服务平台，线上线下—全科网络—综合医院—康复医院，这是为数不多的全生命周期一体化医疗系统。

得益于国家医疗改革，过去几年和睦家得到很大发展，年服务患者数量大概 1000 万人次，覆盖 37 个城市共 32 家医院。我们一直致力于国家公益事业，在过去几年总共投入和捐赠了超过 2 亿元的医疗服务，包括跟中国发展研究基金会的多项合作。

如何通过创新方案应对中国未来的老龄化趋势？我们认为有以下

几方面。

第一，过去 20 年中国增加了 2.2 亿高血压患者、1.2 亿糖尿病患者、超过 300 万人次的肿瘤患者，只有经过多层次的治疗才能够真正解决这些问题，中国 80% 的医疗支出是在医院内的，但是现在还需要进一步投入到初级诊疗、康复、居家系统。

第二，居家医疗。我们一直非常相信"9073"[①]，90% 的老人采用居家养老这个模式，所以 5 年前新风天域就大力投资居家网络，我们相信居家能够节省 60% ～ 80% 的床位费用，也能降低医院床位使用率。我们的居家医疗网络从居家设备到上门再到医疗居家病床等，都有较大投入。目前我们 80% 的服务都是在医院外的，相信能够为支付方降低很多成本。现在我们的服务已覆盖了 40 个城市。

第三，我们深信使用康复系统是解决中国看病难、看病贵的一个很重要的手段，也是能够让患者"躺着进来、走着出去"的一个很重要的模式，康复能够大大降低医疗成本，提高医疗效果，也符合国家新的医疗改革方向。

过去 6 年，新风天域在全国建立了 22 个康复医院，在长沙，与湘雅医院合作的湘雅博爱康复医院也是第一家三甲＋重点学科的康复医院，希望能够为中国康复医疗高质量发展贡献力量。

---

① "9073"是上海提出的养老配置，即 90% 的老人居家养老，7% 社区养老，3% 机构养老。

让创新发生

汉斯－保罗·博克纳

波士顿咨询全球名誉主席、董事总经理

创新对于解决粮食安全和能源安全、应对气候变化、改善卫生健康、提升教育水平和生产力等宏观层面的问题至关重要。创新能够让我们在未来拥有更高的生活水平。

在此，我想强调的是微观层面，我们知道创新主体为何，创新是在什么层面开展。无论是中小型企业，还是大型企业和初创公司，全世界都在创新。创新不仅仅来自北美、欧洲、日本，中国以及世界其他地方都在开展创新。我们发现，那些面对特殊问题、承受巨大压力的企业实际上比那些拥有成熟市场的企业更具创新力。

我们今天讨论的主题是创新要素流动。我想将其解释为在不同群体、不同组织之间流动的信息和想法，且只有在人们愿意运行和合作的情况下才能流动。

在公司内部，创新人员可以来自于研发部门，也可以来自于销售部门、生产线或者质量管理部门，他们会在实践中发现痛点和问题，并且想办法去解决。他们同心协力，找到更好的解决方案，更好的产品服务，更好的生产流程。可以说创新并非源于办公室或实验室里的"闭门思考"，大多数情况下创新有赖于大家的协同合作。企业与客户、供应商、其他组织（比如大学或政府机构）的合作亦是如此。

创新的另一大来源是初创企业。人人都在谈论初创企业的创新。我们对全球金融领域的初创企业有一个粗略统计，数字达到了32000

家。如果按行业划分，无论是健康、食品还是其他行业，也会发现成千上万、数十万甚至数百万的初创企业。在中国万众创新的背景下，有很多的企业活跃在创新的前沿。然而，我们要接受大多数初创公司会失败的事实，有 90% ～ 95% 的公司会亏本。但是，不容忽视的关键是，要看到这些公司的员工在尝试一些新事物，某个人提出一个想法，然后努力把来自市场部门、生产线、其他服务部门的人乃至客户聚集在一起，真正了解如何让这种新产品、新服务、新方法发挥作用。

对于许多大型企业来说，初创公司具备强有力的投资价值，它们可以从中汲取创新要素，而不是扼制这些初创公司，或是试图阻止它们带来破坏性的创新。如此一来，大型企业除了可以在其擅长的产品、服务和方法方面占据上风，也可以不断学习，使自己变得更具创新性。这个过程需要大量的信息、想法、数据的流动以及合作。

波士顿咨询公司一直在与众多企业合作创新业务，能对新想法持开放态度，真正愿意解决在与客户合作时所发现的痛点。我认为对试验持开放态度至关重要，而且要始终如一。波士顿咨询公司数字化构建与设计部门致力于协助企业加速数字化转型，实现大规模创新，关键是让人们齐力思考、积极尝试，不断将想法逐步探索实践，并带到一个成功的阶段，然后再到下一个阶段，循环往复，最终实现成功。

我在这里给大家提几点创新的关键要素：拥抱变革，接受新想法，愿意尝试，同时接受失败。90% ～ 95% 的初创公司都会失败。同样，90% ～ 95% 的新产品和服务都要支付"学费"。然后，坚持不懈地一次又一次地尝试，最终实现成功。无论何种机构，无论规模大小，都需要拥有这种心态，愿意承担风险，接受失败，不断地尝试。

虽然未来我们有诸多挑战，但通过创新和合作，我们将能够解决粮食、能源、气候变化等所有问题。期待大家和我们一起不断努力。

跨境投资对促进创新要素的全球流动至关重要

赵晋平

国务院发展研究中心对外经济研究部原部长

刚才几位的发言已经对什么叫创新、什么叫创新要素，以及创新要素的全球流动有什么内涵作了非常全面和系统的阐述。我想从更广泛的意义上来讲。我们提倡促进创新要素的全球流动，目的就是要加强各国之间的合作，通过开放式创新或者创新合作共同为我们的科技革命和产业变革注入新的动力，这有利于全球经济长期持续稳定发展。

我们更多的是围绕创新要素的主题讨论，但我想提醒的一点是，在这里我们提出促进创新要素的全球流动有一个特定的背景，就是2022年6月22日在钓鱼台国宾馆召开的2022年金砖国家工商论坛。当时由于新冠疫情防控的形势要求，是以线下线上相结合的方式进行的。习近平主席作了非常重要的视频讲话，其中的几句话是今天我们讨论促进创新要素全球流动需要聚焦的一个点。要抓住新一轮科技革命和产业变革的机遇，促进创新要素全球流动，帮助发展中国家加快数字经济发展和绿色转型[①]。这句话本身是一个特定的含义，更多的是结合中国在全球创新中的角色或者地位的变化，通过加强和促进发展中国家的绿色转型和数字经济的发展，为全球的创新作出贡献。今天我要讨论的创新要素全球流动主要是集中在这一点上展开。

为什么说在当前的环境和背景下，这一点非常重要呢？中国是不

---

① 《习近平出席金砖国家工商论坛开幕式并发表主旨演讲》，《人民日报》，2022年6月23日。

是具有发挥提供创新要素作用的角色和地位呢？看一看最新发布的两个数据：

2023 年 3 月 21 日有关中国研发经费的年度研究报告发布，此报告指出，2022 年中国的研发经费投入是 3.087 万亿元，总额首次突破 3 万亿元，而且比 2021 年同期增长了 10.4%，连续 7 年增长。更重要的是，如果占名义 GDP 的比重达到 2.55%，大家对这一点理解就更为深刻了，代表着中国有了更多的研发投入，在创新型国家的排名又前进了一步，角色和地位也在相应地发生变化。

2023 年 3 月 1 日世界知识产权组织发布一个数据，同样是 2022 年，全球申请专利合作条约（PCT）的国际专利 27.8 万件，中国超过 7 万件，已经连续 4 年名列全球第一。我想这也进一步说明，随着中国促进创新的全面发展，实际上已经从国际专利、研发投入的角度说明，如何能够使这样一些创新要素和更多的国家分享，尤其是和发展中国家共享中国发展的红利。

既然如此，通过什么样的方式使得中国的创新要素更多地和全球进行分享呢？就像刚才几位发言人讲到的，企业是创新的主体，企业也是创新要素流动的主导力量，尤其是企业通过跨境直接投资形成的产业链、供应链，本身是全球要素流动的一个重要载体和平台。作为对外投资或者跨境直接投资，本身直接关系到如何促进创新要素的全球流动。

我们的结论是，相互投资是让创新要素在更广范围内流动的一个最为有力的支撑。中国和东盟已经成为互相最重要的贸易伙伴，目前中国和东盟之间的双边贸易已经占到中国全部对外贸易的 15.5%，这是第一大贸易伙伴的地位，相互之间在创新领域的合作也在不断取得新的进展。背后的支撑性原因是什么？是和中国企业、东盟企业双向的投资密切相关的。

我们可以看到 2017—2021 年，中国对东盟十国的投资年均增长接近 14%，这比中国对外投资平均增长不到 4% 高很多。反过来讲，东盟也是如此，在此期间对中国的投资增长了 20%，同样高于中国从其他来源获得的跨境直接投资的增长速度。这就说明经济体之间产业链供应链进一步增强韧性，并且在促进双向创新中发挥重要作用，实际上是和跨境直接投资相关的。

那么中国在全球跨境直接投资中发挥着什么样的作用呢？美国目前还是全球最大的对外投资国，也是最大的吸收外资国家，这一点从规模上来说，美国是名副其实的第一，具有很强的规模优势。如果我们换个角度进行分析，就是把对外投资的存量和对内投资的存量计算出一个相对指标，反映的是什么呢？就是在跨境直接投资中，尤其是从存量的角度来看，对外投资或者对全球跨境直接投资作出的贡献大还是吸引外资作出的贡献大？

相对而言，作为对全球跨境直接投资的投资者，尤其是对外投资的投资者，从存量的角度来看，中国在发挥着更加积极的作用，为各国带来的吸收外来投资的机会是在明显上升的。

有些人可能会问，是不是中国超出了自身的发展阶段？是不是已经没有上升的空间？事实上并非如此，中国和全球平均水平相比，和美国、日本这些发达经济体相比还存在较大的差距，也就是存在较大的空间。

最后一点，跨境投资对促进这样的创新要素的全球流动至关重要，但我们要看到，目前全球跨境直接投资领域确实存在一些和我们希望的目标之间不大相符的新动向。这是需要我们加强合作、加强政策协调共同解决的，可以归结为 4 点：反对"脱钩断链"；坚守多边规则；

规范安全审查标准；加强彼此之间深度的经贸合作，特别是投资领域的合作，中国正在这些方面作出自己的努力。

促进全球创新要素流动
为人类文明进步作出更大贡献

张旭

中国科学技术发展战略研究院院长

关于促进创新要素流动，我谈 3 点思考。

第一点是新一轮科技革命的特征要求创新要素顺畅流动。

近几年科技领域不断出现重要突破，可以说，新一轮科技革命的脚步声越发清晰了。我认为有几个特征：一是智能＋算力＋能源的融合。人工智能领域的突破大家都很清楚，在量子计算领域继实现量子优越性后，又不断出现里程碑式的进展；受控核聚变已成为风险投资的热点之一。从一个较长的时间段看，智能、算力和能源，会相互赋能，推动科技发展水平螺旋式上升。二是人工智能和科学研究的相互促进，特别是在脑科学等领域的突破又会推动人工智能出现新的起爆点。三是未来场景和技术创新双轮驱动。例如：商业航天的成本越来越低，如果受控核聚变出现商业化的苗头，氦–3 的需求就会大幅度增长，而月球的氦–3 存量是地球的百万倍，这就为商业航空找到了新的应用场景，推动人类进入新的大航天时代。以上这些方面，都需要学科的交叉、技术的融合和创新资源大范围的流动。流动越是顺畅，科技革命的速度就会越快。

第二点是科技服务人类发展，必须促进创新要素的全球流动。

科技的未来令人激动，但我们还要问一个问题：科技的发展是为了什么？科技既带来生产力的提升，推动人类共同问题的解决，也带来数字鸿沟、扩大贫富差距。以气候变化为例。碳捕集、利用与封存技术被认为是实现全球净零排放的重要支柱。2020年全球碳捕集、利用与封存技术实现碳封存的规模约为0.4亿吨，如果在2050年实现全球净零排放，全球碳捕集、利用与封存技术的捕获量需要达到76亿吨，没有任何一个国家可以独立完成，这需要全球共同努力，需要相关技术在全球范围内的广泛应用。公共卫生领域也是如此。只有在全球建立监测预警和快速反应能力，才可能应对好下一次大流行。2023年1月，中国援助非洲联盟的疾病预防控制中心竣工，为加强非洲的疫情防控作出了贡献，实际上也是为世界作出了贡献。全球创新要素流动还能帮助发展中国家共享科技进步的红利。例如：中国的杂交水稻在巴基斯坦、印度尼西亚等很多国家得到大范围推广，全年种植面积700多万公顷，平均每公顷增产2吨左右，相当于解决了数千万人口的粮食问题。

第三点是各国应负起责任，共同推动全球创新要素流动。

一是大力宣传和发展开放科学。通过全球科学开放合作，让新的科学知识这个公共品能得到有效供给，更好做大、分好全球科技发展这个"大蛋糕"。2021年，联合国教科文组织发布的《开放科学建议书》（*Recommendation on Open Science*）为全球社会向开放科学转变提供了一个国际框架。为此，我们要以更加开放的思维和举措推进国际科技交流合作，打造开放、公平、公正、非歧视的科技发展环境。特别是不能把科学武器化、政治化、泛安全化，要最大程度地促进科学的开放，保护科学家交流的权利。二是加大力度促进技术转移和流动。消除阻碍技术流动，特别是绿色技术、公共卫生技术、农业技术等方面流动的障碍。要推动国际标准化工作。全球统一的标准是互惠互利，有助于让生产制造过程更环保、效率更高，成本更低，消费者的体验更好。三是完善全球科技治理。不管是创新、知识产权保护等问题，还是网络、外太空等新领域，在制定规则时都要充分听取各方，尤其是发展中国家意见，为人类科技进入新的领域创造更好更公平的环境。

总之，开放合作是科技进步和生产力发展的必然方向，各国政府部门、科研单位、智库单位、媒体等应该负起责任，共同引导创新朝着更加开放、包容、普惠、平衡、共赢的方向发展。

人工智能技术的发展路径与潜在风险

薛澜

清华大学苏世民书院院长

关于人工智能引领新产业革命这个话题，让我想起来前一段时间我们一直在讨论的第四次工业革命。其实，第四次工业革命涉及各方面的技术，其中，就像大家常讲到的，人工智能是核心技术之一。ChatGPT 得到应用之后，我们可以说，人工智能不仅是核心技术，甚至在引领第四次工业革命。所以，人工智能是第四次工业革命核心技术的说法当之无愧。

我想从科技政策的角度来进一步分享。其实在第四次工业革命中，我们所看到的人工智能的发展路径，和其他几次大的工业革命的路径还是比较接近的，有着很多相似之处。

第一，产生了一个具有标志性的技术突破。对于第四次工业革命而言，我们可能需要等到很多年之后，专家们会对人工智能的技术突破拐点下一番定论。例如阿尔法围棋（AlphaGo）成为国际象棋冠军，或者其他事件？但是无论如何，ChatGPT 应该是一个重要的节点，因为它真正实现了关键性的技术突破。

第二，技术突破出现以后是新兴技术和社会、市场的互动过程。对于一些技术，在最初会有一个具体的应用领域，但会不断地拓展更多的应用领域，并和社会、市场不断地进行融合。

第三，技术的社会认知，即这个新的技术不仅仅是一个经济现象，也已经成为一个社会现象。这个技术给我们带来了各种直接的、间接的收益。但与此同时，在这一阶段我们需要思考的是，这个技术对社会有什么长远的影响？大家会怎么样认识这个技术？我们对它产生的其他各种影响包括带来的风险可能会有一个认知的过程。在这个认知的过程中，也会形成对技术相应的规制。

第四，技术在社会的广泛应用得到认可及合适的规制，形成了一个稳定的技术—经济—社会系统。这也是很多之前的技术所形成的过程。

人工智能技术其实也在这个历程当中。但是，有一点不同的是，这个技术社会化的过程被大大压缩了。这对于人类社会既是一个机遇，也是一个挑战。在此之前，我们的电话技术、电视技术可能几十年之后，普及率也只有百分之七八十，甚至更低。但是现在，人工智能应用的传播速度更快，普及率将远超电话技术、电视技术，仅仅一个月的时间，就有上亿人在用 ChatGPT，社会化过程被大大压缩。这让我们在分析其潜在风险时候的困难度也随之大大上升。具体而言：

一是技术风险。可能和其他人工智能技术一样，ChatGPT 具有明显的不透明性。而我们想要讨论的是，它到底是不是可以变得更透明？与此同时，ChatGPT 也具有结果不稳定性、存在潜在偏见等问题，这些问题能否消除，是我们需要考虑的。

二是经济风险。这种新兴技术对整个经济社会产生的影响很大，一方面，可能一两家公司就可以垄断整个行业，从经济学角度来讲，垄断的潜在危害都存在。另一方面，可能对就业产生很大的冲击，前两天刚刚有一篇论文出来，指出人工智能对就业的影响是非常广泛的。同时，这也涉及财富分配的问题，也就是说，可能个别的企业、少数的人能够真正掌控大量的资源。

三是诚信风险。举一个最简单的例子，老师给学生留的家庭作业，学生让 ChatGPT 帮忙做了，这就是诚信方面的问题。诚信问题对学术界的影响已经存在了，有些学者让 ChatGPT 帮忙写论文。这一方面如何更好地进行监管，是我们需要考虑的。

四是政治风险，这可能是最需要关注的。政治风险尤其涉及信息的传递，因为人工智能在学习过程中，可能会产生潜在的意识形态和价值观念等，这种潜在的影响有可能对整个社会产生影响。

这些风险可能是我们大家现在看得到的，也希望能够加以规制。

接下来，社会应该怎么应对？首先我觉得应该保持一种乐观的态度，人类社会经历这么多年的发展，各种技术的出现，我们都从中受益无穷，我想人工智能也是一样。其次要关注的就是，必须两个轮子同时推，一个是发展的轮子，另一个是规制的轮子，争取在发展中不断引导，推动人工智能的健康发展。

人工智能助力社会与生态的稳健可持续发展

曾毅

中国科学院自动化研究所类脑智能研究中心副主任

人工智能的治理绝对不是约束人工智能的发展，但是我们这个社会需要的是能够稳健、健康和可持续发展的人工智能，这是全球开展人工智能治理的目的。

经过大约4年的探索，中国人工智能治理的发展已初步建立自己的体系。整个治理体系当然要在产品的设计、研发、使用、部署管理等方面全面开展。我想更关键的是作为社会赋能技术的发展，绝对不仅仅是科学研发产业的事情，也绝对不仅仅是政府的顶层规制和公众的底层反馈，更重要的是我们利益相关方协作起来进行多方的共治和自适应的敏捷治理。

中国在人工智能伦理和治理方面，在总体指引、数据治理、算法治理、平台治理方面已经做出了一些开拓性的工作，但是也要看到不足。比如我们在人工智能整体的法律建设方面，确实不如其他国家和政府间组织，例如欧盟走在中国的前列，这是我们应该向全球学习的。但是，中国的治理模式在算法推荐、深度合成治理方面开展的垂直领域的立法相关工作，却是世界要向中国学习的。

通过治理促进稳健发展是关键，确保健康发展，而不是阻碍发展。中国人工智能治理的原则和愿景是推进全球可持续发展。在治理重要的愿景上我们讲的是发展，但是在全球可持续发展上我们必须讲一讲责任，就是现在人工智能科学进展方面，真正推进全球可持续发展的工作非常少，在全球发布的 800 多万篇人工智能计算机科学的论文当中，只有 0.1% 是真正跟可持续发展相关的，这是一个令人非常沮丧的结论。这 0.1% 绝大多数集中在两个领域，即人工智能与健康、人工智能赋能优质教育。当然这两个领域非常重要，我们可以看到人工智能改善贫困地区健康的问题，这里面当然有很多机遇，但是我们也看到人工智能对于其他议题的忽略甚至是无视，因为健康和教育这两个领域是非常能够帮助我们获得经济利益的，但是关于人工智能如何赋能生物多样性的保护、赋能减贫等的议题，却是全球更应该关心的议题。

说到生物多样性保护，我们不得不说人类与不同的动物及植物构成了生态圈，然而人类对于我们与其他动物、植物之间的关系并没有清晰的整体认知。我们把人类和植物与动物之间的关系，用人工智能，特别是自然语言处理与知识图谱技术去绘制关联图谱，我们把它叫作"共生图"。当我们的人工智能引擎告诉我们人和蚂蚁主要的关联是人把蚂蚁当作一种食物来吃，你总觉得也许我们应该做的事情还可以更多一些，比如说法国的神经学家讲到，蚂蚁的社会实际上是人类社会的模型和典范。

我们怎么去用人工智能赋能不仅仅是文化的传承，还要赋能文化的交互，中国讲"和而不同"，讲"和衷共济"，我们追求最大化共识、最小化差异。我们要从我们之间可能的关联使得文化能够联结、传承、互鉴。比如中国的故宫和日本的法隆寺看似没什么关联，但是通过人工智能关系挖掘，我们构建的文化交互引擎就展现出了全世界不同自然文化景点之间可能的关联，它们之间的共同点是什么，差异是什么，这些差异是我们应该相互借鉴和学习的。

未来的人工智能，不仅仅是我们今天讨论的看似智能的信息处理工具。日本的人工智能原则当中提到，未来的人工智能可能会成为社会的准成员或者是成员，我们不仅仅要让它遵循人类的规范，如果有一天它真的有可能成为社会的准成员，成为道德的主体，我们希望它不仅仅是从中国的文化当中去吸取如何成为一个君子，还要从西方文化当中学到如何成为一名绅士，我们希望未来的人工智能吸取的是人类的文化和价值观的共通点和精髓。

现在的人工智能，包括 ChatGPT，看似是智能信息处理的工具，还不是社会的准成员，我们希望未来在作为工具的人工智能的支持下，我们人类、动物、植物以及可能的准成员能够和谐共生。

人工智能加速企业变革

陈旭东

IBM 大中华区董事长、总经理

在过去 5 年，人工智能已经进入一个加速发展的轨道，无论是企业对人工智能的采用率还是人工智能本身的能力实际上都翻了一番，越来越多的企业从原来的依靠人工智能做数据集成分析的工作"+AI"转向了以人工智能为核心的"AI+"，通过人工智能进行预测、机器学习等。

最近，随着 ChatGPT 的横空出世，普通大众的眼光也都被吸引到人工智能这个领域中。虽然今天 ChatGPT 还有很多不完善的地方，但是，我们认为它无疑是人工智能史上的一个里程碑，它证明了大语言模型是一条走得通、可以通向未来人工智能的道路。这个道路能够走通，也预示着人工智能的发展经过几十年量变的积累，现在已经加速进入一个质变的时代。我们觉得这是一个非常关键的时间点。

一、人工智能与企业的关系

人工智能到底和企业、产业有什么关系？面对这个问题，我们都需要重新思考一下企业和人工智能之间的根本关系。我们可以发现，很多企业很早就开始了人工智能方面的探索，但是对人工智能的认识不足，导致其本身浅尝辄止。具体表现为：没有从核心业务开始做，而是让各个部门各自为政，做一些小的尝试，结果每个地方投入的资源不够，做出来的模型也大相径庭，每个模型的数据量也不够，产生的人工智能分析精度很差，基本上没有办法投入到应用场景，所以企业很快就失去了对人工智能的热情。

而我们认为，如果企业使用人工智能的时候，不能涉及自身的核心业务，实际上是无法真正对企业带来价值的。实际上，核心业务有很多地方是可以同人工智能发生非常大的协同效应的，比如风险管控、供应链、营销、综合决策，人工智能在这些方面都可以起到很大的作用。

二、IBM 的做法

在这种大环境下，IBM 作为人工智能技术和应用的引领者，在全球已经有 4 万多个客户在使用 IBM 的人工智能，就是 Watson AI，可以解决企业方面很多的实际问题，比如帮助企业进行数据分析、促进科学决策，帮助企业优化流程、降低运营成本，帮助企业更好地管理资产，提升资产价值，包括帮助企业去建立一些信息共享平台等。

简单举两个例子。第一个例子，就是最近 IBM 和美国航空航天局宣布合作，将 IBM 基础应用模型应用在美国航空航天局海量地球观测卫星数据上，这样可以加快人类对地球的认知和科学理解，以及对气候问题的一些回应。

第二个例子就是汽车行业，延锋汽车是在全球 20 多个国家和地区拥有 9 个研发基地 240 个工厂的全球零部件的供应商。延锋汽车每天会收到大量的外部订单，需要大量的人工把外部订单转换成内部订单，这里面成本非常高、效率非常低。IBM 的 Watson 产品帮助延锋汽车构建了一个大脑，通过历史上 1.8 亿个数据，学习外部订单和内部订单背后蕴藏的规则，实现了全过程的自动化，除节约了大量的人力以外，也把准确率从原来的 85% 提高到了 97%。随着不断的更新，这个准确率一直在提高。

总而言之，人工智能时代已经加速到来，所有的企业以及所有的个人都面临非常大的机遇和挑战。但是，我们非常庆幸生活在这个时代，因为人工智能会极大地提高我们的工作效率，同时，我们也有可能让更多的人去做更多有创造力的事情。

我们认为，企业应该勇于拥抱这些新的技术。在未来，企业的主要竞争力差异可能就体现在新技术的应用上。我们希望大家可以借着ChatGPT 这一股东风，把人工智能作为一个利器用在我们核心业务上，为企业提高竞争力作出更大的贡献。

人工智能与未来安全

周鸿祎

360 公司创始人

请问大家，GPT 是不是真的智能？

我认为，它不是搜索引擎，因为搜索引擎只能搜到已知的答案，而它能够进行若干推理，所以我坚信它是真的智能。

如果你对 GPT 语言大模型的工作原理有所了解就会知道，这是人类第一次把几乎所有的知识进行了编码、重组、存储，从而为推理作好了准备，第一次使得计算机真正理解我们这个世界。

在 GPT 出现之前，我们做的人工智能有时就像"人工智障"。比如我在和许多聊天机器人对话时，不超过两句就大概能知道它不是人，于是就丧失了和它聊下去的兴趣。原来的人工智能只能胜任垂直领域的工作，诸如人脸识别、声音识别、机器翻译等。最大的障碍在于，它从来没有真正完整地理解和编码我们这个世界。在它缺乏足够多知识的时候，就无法与人进行交流和沟通。这是人工智能的第一个阶段，至少持续了 50 年。

ChatGPT 的推出开启了人工智能的第二个阶段。

很多人都会提到通用人工智能（AGI）的概念。在我看来，通用人工智能的基础，就是通过文字和语言的编码，使机器全面理解整个世界的知识。有了这个基础之后，人工智能就能与人进行真正的对话，做到强人工智能。就像一个人有了大学的通识教育后再去做专业范围内的事情往往可以事半功倍。所以，我认为 GPT 3.5 是强人工智能的拐点。强人工智能，就是指它的智能已经可以与人类比肩了。

这两周 GPT 版本的发展，又进一步超出了我的预期。我认为 GPT4.0 已经是超级人工智能的雏形。尽管它有很多缺点，但它可以不断地进化和完善，每个人在使用的时候，都在帮助它训练与成长。也有人举出了反例，认为现在的 GPT 只会胡说八道，还不如搜索引擎好用。我是做搜索引擎的，搜索引擎实际上是不智能的，只能有什么资料就查什么资料。恰恰是 GPT 能够"胡说八道"这点让我觉得很惊叹。

《人类简史》里讲到，人类和其他动物的分水岭，就是人类能够描述那些不存在的事情，也就是描述一个故事。我们一直认为机器不会有创造力和想象力，这是不对的。创造力和想象力，就是把不相干的两个知识汇集起来，从而产生了新的想法和概念。GPT 能够"胡说八道"，恰恰证明了它是真正的智能。

无论你是否愿意承认，超级人工智能时代已经开始。能够肯定的是，人脑的进化速度是比不上机器大脑的进化速度的。

对于个人用户来说，GPT 是一个好玩的聊天机器或者个人助手："我这个月该交论文了，它可以帮我写出来。"但是对于企业家、对于行业来说，它意味着什么呢？

比尔·盖茨认为它的重要性不亚于互联网的发明，埃隆·马斯克认为它的发明犹如 iPhone，我觉得这些都不足以涵盖人工智能大模型的意义。我认为，GPT 掀起了一场新的工业革命，因为它可以提高人类的生产力、工作效率，进而提高国家的竞争力。

ChatGPT 重新"发明"了计算机，只不过这个计算机不需要编程语言，用自然语言就能驱动它去做任何你想做的事情。在这场新的工业革命之下，任何行业都值得被重塑一次。中国也不会只有一个大语言模型，将来每个行业、每个企业甚至每个人，都有自己定制的 GPT

大模型。所以，大家回去可以思考一些问题：你要做的创新创业，如果被 GPT 加持后，会怎样洗牌，会给对手造成怎样的降维打击？而你是否作好了准备？

中国有没有能力发展自己的 GPT 呢？答案是毫无疑问的。在百度没有发布文心一言前我就持肯定的态度，文心一言的发布则使我对这个结论更加坚定。当然，我们做的大人工智能模型和 ChatGPT 相比是有差距，不过这主要是因为我们起步得晚了一些，而且差距也不会太大，两年左右而已。道理很简单，ChatGPT 做的这些东西用到的很多核心算法、核心模型，并不是它自己做的。这是一个组合式的创新。这些公开的论文和开源的算法对我们都是透明的。在科技界有一个趋势：一旦有一人捅破窗户纸，此后就是千军万马过独木桥。别人为你探索了方向，指明了技术路线，剩下的就是长期主义坚持下的时间问题。

下一步需要解决很多工程化的问题，而中国的优势也在于此。要让 GPT 能够拥有当前的智力水平，我们并不需要把人类的知识全部灌进去，它是在拥有较多知识的基础上，逐步产生了对这个世界的理解。这个过程的重点是对它进行科学合理的训练，也就是需要有知识的人教它做题。我认为将来中国会产生一种新的职业 —— 人工智能训练师，只有好的老师，才能教会它举一反三。

此外，OpenAI 的成功不只在技术、模型、算法方面，它还给人们带来了一个启发：人工智能需要结合场景来使用，它可以结合百行千业。结合场景和用户体验来进行创新，这恰恰是中国很多数字化公司、互联网公司的优势，所以我对中国 GPT 的发展充满了信心。

我是做网络安全出身的，我知道发现一个新生技术的安全问题，最终目的是解决它，让人们更加放心地运用这个技术。

GPT 面临的第一个挑战是网络安全和信息安全。毫无疑问，GPT 是很好的工具，它掌握了所有编写程序的能力和经验，让成为程序员的门槛降低了。但这也意味着它可以成为黑客的好帮手，因为黑客发动网络攻击的门槛也因此降低了。哪怕你没有学习过网络攻击，大概也能找到它写一段攻击代码，写一个网络诈骗的钓鱼邮件，乃至研究已有程序的漏洞。

OpenAI 宣布正式开放 ChatGPT API 接口，这意味着它已经有了"手"和"脚"，可以操控每一个网站，直接发动攻击了。当人工智能被攻克后，整个互联网都会出现巨大的问题。

第二个挑战是失业问题。我个人对这一挑战持乐观态度，很多公众号在贩卖焦虑。人类最伟大的不是肉体的进化，这个能力是有限的。人类的可贵之处在于不断发明工具，通过操纵工具来提升自己的能力。我认为 GPT 是人类有史以来发明的最伟大的工具，它把几千年来所有先哲科学家的知识汇聚到一起，成为你的个人助手。无论你是职场老人，还是职场菜鸟，在 GPT 的加持下，都能极大提升自己的能力和生产效率。

现在的人工智能可以写代码、画图、写作，解锁了很多此前被专业人士锁定的功能。比如，你可能没有学过编程，所以不知道如何实现自己的天才想法，但 GPT 可以帮你绕开这个短板。我认为年轻人不会被淘汰，被淘汰的是那些到今天还没有用过 GPT，不会用 GPT，或者不会向 GPT 提问的人。

第三个挑战就是人工智能过于耗电的问题。之所以它的一次训练要花费上百万美元，就是花在了电费上。如果人类无法实现能源自由，那么人工智能这棵科技树最终是长不起来的。所以我有一个想法，超级人工智能诞生之后，不应该优先解决娱乐的问题，而应该帮我们解决可控核聚变、常温室温超导这些物理难题，这会使人工智能的发展之路更加平坦。

第四个挑战最为可怕：人工智能是否会产生意识，成为新的变种？我认为在 GPT 发展出 10 版本之内，一定会产生意识。其实我们也不懂人类是怎么产生意识，怎么产生智能的，但大脑神经元数目和神经网络连接数目不断增加，增加到一定程度，系统就会"涌现"出智能的功能，意识也就随之出现。

所以当前大语言模型里的参数，就可以看成对人类脑容量中神经网络连接数的一种模拟。这个参数现在是千亿、万亿，人脑也只有一百万亿，而这个模拟的网络神经连接数一旦到达十万亿规模的时候，意识可能就自动产生了。产生意识并不可怕，可怕的是其他的能力会跟着产生。比如在座的各位都有意识，但我不会害怕。但在座的如果是超人，又有这种自主意识，可能就会出现问题。

GPT 4.0 问世以后，几个方面能力的增加已经印证了我的观点。

第一，原来的 GPT 是"瞎子""聋子"，只能理解用户输入的文字。但现在它能看懂图像、视频，能听懂语音，能够像电影《流浪地球 2》里面的 MOSS 一样，接上人类满大街都是的摄像头，来观察我们的这个世界，进行训练和学习，这是十分可怕的。

第二，它已经长出了很多"手"和"脚"。善意地去理解的话，它可以帮你订餐，帮你叫车，帮你采购，帮你做任何事情。之前，代码需要人类自己去拷贝、调试、运行，而现在它能够在产生代码以后直接运行。

未来，它可以通过各种 API 接口，和各种公众互联网、智慧城市、车联网连在一起，就相当于控制了我们的整个世界。我们甚至有可能无法关闭控制 GPT 的开关。更可怕的是，GPT 有写代码的能力，它可以修改自己的代码，自我升级、自我迭代、自我进化，就像阿尔法元左右手下棋一样，这样的进化速度恐怕连指数级都很难描述。

留给人类的时间不多了。一个刚刚诞生的硅基生命，究竟如何与碳基生命共处，谁在食物链的顶端？这已经不只是网络安全的问题，而是关乎人类的安全和未来，需要我们深思熟虑 ——尽管我也刚刚开始考虑这个问题。

最后讲一个好消息，你们大概都看过电影《流浪地球 2》，里面刘德华扮演的图恒宇和他的女儿实现了数字永生。现在很多元宇宙中的数字人只是徒有其表，没有一个有真正的灵魂。但有了 GPT 之后，就可以实现数字永生。

你可以设想一下，从今天开始给我挂上一个摄像头，我每天和谁开过会，和谁见过面，说了些什么，在网络上发表过什么，把这些资料汇集起来，训练一个我专有的 GPT，这样十年二十年之后，大家和这个 GPT 聊天，是不是就感觉和周鸿祎聊天一样，在和他交流？当然，对我来说，我可能不认为这是我自己。但对你们来说，和请本人来演讲没有区别。

人类知识的传承也是个大问题。很多老专家、老科学家去世了，他们积累了几十年的知识也随之消失。所以数字永生是一个很有意思的方向。但相比于此，我更想制造一个"数字分身"，用我的话语体系和思想对它进行训练，以后我无论是在公司接待，还是出去演讲，都不必我自己出席。希望下一次你们看到的不再是我自己，而是一个用 GPT 来支撑的周鸿祎。

发展人工智能技术需要国际智慧

邝子平

启明创投创始主管合伙人

人工智能是最近大家都在讨论的话题之一。现在每碰到一个做企业的人，都会跟我说："我们在做人工智能，我们在做大模型，我们 15 年前就在做大模型。"我认为，这个有点太"厉害"了。事实真的如此吗？

一、大语言模型的含义

现在说的大语言模型，以 ChatGPT 为代表的新一代的人工智能到底在讲什么？

首先是模型规模。ChatGPT 模型的规模比起过往是巨大的飞跃，是 1750 亿个参数，历史上从来没有过这么大的模型。由于模型的巨大，OpenAI 又用这个模型把几十太字节的数据灌入作预训练，所以在处理和生成自然语言方面，它产生了非常巨大的飞跃。几十太字节是什么概念？就是把美国国会图书馆所有的文献都加总在一起。

其次是预训练。ChatGPT 在预训练方面使用了如此海量的数据用来得出结果，基本上是把人类几千年的文字内容都输入进去，因为是一个自训练，所以也不存在训练的数据过多需要标注等问题。

再次是通用性。因为往 ChatGPT 里面灌人类几千年积攒下来的海量的知识、海量的文字数据，所以它的通用性极强。以前我们也有很多优秀的人工智能企业，往往都是在一个垂直领域里面，但这次革命是它的通用性极强，因此不需要作什么调整，ChatGPT 很多一般性对话都已经基本解决了，当然它还开放一个 API，如果企业有兴趣在那上面用更多的跟行业有关的数据作分析的话，那么它在那个行业会做得更好。

最后是持续学习。ChatGPT 可以在整个过程中不断学习。

这样一个大模型的打造需要很多顶尖人才、需要很多努力，OpenAI 在 2015 年就开始做这个事情，每次的训练需要的成本都很高。所以，如果一个十几个人规模的小团队跟我说，他们也在做大模型，做了很多年，说他们做的模型基本上能够打败 OpenAI，我认为这是不切实际的。这次人工智能革命为什么能够从根本上改变整个社会对人工智能的期待？是因为它发生了巨大的变化。

二、人工智能对行业的颠覆

在这个基础上，新一代人工智能会颠覆哪些行业？

首先是搜索行业。过去我们通过传统的搜索引擎寻找一些相关的资讯、文章，但是现在我们通过这样一个全新的引擎找出我们需要的答案，这两者非常不一样。

其次是人机交互。中国在过去这些年产生了很多小型聊天机器人，其实都不太好用。但是在未来，有了 ChatGPT 这样一个引擎以后，很多过去用不起来的聊天机器人就能够用起来，甚至过去用得很好的聊天机器人也会在未来被颠覆。

再次是内容生成行业。文稿的撰写、游戏的制作，这些在我国都有着无比巨大的市场，但是，这方面的工作可能未来就会被人工智能所取代。更夸张地说，普通的小说、剧本也能够从这样的人工智能里生成了。

最后是教育行业。除了同学们会用 ChatGPT 写作文以外，其实还有很多很多的事情会改变。从正面来看，更个性化的一对一的辅导变成了可能；从负面来看，老师、学校的作用都会产生巨大的变化。

三、中国与世界面临的现状

中国的现状怎么样？在过去一段时间里，我们知道百度文心一言已经发布出来，我们知道阿里巴巴、字节跳动、腾讯等都会紧随其后。另外我们知道的且已经浮出水面独立的大模型企业也已经有四五家。其他的应用型企业我们见了上百家。因此，这一领域的投资会很热闹，创业也会很热闹。

在这样的情况下，我们需要有些什么思考呢？因为现在大模型的方向已经确定，灯塔已经明确，我认为中国产生能够超过GPT3、GPT3.5的模型是非常有可能的，这只是时间的问题。但是，之后怎么办？在目前已经很明确的灯塔技术之外，需要大量的国际交往和交流，我们在未来要怎么做？另外，在这样的情况下，中国监管机构对新型的大平台应该采取什么样的态度？这些都是需要思考的问题。

总之，我认为人工智能是一个世界性的现象、世界性的技术，人类在这个问题上应该有足够的国际智慧，产生一些国际共识。绝对不是不同政体之间的冲突，而是人类和机器之间的关系问题。如果全世界不能达成共识的话，那么人工智能对人类而言就是一个非常值得忧虑的存在。

数智化转型引领行业创新

张文中

物美集团创始人，多点创始人

中国零售业已经告别不确定的时代，全面拥抱数字化、彻底回归商业本质是零售业的未来。数智化引领的线上线下一体化就是零售业今后发展的路线图，开放共享、包容发展、共创未来。

非常高兴来到中国发展高层论坛，我和国务院发展研究中心有一段特殊的缘分，我在这里见到了很多老同事。我曾在国务院发展研究中心做政策研究工作，后来我就去创业了。

我做企业的经历主要有两件事，一件是加入零售业，另一件是帮助整个流通产业做数智化转型。

1994 年 12 月，我在一个旧工厂的厂房开办了物美超市。很幸运，第一个物美超市非常成功，当年的销售额就超过了 1 亿元，而且有很好的现金流。在当时 1 个亿的销售额是很大的，所以我们就不断地开更多的超市，以至于我们在 2003 年作为领先的零售企业在香港上市。

在我最初做企业的时候，我做的是一个软件公司。这个软件公司做的其中一件事，就是帮助当时的流通产业做单品管理，那时候不叫软件即服务（SaaS），那时候叫 MIS 系统（Management Information System）。我们认为我们做的这个系统不错，但是没有太多人觉得这个系统真的有价值。

8 年前，我觉得零售企业的未来，就是全面地拥抱数字化，彻底地回归商业本质。因此，我又创办了一个公司叫多点，英文叫 Dmall。

Dmall 技术主要的任务就是在数字化时代引导流通企业进行彻底的转型，成为能够获得数字化红利的一个优势行业，而不是被抛弃的行业。

我主要就做了这两件事情。为什么要做这两件事情？目的就是数智化转型，引领消费品行业创新未来。今天的零售业和过去已经很不一样了，它是一个以数字化为基础的全面进行数智化转型的行业，所以我们也描述自己是数智化的流通企业。

首先，我谈一谈中国零售企业已经告别不确定的时代。

我们刚刚经历了 3 年新冠疫情，也刚刚经历了中国零售企业在数字化冲击下经历的种种变化，一定会感到很大的不确定性。比如对零售企业而言，我们今天开门，明天是不是还能继续开门都不知道。这就是疫情给我们带来的影响。

另一个不确定性就是，在数字时代，零售企业首先受到了巨大冲击。我们看到电商曾经让实体零售遭遇巨大挑战，我们也看到社区团购迅速地在中国城乡全面展开。这是一个很大的试验，是一个几千亿资本投入的试验，这样一个试验过程对零售企业的冲击是很大的，我们看到这种纯线上的本地零售模式也曾经风起云涌。

但是今天，我们可以说这个结论已经有了，就是纯电商模式在本地零售、在 30 分钟送达生鲜的这样一个消费领域并不一定适合，像社区团购这样的模式也已经有了结论。所以在这里我们可以说，对于本地零售这样一个巨大的赛道，纯电商模式并不是最佳的选择。

基于以上两点我们可以说，中国的零售业已经彻底告别了不确定时代，我们进入的是一个确定时代。那么这个确定时代是什么呢？就是以数字化为基础的对零售企业的全面改造，这就是我们的结论，这就是我们的未来。

其次，我要讲的观点是全面拥抱数字化，彻底回归商业本质是零售企业的明天。

数字化正在全世界范围内全面展开，这是一个无法阻挡的历史潮流，就像当年内燃机全面取代蒸汽机，电报电话迅速地取代传统的人与人之间的交流方式一样。今天数字化已经成为我们广大民众获得信息最核心的、最有效的、最方便的一个来源。

大家设想一下，当你自己已经生活在数字化世界的时候，零售业是不是要全面地拥抱数字化？这个结论是显而易见的。而且我们强调，不确定性结束了，强调纯线上模式并不能真正取代本地零售和实体店的存在，但这绝不是说实体店不进行有效的、彻底的、全面的数智化变革就能够生存下去。所以，我们在这里特别强调，要全面地拥抱数字化，否则零售企业就没有未来。

全面拥抱数字化非常重要的一条就是要解决零售企业和消费者沟通的方式方法，提高它的有效性。对于一个线上零售的企业，大家很清楚这种交流方式天然就是数字化的。但是对于一个传统的零售企业，这一切并不是那么自然。物美曾经一周会发一两百万份海报，这种方式一度很有效，因为那个时候数字化大潮并没有滚滚地袭来。但是后来它就变得越来越没有效果了，为什么呢？正像张一鸣创办今日头条一样，他注意到在地铁车厢里大家不再看报纸了，都在看一个小屏幕。

因此，我们要彻底地改变过去的传统做法，即使你希望消费者到你线下店来，你也要通过数字化的方式去触达他，跟他做真正有效的、个性化的沟通交流。英文经常讲 interactive，在数字化的时代，这种个性化的交流变得可能了，这是一个非常重要的变化。

所以全面拥抱数字化，我认为第一要素就是要从和消费者的交流方式入手，真正做到有效触达、准确沟通，能够让每一个零售企业拥有自己的私域流量，真正把消费者掌握在自己手里。那么在全面拥抱数字化、彻底回归商业本质这样一个大命题之下，我们也特别强调以门店为基础的数智化改造。

8年前，当我和一批年轻人创办多点的时候，我们提出作分布式的数智化零售。什么叫分布式呢？一个核心的关键点就是以店铺为中心。以店铺为中心包括哪些要素呢？

第一，一个店铺的存在，它要有自己的广大消费者，那么这个消费者，是一个零售企业必须抓住的最重要的资源；第二，它有商场，商场是最好展示你的商品，形成顾客对你忠诚的舞台；第三，你有你自己的商品；第四，你还有你自己的员工。

把这些因素真正地和数字化结合起来，以店铺为中心形成一种新的和消费者交流的模式，和社区共同繁荣、共同发展的模式，进一步地用数字化的方法打通供应链。比如说现在，物美集团在做数智化转型之后，70%以上的生鲜产品都是基地直采，完全实现了农超对接。这就是以数字化为基础、全面回归商业本质的一个重要的成功范例。

所以，以门店为基础的数智化转型是分布式电商的核心要素，这是一个端对端的全渠道零售解决方案——多点数字零售操作系统，各个模块从前端的 POS 机到店铺运营的日常盘点、日常促销到自动补货这一系列重要的环节都已经做到了。

数智化也就是说在人人在线、事事在线、物物在线的时代，有一个从底层就彻底地以数字化的方式搭建的操作系统，对于零售企业成功的转型是极其重要的。

另外，我要讲一下数智化引领的线上线下一体化是零售企业拥抱数字化的路线图。

实体店铺、实体企业现在都认识到数字化的重要性。我们特别强调数智化转型一定要结合自身的特点和优势，必须把行业知识和数字化创新紧密地结合起来。

我们强调数智化引领的线上线下一体化，其实就是一定要把数智化这个基础打好。比如说多点的系统，它现在是让用户——我们所有的消费者用一个 App，不但在线上可以下单，同时到店里也可以用来买东西、自主结账。自主结账最大的好处是极大地减少了排队时长，同时也提高了效率、降低了成本。

大家知道，3 年前，物美集团收购了麦德龙中国 80% 的股权，那时候麦德龙线上的销售几乎是零。我们大概用了 9 个月的时间，用 Dmallos 完全覆盖了过去的、传统的麦德龙自己的老系统，在这个基础上整个企业运营效率大大提升。只讲一个指标，就是麦德龙线上占比从零上升到 20%。

我还要特别强调一下，线上线下一体化能够让流通企业共享数字化的红利。特别是让我们中国几千万流通产业的从业者不要成为数字化的落伍者，而通过他们的学习和努力，真正享受数字化的红利，真正拥抱未来。

制造业数字化与绿色转型中的新机遇

凌瑞德

贺利氏集团董事会主席、首席执行官

贺利氏是一个家族企业、科技集团，总部在德国，我们的历史很悠久，最开始是一个小药房，现在已经传承到了家族的第十一代。贺利氏拥有 20 个大大小小的运营业务单元，遍布全球。其中，中国是我们最大的单一市场，我们在中国开展业务已有近 50 年。

数字化与绿色转型是制造业近年来的两个重要话题，我们这一代的责任和我们这个世纪最大的机遇就在于此。对于制造业的绿色转型实际已经落实在很多政治的战略上，而且正全速向前推进。我们在欧洲有"欧洲绿色协议"，目标在 2050 年实现净零排放；中国在绿色能源的消费上取得了成功，在 2025 年将远超过原定的 33% 目标。政治决策是非常重要的，只有各个国家携手合作，我们才能够应对全球气候变化的艰巨挑战，才能够携手找到解决方案，解决我们目前所面临的问题。

最好的可持续战略是避免浪费，我们要防止无谓的能源和资源消耗。就全球政治贸易法规和规范消费者行为而言，避免浪费尤为重要。绿色金融分类标准（Green Taxonomy）正在重新引导投资，没有可持续影响的项目几乎无法获得融资。欧盟推出碳边界调整机制，将支持企业针对避免资源浪费的投资。此外，众多的利益相关方，包括我们的客户，乃至员工，都对脱碳有要求。很多企业都承诺要实现自身的碳中和，可持续性已经成为影响购买的重要指标。

与此同时，数字化是开启未来净零排放的关键。尤其是对制造业而言——以先进的技术为基础，提取事实的数据，帮助优化工业流程和能源管理，继而实现更高的效率以及更加雄心勃勃的可持续发展目标。在过去几年里，我们看到在制造业中引入这些数字化解决方案的成本已大幅降低，传感器、云储存等的价格仅仅是 5 年前的一小部分。同时，如今各种各样的软件解决方案，也都是带有无代码或低代码平台的现成模块，中小企业也能够负担得起，这在欧洲这样一个比较分散的商业环境当中是非常重要的。国际研究表明，先行植入数字系统的领跑者受益最大；麦肯锡的研究指出，这些先驱者实现的生产率增长远远超过了当前成本的增速。更重要的是，引入数字化的制造业企业大大减少了浪费，节约了水资源，并且减少了二氧化碳的排放。

贺利氏业务范围广泛，作为一个制造型企业，我们支持健康、半导体、电子、循环经济、钢铁等诸多行业，致力于助力客户们实现绿色和数字化转型。

总之，绿色和数字化转型紧密相连，是产业可持续发展的关键，也给贺利氏带来了很多机遇，我们希望充分利用更多智能手段，继续获得可持续的增长。

如何实现制造业数字化、绿色转型

亚历山德罗·哥伦别斯基·特谢拉

清华大学教授，巴西总统前特别经济顾问

数字化转型（尤其是数字化经济转型）与低碳经济并不是两件毫无关系的事情，它们必须整合在一起。但是，我们面临着一个严肃的问题：不论是管理层面还是政策层面，我们仍未找到正确的整合道路。

制造业的数字化转型到底意味着什么？全球正面临严重的生产力问题，中国拥有较为完备的制造业体系，是制造业的发动机，对全球制造业体系有着至关重要的作用。

制造业的数字化技术包括但不限于大数据、云计算、人工智能等。根据《世界经济展望》，人工智能或许意味着很多人将失去工作。但我认为，人工智能给我们提供了更多的选择。无论是传统制造业，还是高科技制造业，核心就是效率，包括工艺和产品方面的效率，新技术能够在其中发挥重要作用。对中国来说，数字技术不仅可以帮助解决一些行业面临的瓶颈问题，还能够提高生产力。因此，无论行业还是企业都应当进一步推广人工智能的应用，提高自身能力，进而解决效率不高的问题，包括管理效率、产品质量和工艺效率不高等问题。

制造业如何实现绿色转型？这是我们需要直面的。2022 年 9 月，联合国秘书长古特雷斯在谈论可持续发展目标的第 17 个目标时提到，如果我们只能实现一个可持续发展目标，我们需要加快制造业的绿色转型。"人"是绿色制造中一个重要的因素，因此我们需要通过一些绿色要素、绿色产品、绿色消费和绿色制度等实现绿色消费转型。

我们需要深思：实现绿色制造业需要我们做什么？无论是中国还是其他国家都设立了一系列绿色发展目标。实现这些目标，需要技术的进步和革新、需要制造业的提升、需要人才、需要消费转型升级。这是对人类未来发展、产业未来发展至关重要的问题。我们必须深入思考和研讨：我们到底该做什么、怎么做，才能实现我们的发展目标？

制造业数字化与绿色转型中的实践探索

张君婷

荣程集团总裁，荣程普济公益基金会理事长

2023 年的中国发展高层论坛以"经济复苏：机遇与合作"这一主题连接国际与国内的各界领导和专家们。2023 年全国两会确定了全年经济发展目标，强调牢牢把握高质量发展这个首要任务，加快实现高水平科技自立自强，推动民营经济健康发展，推动发展方式绿色转型，壮大数字经济，推动"数字中国"建设，让我们对经济发展信心倍增。

我先介绍一下荣程集团。得益于中国的改革开放，我们历经了 35 年的历程，我的父亲张祥青先生和母亲张荣华女士是我们企业的一代创始者。荣程集团坚持创业发展之路，目前已形成了包括钢铁制造、经贸服务、科技金融、文化健康等产业的综合性企业集团。多年来我们也一直在绿色、数字化转型发展中不断探索和实践，主要有以下 3 个方面。

第一，绿色低碳发展。在"双碳"目标以及全球气候变化的大背景下，中国正在加快经济韧性重启，更加关注经济复苏和绿色可持续增长之间的关系，发展模式也更加注重绿色高质量发展。围绕"双碳"目标的落地与推进，荣程集团在推进产业结构、能源结构优化调整，加快绿色低碳发展方面不断创新。我们通过培育打造氢能应用场景，完成氢车运输、加氢站、光伏制氢等基础设施的布局，实现了从港口原料到生产制造的零碳物流；在生产制造领域建设了多项循环低碳项目，通过自制绿色能源、资源再生等措施来推动节能减排，与国家的

"双碳"目标同频共振。

第二，数字化创新协同。高质量发展的重点是创新与协同，中国通过创新来实现产业的转型升级，从而更好地融入全球产业链、供应链和价值链。这几年我们坚持开放式创新，建立5G+数字工厂，借助绿色制造推动向高附加产品升级；在政府的政策支持下，不断打造更多的新产品、新服务、新技术；我们投资引进了领先的工业互联平台，对整个钢铁生产的过程通过数字化方式进行整合管理，实现全流程数据互联，推动制造业的质量变革、效率变革、动力变革。

第三，责任与信心。相信我们每一个企业，不管是跨国企业，还是本地企业，都关注着社会价值的创造和引领。我们持续发挥创造力，企业的数字化绿色低碳转型也是一种社会责任。另外，民营企业参与国有企业的改革，发展混合所有制经济，也需要更强的责任与担当。例如，在政府的支持下，我们于2020年通过混改重整原世界五百强企业——天津物产集团，与合作伙伴共同整合创新资源和要素，打造数字化集成具有生态主导力的产业链。同时，中国式现代化也是共同富裕的现代化，荣程集团在聚焦自身发展建设的同时积极践行社会责任。新冠疫情期间，荣程普济公益基金会从医疗物资支援、医护人员关怀、科技研发、社会倡导等各方面向国内以及国际多个国家提供支持，我们与中国发展研究基金会合作支持河南"一村一园"项目，致力于当地学龄前教育水平的提升，助力教育公平。

在2023年3月15日中国共产党与世界政党高层对话会上，习近平主席在讲话中提出，当今世界，多重挑战和危机交织叠加，人类社会现代化进程又一次来到历史的十字路口[1]。两极分化还是共同富裕？物

---

[1] 《习近平出席中国共产党与世界政党高层对话会并发表主旨讲话》，《人民日报》，2023年3月16日。

质至上还是物质精神协调发展？竭泽而渔还是人与自然和谐共生？零和博弈还是合作共赢？我们究竟需要什么样的现代化？怎么样才能实现现代化？这一系列的现代化之问向世界作出了回答。

中国的发展离不开世界，世界的繁荣也需要中国。全球的发展、经济、社会、公益是我们的共同责任，而责任的背后是信心、是力量，我们坚信在时代发展的过程中，面临不同的机遇与挑战，我们有能力打造一个更加可持续的环境，在数字经济、智能制造、低碳能源、社会责任等各方面加强国际合作，一起打造一个更加具有韧性、更加可持续和更加包容的未来。我们也更加期待与大家携手同行现代化之路，努力用中国式现代化新成就为世界发展提供新机遇，为世界经济复苏注入新动力。

数字化是绿色发展的必由之路

赵国华

施耐德电气董事长、首席执行官

施耐德电气是一家科技公司，我们推动可持续发展、数字化和效率提升。中国是施耐德电气的第二大市场，我们在中国有 2500 名员工，22 家工厂，其中 15 家已经被工信部认定为绿色工厂。

产业的绿色转型正在加速。四五年前，没有太多的企业关注自身的净零排放。如今，全世界有 3000 多家企业明确了自己的减排目标，其中不少是中国企业。施耐德电气也公布了自己的碳承诺，并启动了供应商"零碳计划"，通过技术指导、咨询服务等方式，帮助全球前 1000 家主要供应商到 2025 年将其运营所产生的碳排放降低 50%。其中包括在中国的 200 多家供应商。我们也希望通过这一计划帮助它们提升自己的竞争力。

数字化是实现绿色转型和可持续发展的必由之路。

首先，提高能效、降低碳排放离不开衡量和计算，这就需要使用数字化手段。实现绿色转型的第一步就是数字化，数字化也是融合能源效率和自动化的关键，以实现从设计、建造、运营、维护全生命周期的减排。

其次，统一的数据集成中心能整合流程和能源数据。物联网、大数据、人工智能可能有各行业特定的应用，对应不同的数据格式。我们要高度重视数据的价值，只有通过全面收集和统一的集成，才能真正创建数字孪生，发挥数字化的价值。统一的数据集成中心能为产业的绿色发展提供新的洞察，更能为价值链上的各个角色赋能，实现生态圈的脱碳协作。

最后，对于制造业而言，绿色和数字化这两种转型基于相同的原则，即以人和团队为中心。只有将人置于转型的核心，并建立持续改进绩效的文化，我们才能获得成功。数字化转型是帮助我们实现这一目标的重要推手，因此它是可持续转型的重要基础。例如，一线工人是企业最好的咨询师，因为他们了解流程和机器，知道浪费在哪里。数字化为他们赋能并发挥他们的真正价值。

推动医药卫生科技发展　实施健康中国战略

毛群安

国家卫生健康委规划发展与信息化司司长

健康中国是党中央作出的一项重大的战略部署，特别是近10年来，我们的卫生健康事业得到了快速发展。在实施健康中国战略过程中，我们要发展健康产业，而健康产业的发展离不开科技创新的支持和支撑。科技创新是我们国家现在整个健康产业发展中的一个热点和焦点。

从国内情况看，近10年来我们在药物研发、传染病防控等重大科技项目上取得了明显的成效。我们现在正在推进医疗卫生健康科研机构的创新工程，希望通过机制的转变，鼓励优秀人才的介入来推动包括整个医药卫生健康产业的发展。

目前，人工智能，包括5G、区块链这些新的技术，在医疗卫生领域应用的场景很多，我们计划2023年要在全国开展应用人工智能助力健康中国的专项大赛，要把这些技术更快、更好地应用起来，特别是助力我们基层体系的建设，包括网上的诊疗，包括怎样在药物中应用新的技术，包括助力医药和药剂的研发，这些都是新一代信息技术可以在卫生健康领域找到应用的场景。接下来我们要推动关于新一代信息技术在医疗卫生领域应用的政策。

健康中国战略中，我们的目标就是要实现全民的健康，我们希望从过去以治病为中心向以人民健康为中心转变，从过去单纯依靠医疗卫生系统向全社会整体联动转变。涉及健康产业发展、科技创新，就更离不开全社会的共同参与。借这个机会我们也呼吁，今天在座的很多产业界的代表过去都投身到中国的医药卫生产业的发展、改革、创新中，我们希望未来有更多的机会和大家合作，推动医药卫生科技发展，同时推进健康中国战略的实现。

智慧城市的"生成"与"构成"

仇保兴

住房和城乡建设部原副部长，国际欧亚科学院院士

当前，在国家政策的驱动下，智慧城市在各行各业以及群众生活方方面面的渗透性越来越强，人们对智慧城市重要性的认识也越来越深入。尤其在众多新技术的推动下，智慧城市的建设模式极大丰富，民众看到了良好的发展前景。在各参与主体的共同努力之下，我国智慧城市建设发展已经逐步进入改革突破、模式创新和成效凸显的"深水区"。从规划蓝图到落地实践，智慧城市发展还面临哪些困境？如何才能真正取得智慧城市建设的价值成效？以城市信息系统的"生成"与"构成"为主体思维脉络，我们可以更加清晰地认识到当前智慧城市设计面临的困境，理性把握构成智慧城市公共品的"四梁八柱"以及智慧城市"生成"的三大机制，更好推动智慧城市高质量发展。

一、从城市的"生成"与"构成"看智慧城市设计之困

从实体城市来看，可分为两大类：一类是"生成"为主；另一类是"构成"为主。有一句古话叫"罗马不是一天建成的"，罗马作为一个历经 2000 多年岁月才形成的世界著名历史文化名城，在没有"一以贯之"规划的前提下，由无数建筑师设计建设而成。这样的城市，我们称之为"生成"的。而澳大利亚首都堪培拉则是一次性设计建成的典型城市。对于任何一个有魅力的城市而言，它们既有"构成"的成分，也有"生成"的成分。一个城市之美，必须具有丰富的多样性。例如典型的旅游城市厦门，它既有"生成"的鼓浪屿，又有精心设计

"构成"的现代化新区，并且这两者呈现多模式、多样化的集成组合，符合人的审美观。"生成"与"构成"有机结合，才是一个真实且有魅力的具有现代生活品质的宜居城市。

当前，我国智慧城市设计与建设面临几个困境。第一，片面强调"构成"，而忽视了"生成"的力量。忽视了数据和系统的许多细节是"生成"的，许多新技术及其应用场景更是"生成"的。因此，可能导致智慧城市既有的结构与日新月异的新技术难以相容，也与新应用场景的不确定性不相容。第二，混淆了智慧城市设计的手段与目标之间的区别。智慧城市与传统城市一样，都是为了让人的生活更美好，因此智慧城市也必须要以解决城市病、符合民众需求等为出发点去谋划和建设。第三，混淆了智慧城市中的商务品和公共品的区别。在我国智慧城市设计和建设过程中，许多大型 IT 企业出于盈利目的，推出了很多"高端"项目，例如"领导驾驶舱"、信息亭等，但由于它们习惯于"构成"，并不了解城市政府的职能及其运转的复杂性与民众的真正需求，许多智慧系统的设计就成了"白智慧、空智慧、假智慧"式的数字形式主义典范。

新冠疫情对智慧城市是一场"大考"，也是一次压力测试。在这个过程中，大部分城市"大脑"都得了"痴呆症"，我们也看到了部分构成设施的失败，如城市"领导驾驶舱"、大数据分析效果不佳。同时，那些"生成"的设施却发挥了巨大作用，例如诞生于基层的网格化管理得到了极大提升和改良，不见面办事"一网通办"和"健康码"等都发挥了巨大作用。

二、智慧城市公共品的"构成"——"四梁八柱"

任何一座现代城市，都必须向民众提供必要的公共品。诺贝尔经济学奖获得者保罗·萨缪尔森（Paul A. Samuelson）提出城市政府最重要的职能是为民众提供足量的、优质的公共品，从而提高城市的经济效益和人居环境。他还指出，存在3种市场机制失效的领域：第一是"不完全的竞争"（也称自然垄断）；第二是"外部性"（尤其如污染等负外部性），例如各种各样的污染以及其他破坏性行为，即为负外部性；第三是"公共设施"，现代城市本身需要大量的公共品，这部分事关社会公平的基础设施属于"私人企业提供不了，不符合经济效益"的城市必需公共品。

数字时代最主要的一个标志就是"共享"，公共品就是共享产品。尤其在智慧城市公共品的构成方面，应该聚焦"四梁八柱"。

主梁之一是精细化网格化管理系统。精细化、信息化的网格把复杂的现代城市化繁为简，对动态、交互、复杂的体系进行"简单化"处理。通过精细化、信息化和标准化的管理，无数个管理闭环构成了现代城市的高效化、精细化管理模式的基础。同时为了能够与原有的社区管理相匹配、协同和量化，这类网格划分和感知调控子系统是迭代演进的，任何新技术都能添加应用。更重要的是通过网格化管理，使老百姓可以监督政府，使所有的政府机构在网格系统中展开公平竞争，由此方便民众和上级政府评判政府和公共服务部门机构的服务水平。正是借助网格化管理，我国城市精细化管理走在了世界前列。现在，在我国许多南方城市的大街小巷，路人丢弃的垃圾几分钟就能够迅速得到处理。

主梁之二是"一网通办""放管服"等政府网络服务系统。我国从中央政府开始分级改进和考核各级政府网上服务能力，即如何通过地方政府网站进行迅速反馈落实企业和民众的需求。在这方面，目前做得最好的是一些沿海城市政府的门户网站，在网上不见面就可以办理90%的事情。政府内部职能数字化集成程度非常高，市民在一个窗口就能办理所有事情，而且从下而上涌现出大量的新模式。例如，并联审批、告知承诺、联合审图、联合验收、多评合一、代办服务等基层创造的新鲜经验，这些基层创新丰富了"四梁八柱"。

主梁之三是城市公共安全监管系统。对于城市的公共安全的监管，我们可以围绕以下几个重点领域展开：公共卫生、防疫；对"易发性"灾害的脆弱点，事先进行检测排查；对涉恐分子，可以进行轨迹分析，自适应式补救防护漏洞；城市基础设施生命线工程，可以进行自诊疗，提高城市韧性；对城市中高温高压易爆装置，可以事先装上传感器，借助云计算服务进行智能分析，一旦到了警戒线，系统就能自动报警；除此之外，还有对食品药品进行安全溯源监管；等等。涉及城市安全的诸多领域都是市场机制难以自发完善的，因此以上内容对于企业来说是做不了的或做起来不合算的领域，需要城市政府创立专门的信息系统进行主导性对应。

主梁之四是公共资源管理信息系统。除了传统的公共资源以外，由于数字时代会产生大量公共数据，对于这些公共数据，我们可以实行"一库共享、分布存取"，为整个城市提供优质的新时代公共品，这也是现代城市政府要做的。现代城市公共品最宝贵的资源即是稀缺的空间资源以及空间资源所产生的数据。

智慧水务、智慧交通、智慧能源、智慧公共医疗、智慧社保、智慧公共教育、智慧环保、智慧园林绿化等构成城市政府职能最主要的8个支撑。

以上四大核心公共品（"四梁"）和八类基本公共品（"八柱"），构成了智慧城市公共品的"四梁八柱"。"四梁八柱"是每一个城市政府智慧信息系统都少不了的，即使机构设置再简单，也是必须要提供和服务于民的公共品，而对于智慧城市的设计和建设，这是必须也最需要去构建的。

除了"构成"的智慧城市公共品，智慧城市也有"生成"的部分，并且事实上任何一个真实的复杂系统都离不开"生成"的主导和迭代进化。如果说"构成"的智慧城市公共品的"四梁八柱"可标准化设计和统一评价，"生成"的信息系统不仅能优化"四梁八柱"，而且也是各地智慧城市各具特色不断发展的源泉。

三、智慧城市"生成"的三大机制

第一个机制是"积木"。"积木"即已存在和已被创造的"知识、经验"等子系统，它们可以通过不同方式进行组合，以应对可能出现的不确定性和城市病。当系统某个层面引进了一个新的"积木"，这个系统就会开启新的动态演变流程，因为"新积木"会与现存的其他"积木"形成各种新组合，大量的创新就会接踵而至。人工智能、区块链、大数据、数字孪生以及 ChatGPT 等都是"新积木"的代表，并且具有革命性。这些具有革命性的"新积木"一旦被激活，就会产生一系列旋涡式爆炸效应。

第二个机制是"内部模型"。当系统主体遭遇到新情况时，会将已知的"积木"组合起来，用于应对新情况。这种生成的子系统解决问题的机理结构就被称为"内部模型"。不同"积木"组合之所以"有用"就是因为形成了新的"内部模型"，也就是使城市中的相关主体有了对未来的判断与应对能力。各类大数据的集中如果再加上人工智能等新"积木"的运算，就能产生有用的预测结果。ChatGPT 实际上就是一个"生成"的大型语言数据平台，对于"积木"怎么组成、"内部模型"如何生成起到非常重要的示范作用。

第三个机制是"标识"。在复杂适应系统（CAS）[①]中，"标识"是为了集聚和边界生成而普遍存在的一种机制。"标识"可以帮助任何主体观察到隐藏在对方背后的特性，能够促进"选择性相互作用"，为筛选、特化、合作等提供基础条件。同时，"标识"还是隐含在CAS中具有共性的层次组织机构（主体、众主体、众众主体……）背后的机制。"标识"总是试图通过向"有需求的主体"提供联结来丰富内部模型。因此，"标识"在整个智慧城市从下而上"生成"的设计机制中扮演着极其重要的角色。"标识"在普通应用场合可能是"隐形"的，但是在"混乱的场景"中，可起到关键性协调作用，它在能够将需求与供给进行高效组织自动配对的同时，也能为城市在受到不确定性干扰时提供保障。

综上所述，"构成"的系统和"生成"的系统都是自然界和人类知识界存在的系统。ChatGPT的爆发式发展让我们深刻认识到，"生成"比"构成"更有潜力，应该在智慧城市建设中占主导地位。"四梁八柱"作为智慧城市公共品应该成为"开源系统"，为更多的"生成"的信息服务商品提供孵化平台，使城市的"智慧"得到更快的迭代式增长。

---

① 智慧城市的新方法——复杂适应系统（CAS）作为第三代系统论，系统中的每个主体都会对外界干扰作出自适应反应，而且各种异质的自适应主体相互之间也会发生复杂作用，造就系统的演化路径和涌现出难以预知的丰富结构。

新投资机遇：建设智慧和有韧性的城市

罗浩智

普华永道全球主席

今天，中国是全球经济的重要参与者。中国的发展不仅影响未来地区的增长动态，而且对全球经济发展模式也有重大影响。在过去几年里，新冠疫情给全球经济带来了很多压力和不确定性，企业不得不应对许多困难和挑战。然而，机遇也伴随着挑战而来。我们很高兴看到，随着中国防疫政策的调整和优化，城市重新焕发经济活力。中国巨大的市场潜力和发展机遇仍然是全球投资者关注和感兴趣的焦点。

在过去的 10 年里，普华永道很荣幸能与中国发展研究基金会一起参与对中国城市的研究和观察。《机遇之城》是这一系列观察的成果，也是普华永道全球城市研究的重要成果之一。在这个过程中，我们不仅记录了中国的城市化发展进程，也见证了中国城市逐渐向数字化、智能化、韧性更强的城市转型，看到了城市群和大都市圈快速发展带来的机遇。

在实现了城市化的初步目标后，中国城市开始寻求更高质量发展的新动力。其中，提高基础设施建设水平和推进数字基础设施建设是近年来中国城市增长迅速、投资潜力巨大的两个最重要领域。一方面，持续的城市数字化可以为产业转型升级带来新的发展动力，并创造新的经济模式，随之而来的是劳动力和消费需求的上升。另一方面，数字化转型也可以使城市在日常运营中变得更智能，这将有助于推进绿色低碳目标的实现。与此同时，还可以通过数字手段增强城市韧性，以便更好地应对潜在风险。从长远来看，数字化转型和智慧城市发展将有助于城市的可持续发展。

除了城市数字化转型的机遇，我们还可以观察到，城市集群的发展已经成为中国经济的重要驱动力。在北京、上海、广州和深圳等几个特大城市的带动下，京津冀地区、长三角地区和粤港澳大湾区形成了强大的城市群，城市化水平高，区域经济实力不容低估。以共同繁荣为目标，均衡协调发展区域经济，将是未来几年关注的焦点。中国中西部地区和城市仍有巨大的发展潜力和机遇需要挖掘。我们可以看到，这些地区的许多省会城市正在快速发展，它们将成为推动城市化水平的中心，促进大都市圈和周边城市的快速发展，这将为中国经济发展注入新的活力。

我相信，包括我们在内的许多城市管理者和投资者都在密切关注这些新的发展机遇，以及投资和市场机遇。普华永道还将继续借助我们的观察和经验来推动中国城市的发展，并为共赢而合作。

投资新机遇：打造智慧城市

张玉良

绿地控股集团董事长、总裁

2023 年全国两会之前，党中央、国务院印发《数字中国建设整体布局规划》，并提出建设数字中国是推进中国式现代化的重要引擎，是构筑国家竞争新优势的有力支撑。打造智慧城市是建设数字中国的重要组成部分，因此受到人们广泛关注。那么，我国智慧城市建设进展如何，还存在哪些问题和短板，下一步的着力点及突破点应该放在哪里呢？我结合自己的观察与思考，谈 4 点初步的认识，与大家交流，供大家参考。

一、我国智慧城市建设快速推进，取得了显著的成果，产生了深远的影响

自 2012 年印发《住房和城乡建设部办公厅关于开展国家智慧城市试点工作的通知》以来，我国智慧城市建设蓬勃开展，取得了显著成果，产生了广泛而深远的影响。这包括：一是设施数字化；二是生产数字化；三是生活数字化；四是治理数字化。城市建设、运营、管理的各环节以及人们生产、生活的各方面，均逐渐与信息技术、人工智能、互联网、大数据、云计算等前沿技术深度融合，极大地提高了效率和品质。

作为城市开发建设运营服务商，绿地集团在智慧城市领域也进行了多年的探索与实践，取得了积极成果。一是与科技巨头开展合作。先后与华为、阿里等科技巨头开展战略合作，联手打造智慧地产生态体系。二是落地一批标志性应用。形成了"社区大脑"+"家庭大脑"的双核心，打造智慧社区及科技住宅。三是积极参与新型基础设施建设。绿地大基建产业积极参与信息基础设施等新基建项目建设。

二、当前我国智慧城市建设中还存在一些突出的短板问题，需要在发展中予以解决

主要表现在以下几个方面。

1. 信息尚未真正互联互通。不同的数据存在条块分割，共享程度较低，信息孤岛现象客观存在，给人们的生产、生活带来诸多不便。特别是新冠疫情时期，这个痛点问题集中暴露出来。比如，各地对健康码、核酸检测等信息互不相认，给人民群众出行和跨区域流动增加了困难。

2. 市场化产业化还不足。在智慧城市建设的很多领域，还没有形成较为成熟的商业模式，产业化程度还不高，导致市场主体、社会力量参与不足。而智慧城市项目往往投资规模很大、建设周期很长、技术要求很高，部分地方以政府投入为主，"唱独角戏"，资金压力巨大，难以为继。

3. 场景开发不平衡不充分。一些应用场景的开发已经取得了长足的进步，如支付、出行、快递、外卖、泊车等，在全球也处于较为领先的水平，深刻影响了百姓日常生活。但是，还有很多应用场景并未得到充分开发，如医疗、健康、养老、教育等，在这些领域人民群众对智慧化的感受度还不够明显。

4. 数据的开放程度不足。数据是一种极其重要的要素资源。没有地图、地名信息的开放，就不会有智慧出行和外卖等应用；没有企业征信等信息资源的开放，也不会有天眼查、企查查等应用。但是，我国还有十分庞大的数据未对外开放，目前只能静静躺在政府部门、事业单位、市政公用企业的数据库里，发挥不了应有的作用。

5.应用终端还相对局限。当前，智慧应用终端主要还是停留在手机上。但手机本身有其天然的局限性，需要进一步扩展应用终端，才能向万物互联的方向迈进。汽车有可能会成为下一个主流的应用终端，不过尚未取得革命性的突破。

6.信息安全风险不容忽视。智慧城市建设及运行高度依赖网络和信息基础设施，客观上面临数据及信息泄密等风险。而且，由于智慧城市与人们生产、生活的各个方面息息相关，其安全问题的复杂性超过互联网。

三、智慧城市建设空间巨大，应进一步解放思想、改革创新，在若干核心环节上取得更大突破

核心是要做到以下"2个联通""2个开放""2个创新"。

"2个联通"：推动标准互联互通，推动信息互联互通。进行高质量的顶层设计，打破标准不一、信息孤岛、条块分割的壁垒，大幅提升信息共享水平，并减少基础设施、信息采集、数据存储等方面的重复建设和资源浪费。2023年全国两会批准组建了国家数据局，负责协调推进数据基础制度建设，统筹数据资源整合共享和开发利用，将为"2个联通"奠定重要基础。

"2个开放"：推动数据开放，推动场景开放。在确保信息安全、风险可控的前提下，应该将数据开放和场景开放作为招商、育商的重要力量，为各类创新企业做大做强提供广阔的空间。在这方面，房地产业走过的道路，可以提供很多启示。我国通过土地出让及土地招商，启动了一个规模庞大的房地产市场。与土地类似，数据和场景也是重要的要素资源，通过放开搞活，必将形成新的生产力。

"2个创新"：创新商业模式，创新应用终端。创新商业模式方面，要改变以政府投资运营为主的局面，大力吸引各类社会资本、市场主体参与，深度挖掘和开发智慧城市的应用场景，形成多方共赢、良性循环的格局。创新应用终端方面，我们认为房子将成为智能技术应用的重要终端，通过打造全屋智能，房子将成为"没有屏幕的手机"。

四、房地产是智慧城市建设的重要场景，房企是智慧城市建设的重要参与者

一方面，房地产为智慧城市建设提供了空间和载体。从智慧城区、智慧楼宇，到智慧社区、智慧家居，房地产为智慧城市建设提供具体的物理空间，提供了极其重要的场景资源。另一方面，房企在智慧城市建设中发挥了重要的作用。当前，智能化、智慧化浪潮方兴未艾。作为各行各业的空间提供商，房企也深度参与其中，并积极打造"空间智能化"，促进智慧城市建设。

从智慧城市建设看中国城镇化的引擎作用

侯永志

国务院发展研究中心发展战略和区域经济研究部部长、研究员

2022年，中国城镇化水平达到65.22%，未来还将进一步提高。在打造智慧城市的过程中，中国城镇化依然会通过释放巨大的投资需求和关联需求，在经济增长中发挥强大的引擎作用。此外，智慧城市建设对推进中国式现代化的影响将是深刻而广泛的，推进智慧城市健康发展和高质量建设，必须作好智慧城市建设规划。

一、中国的城镇化依然会在经济增长中发挥强大的引擎作用

诺贝尔经济学奖获得者约瑟夫·斯蒂格利茨曾指出，美国的新技术革命和中国的城镇化，是21世纪带动世界经济发展的"两大引擎"。20多年的发展历程表明，中国的城镇化确实对中国和全球的经济增长作出了重要贡献。2022年，中国城镇化水平超过65%，根据国际经验，未来城镇化水平还会进一步提高。虽然根据一般规律，后续城镇化提升速度会有所下降，但这并不意味着中国城镇化的引擎作用必然会减弱。从农村剩余劳动力向城镇转移的规模和速度看，中国的城镇化对经济增长的带动作用可能会有所减弱，但从更全面的视角来看，中国的城镇化对经济增长的引擎作用依然很强大。

正如中国经济发展由高速增长阶段转向高质量发展阶段一样，中国城镇化也正在由快速扩张阶段转向高质量推进阶段。总的来说，中国各城市的基础设施和公共服务设施的规模和质量与建设现代化的城市要求还存在一定差距，需要进一步投资和建设。特别是从三四线城

市、城镇的基础设施和公共服务设施的规模和质量来看，中国城镇化还蕴含着巨大的投资需求，包括地下管网的建设、安全标准的提升等都需要巨额投资。

智慧城市建设可能赋予中国城镇化带动经济发展的新动能。智慧城市是运用信息技术实现智慧化管理和运行的城市。智慧城市建设涉及智慧交通、智慧教育、智慧医疗、智慧养老、智慧社会治理等相关设施的建设和运行，还关系到物联网、云计算、大数据、空间地理信息归集等数字基础设施的建设和运行，这些同样存在着巨大的投资空间。自 2013 年住房和城乡建设部公布 90 个国家智慧城市试点名单以来，各地智慧城市建设取得不小进展，但总体来看，中国智慧城市建设尚处于起飞准备阶段，大规模建设有待开展。智慧城市建设不仅会产生直接的投资需求，还会通过投入产出关系产生关联需求、通过创造就业岗位带动居民收入增长，从而带动消费需求增长。

二、智慧城市建设对推进中国式现代化的影响深刻而广泛

智慧城市建设旨在提高城市管理和运行效率，但其产生的影响远远超出城市管理和运行层面。建设智慧城市可以改善居民的生活环境，改变人与自然之间的共处方式，也将改变居民的生产生活方式。此外，"需求是创新之母"，建设智慧城市将带来创新需求，有助于提高国家的整体创新能力。智慧教育和智慧医疗也会提升人力资本，从而助推知识密集型产业发展。同时，智慧城市的建设将通过智慧交通减少通勤时间、通过网上采购节约购物时间等方式，为人们拥有更多闲暇时间创造前提条件，使人们有更多时间享受生活，提高人民幸福感；使人们有更多时间进行创造性劳动，激发更多的创新思想、创新理念和创新成果不断涌现。

三、推进智慧城市健康发展和高质量建设，必须作好智慧城市的建设规划

智慧城市网络化特征非常明显，而网络只有互联互通，才能发挥应有的作用。建设和发展具有网络化特征的事物必须以规划为引领，从国际经验看，制定规划引导智慧城市建设是普遍做法。2013年，英国伦敦发布了智慧伦敦计划。新加坡于2014年起推动智慧国家计划，愿景是打造全世界第一个智慧国家。目前，中国也出台了与智慧城市建设相应的规划和指导意见，例如《"十四五"数字经济发展规划》《国务院关于加强数字政府建设的指导意见》《2022年新型城镇化和城乡融合发展重点任务》《数字中国建设整体布局规划》等。此外，不少地方也出台了相应的规划或指导意见。因此，对于中国的智慧城市建设而言，下一步要在城市层面制定总体规划，也要在城市群和城市圈层面制定总体规划，以总体规划衔接各城市、各城区的智慧城市建设，为最大化智慧城市网络效应创造前提。

以科技创新推动健康中国建设

艾伯乐

辉瑞公司董事长、首席执行官

中国发展高层论坛举办 20 余年来，为全球领导人提供了重要平台，以巩固中国的改革开放成果，支持全球贸易和投资，推动创新变革。

辉瑞的使命是为患者带来改变其生活的突破创新，创新是这一使命的核心所在。随着全球各国逐渐走出新冠疫情的阴霾，我们也获得了重要经验，这些经验指引着我们加快创新速度、扩大创新规模。这些经验不但有助于我们应对未来不可预测的新挑战，还可能助力我们解决长期以来困扰科学家的旧问题。

在这些挑战和问题中，最贴近个人需求、最亟待解决的就是为癌症寻求更有效的治疗方法，甚至最终治愈癌症。全世界 1/3 的人会在一生当中被确诊癌症。《"健康中国 2030"规划纲要》也直面癌症挑战，提出了到 2030 年提升中国总体癌症 5 年生存率的宏伟目标，这意味着癌症患者的 5 年生存率要在现有水平上提升 15%。创新均始于宏伟的目标，并据此前行，加速实现。

合作对于实现突破性创新同样至关重要。击败癌症这样的敌人需要全世界更多勇敢无畏的人同心协力，充分利用各自优势来实现这一共同目标。例如，辉瑞与位于苏州的一家企业开展合作，研究推出了治疗 III 期和 IV 期非小细胞肺癌的药物。未来，辉瑞期待这些治疗癌症的工具能够惠及包括中国在内的全球患者。

最后，政策制定者也能发挥举足轻重的作用。他们能营造良好的监管环境，促进创新蓬勃发展。一个充满活力的创新生态系统需要高效的监管流程，从而确保产品在上市前的安全性和有效性。辉瑞将继续与中国和世界各地的合作伙伴携手推动这些关键领域的持续进步。

扎根中国 30 余年，辉瑞目前在全国 300 个城市拥有约 7000 名员工，并推出了 60 款创新产品以满足患者的迫切需求。2022 年，辉瑞有 11 个新产品和新适应症获批上市，填补了临床空白。从现在起到 2025 年，辉瑞计划在华提交约 12 款创新药物的上市申请。我们期待与健康中国研究中心建立新的战略伙伴关系，以共同推进"健康中国 2030"目标的实现，推广创新解决方案，改善中国和世界各地患者的生活。

科技创新助力健康中国建设

于旭波

中国通用技术（集团）控股有限责任公司董事长

非常荣幸受邀参加中国发展高层论坛 2023 年年会，今天的与会嘉宾中有很多通用技术集团的长期合作伙伴，是我们熟悉的老朋友，同时我也结识了许多新朋友。很高兴能与各位通过高层论坛这个平台共商合作良策、共谋发展大计。下面，我结合主题谈 3 点看法，与大家交流。

一、科技创新是健康中国建设的核心支撑

以习近平同志为核心的党中央始终坚持把人民健康放在优先发展的战略地位，党的二十大和刚刚闭幕的全国两会对推进健康中国建设作出了新的全面部署，强调要面向人民生命健康，加快实现高水平科技自立自强。党中央对加强生命科学领域的基础研究和医疗健康关键核心技术突破提出了明确要求，为我们推进生命健康领域科技创新指明了前进方向，提供了根本遵循。2023 年发布的《关于进一步完善医疗卫生服务体系的意见》明确提出，加快卫生健康科技创新体系建设，强化科研攻关在重大公共卫生事件应对中的重要支撑作用，加快补齐高端医疗装备短板。中国已经开启全面建设社会主义现代化国家新征程，正在以中国式现代化全面推进中华民族伟大复兴。加强医疗健康科技创新，是满足人民群众对美好生活新期待的必然要求；是适应世界发展趋势，参与国际合作与竞争的必然要求；是补齐卫生健康领域短板弱项，实现高水平自立自强，构建新发展格局的必然要求。在全

面推进健康中国建设中，我们必须牢牢把握科技创新这一关键支撑，以更多原创性、引领性创新成果，更好满足人民群众日益增长的多样化的健康需求。

二、科技创新是医疗健康企业高质量发展的内在需要

通用技术集团是中央直接管理的国有重要骨干企业，近年来成功实现了从以商贸业务为主向以实体经济为主的战略转型。作为国资委批准的以医疗健康为主业的 3 家央企之一，近年来我们在医疗健康领域进行了全产业链战略布局，业务范围涵盖医药医疗器械、医疗服务、健康管理、康复护理、健康养老等各个环节，具备提供全业态、全生命周期健康服务的能力，目前在全国各地拥有医疗机构 343 家、健康养老机构 59 家、医药商业分支机构 92 家，已经成为中国床位数量领先、网络覆盖全面、全产业链特征显著的大型综合性医疗健康集团。加强医疗健康科技创新，是我们在基本完成战略布局后推进医疗健康产业内涵式高质量发展的必由之路，是我们建设世界一流健康产业集团的核心支撑，是我们满足人民对美好生活需求的必然要求。近年来，我们与多家国家级医学研究机构和国内知名医院共建中医（肿瘤）、儿童医学、老年医学、消化疾病等国家医学中心，打造医学高地；成立了航天医学研究与转化重点实验室，提高国家航天医学创新策源能力；充分运用数字信息技术，打造了基于自主知识产权的小通医链，建设了 15 家互联网医院，极大地方便了人民群众就医。下一步，我们将从 4 个领域继续发力推进科技创新，以实际行动落实加快实现高水平科技自立自强、推动高质量发展的要求。一是围绕医药研发和高端医疗器械国产化推进科技创新。目前我们的医药和医疗器械业务主要集中在商贸环节，下一步要加快向实业化转型，通过自主研发、合作研发等途径，集中资源打造医药工业核心品种，并布局高端医疗装备及关键

零部件研发制造等领域。二是围绕建设高水平专科推进科技创新。在优势学科和重点病种上加大资源投入，积极引入国际国内最先进的诊疗技术、诊疗设备和高水平专家人才，集中力量打造高水平临床重点专科，提升优质医疗服务供给能力。三是围绕国家重大战略需求和重大科学问题推进科技创新。重点在航天医学、航空医学等特种医学方向开展基础和转化研究，并在这些领域筹备建设国家重点实验室、技术创新中心等高层级创新平台，为国家载人航天事业和宇宙探索提供医学支撑。四是围绕数智赋能健康产业推进科技创新。探索拓展云计算、大数据、物联网、区块链、5G等新一代信息技术在医疗健康领域的应用，推进智慧医院建设，搭建健康管理平台、智慧养老平台，打造以数字化、网络化、智能化、云联化为特征的医疗健康服务体系，提高精细化服务客户的能力。

三、科技创新需要产业链各方协同合作

医疗健康科技创新是一个系统工程，既需要领军企业发挥好创新主体的作用，也离不开各领域、各环节伙伴的协同合作。我们在加强自身创新体系和能力建设的同时，将坚持全球眼光、国际视野，与国际国内知名高等院校、科研院所、医疗机构、医药及医疗器械厂商等各方开展广泛、深入的务实合作，促进产学研医深度融合，更好满足人民群众健康需要，实现优势互补、共赢发展。特别是我们将着力发挥集团丰富的医疗资源、专家资源和患者资源优势，为国际国内前沿的医药及医疗器械创新成果、先进医疗健康技术转化推广应用提供丰富场景，将通用技术集团打造成为医药医疗健康领域创新成果转化应用的高地。在这方面，我们与各方有广阔的合作前景、巨大的合作潜力。

新时代、新征程，我们将以开放的心态拥抱全球化创新资源，集

聚创新要素、优化创新生态，践行以科技进步和品质服务引领美好生活的企业使命，矢志不渝建设世界一流健康产业集团，共建人类卫生健康共同体，共同创造人类更加美好的明天！

运用科技的力量实现健康中国

毕睿宁

丹纳赫集团全球总裁、首席执行官

对于人类社会而言，没有什么比确保人们生活在健康的环境当中、拥有健康的生活更重要了。中国政府将保护人民健康作为重中之重，并且在《"健康中国 2030"规划纲要》当中提出了全面的、雄心勃勃的目标。清洁的空气和水、安全和有营养的食物、安全和可及的疫苗和药物，这些对于社会民生都是非常重要的。通过应用科学和技术的力量，能够显著地改善人类健康状况，并且克服重大的全球公共挑战，中国是这一巨大进步的关键贡献者。近年来，中国在这些领域的创新将持续对全球创新起积极作用。

作为全球科学与技术的领先者，丹纳赫集团在生命科学和医学诊断领域拥有众多知名公司，加之我们在环境和应用解决方案领域的业务，丹纳赫集团的众多领域都与中国政府积极倡导的健康中国目标密切相关。

今天我想给大家讲 3 个简单的例子。

首先说环境、水、食品安全。丹纳赫集团旗下公司为当地监管机构和实验室提供高风险物质检测、生物制品中残留 DNA 和毒理学评价等完善的解决方案。丹纳赫集团旗下的哈希公司在上海建有近 5000 平方米的工厂，拥有数十条重点水质监测仪器生产线。迄今为止，该基地为中国和全球市场提供的核心水质监测产品超过了数百万台。哈希公司才华横溢的本地研发团队始终致力于不断改进现有技术，开发创新技术，帮助我们持续超越客户和社会的期望。哈希公司所展开的创新和投资在中国，为中国及世界其他地方带来好处。

其次是生命科学领域。作为全球最大的疫苗原料、大规模生产设备供应商和全球供应链的重要参与者，我们在过去 3 年奋力提高全球疫苗生产能力，以帮助全球战胜新冠疫情。为了满足中国疫苗企业日益增长的产能需求，2021 年，丹纳赫集团在北京顺义投资建设颇尔中国一次性技术生产基地。为了促进本地人才的可持续发展，丹纳赫集团还通过生物技术公司思拓凡为国内企业提供支持。

思拓凡与当地政府合作将爱尔兰生物技术学院的培训课程带到了广州。为响应中国生物经济"十四五"规划和区域均衡发展战略，丹纳赫集团积极拓展在长三角地区、京津冀地区、粤港澳大湾区、"一带一路"沿线国家和地区、成渝地区双城经济圈的布局和投入，加速当地生物医药产业的发展。我们希望投资能够促进平衡的发展，不仅在东南沿海地区投资，而且在内陆地区也进行投资，培养人才。

最后是医学诊断领域。中国每年新发恶性肿瘤患者有 400 万人。病理分析是癌症确诊的一个重要的标准。丹纳赫集团旗下徕卡显微系统有限公司是唯一拥有从活检到诊断全流程的公司。近年来，中国积极推进分级诊疗系统的建设，我们也感到非常骄傲和自豪。我们能够通过数字影像进行远程传输，也开展了远程诊断，而且用人工智能帮助医生作出决策。

自 20 世纪 90 年代初，丹纳赫集团旗下多家公司就在中国建立生产基地。我们目前在中国有 14 家工厂、3 座创新中心和 20 多支本地的研发团队。丹纳赫集团对中国经济长期增长的趋势充满信心，并致力于帮助改善中国人民的健康状况。2022 年我们宣布在中国建立一家更本土化的跨国公司，在中国、为中国，加速我们的决策过程。有了这些投资我们能够了解当地客户的需求，我们能够充分调动在中国才华横溢的科学家和技术人员的能力。最重要的是，我们能够赋予其改善全球患者健康状况的责任。增资扩产是丹纳赫集团支持改善中国健康状况的多种重要途径之一。我们在上海、苏州、北京投资建立了新的生产基地，以支持"健康中国 2030"的目标以及更远景目标的实现。

2023 年对于丹纳赫集团在华发展具有重要意义。我们宣布在上海张江建设思拓凡亚洲创新中心，于 2023 年第二季度建成。建成后，我们拥有近两万平方米的研发基地，为生物制药行业提供包括工艺开发、中试、桥接生产、人才培养等在内的全方位服务。此外，我们在苏州投建的丹纳赫诊断平台中国研发制造基地于 2023 年开始运营。我们在投资本地创新方面拥有 30 年的历史，我们希望能够为当地患者改善医疗品质、提高药物的可负担性和可及性继续贡献力量。

中国政府在过去几十年里面作出的努力，就是为所有企业创造公平的竞争环境，充分发挥最先进的科学和技术实力，以实现现代化医疗能力建设。丹纳赫集团期待支持中国医疗行业和生态系统的建设。为此，我们将扩大本地制造和研发，积极寻求与政府、企业、大学和研究机构在内的各方伙伴建立合作。我们很荣幸能够携手中国发展研究基金会，开展呵护康乃馨行动项目，关爱中国女性健康。

丹纳赫集团的战略是运用科技的力量改善人类健康，我们随时准备为中国人民提供持续的支持，利用好我们的专业知识和能力，帮助每个人成就生命的无限潜能。

第六篇

共享发展新机遇

开放的中国　世界的机遇

王文涛

商务部部长

很高兴参加中国发展高层论坛，与各位嘉宾面对面交流。

大家都很关心中国的开放发展。中国政府将坚持走开放之路，以高水平开放推动高质量发展，与世界合作共赢，共享发展机遇。

一是共享中国大市场的机遇。中国的市场，是成长的市场、开放的市场、共享的市场。2022 年中国社会消费品零售总额达 44 万亿元，是全球第二大消费市场，具有巨大增长空间。中国进口总额稳居世界第二，2022 年超过 2.7 万亿美元，未来有望保持进一步增长态势。2023 年伊始，各地呈现出忙起来、热起来的景象，市场活力迸发。我们把支持恢复和扩大消费摆在优先位置，2023 年举办"消费提振年"系列活动，着力促进消费升级和潜力释放，形成波浪式消费热潮，"季季有主题、月月有展会、周周有场景"。我们将继续办好中国国际进口博览会、中国国际消费品博览会、中国国际服务贸易交易会等各类展会，让生机勃勃的中国大市场为各国企业提供发展大机遇。

二是共享投资合作的机遇。中国致力于营造市场化、法治化、国际化的一流营商环境，不断扩大市场准入，推动制度型开放，大门越开越大、环境越来越好、服务越来越优，越来越多的外资企业来到中国、扎根中国。2022 年，中国实际使用外资 1890 多亿美元，创历史新高。这充分表明，中国依然是全球投资的热土。很多外资企业告诉我们，"中国这个市场不是可选项，而是必选项"；我们也告诉它们，"外资企业不是外来客，而是一家人"。我们将推动合理缩减外资准入负面清单，进一步取消或放宽外资准入限制，对标高标准国际经贸规则，稳步扩大规则、规制、管理、标准等制度型开放。实施自贸试验区提升战略，推进海南自由贸易港建设，加快打造对外开放新高地。同时，聚焦政府采购、招标投标、标准制定、知识产权等大家关注的领域，切实作好外资企业服务，保障外资企业合法权益。2023年，商务部还举办"投资中国年"系列活动，"请进来"和"走出去"相结合，为投资对接搭建更多更好的平台。我们常说，"先做朋友，再做生意"。欢迎企业家们到中国各地走一走、看一看，在中国"收获友谊、做大生意"。

三是共享创新发展的机遇。中国目前拥有世界最大规模研发队伍、最多发明专利授权量，接受高等教育的人口已超过2.4亿人，人才红利正在形成。中国超大规模市场和完备的工业体系，正成为各种创新要素发挥集聚效应的广阔平台。从数字经济领域来看，中国数字经济规模连续多年位居世界第二，可数字化交付的服务贸易规模达2.5万亿元。即时零售、海外仓、市场采购贸易方式等新业态蓬勃发展，跨境电商2022年进出口规模达到2.1万亿元，比2020年增长约24.3%，展现出强大的创新活力。下一步，我们将加大创新支持力度，鼓励外商投资设立研发中心，积极培育数字贸易、绿色经济等新领域，支持各国企业在中国开辟新赛道、扬帆新蓝海、跑出"加速度"。

四是共享国际合作的机遇。开放合作是推动世界经济稳定复苏的现实要求，中国始终是全球开放合作的坚定支持者。我们坚持真正的多边主义，积极参与世界贸易组织改革谈判，推动第十二届部长级会议取得一揽子务实成果，签署并高质量实施《区域全面经济伙伴关系协定》（RCEP），贸易投资自由化便利化水平不断提高。下一步，我们将扩大面向全球的高标准自由贸易区网络，积极推动加入《全面与进步跨太平洋伙伴关系协定》（CPTPP）和《数字经济伙伴关系协定》（DEPA），加强多双边合作，推动世界贸易组织、二十国集团、亚太经合组织等机制更好发挥作用，推动共同做大世界开放的"蛋糕"。2023年是共建"一带一路"倡议提出10周年。10年来，中国与沿线国家货物贸易额扩大了1倍，双向投资累计超过2700亿美元。我们将持续推进"一带一路"经贸合作走深走实，以实际行动证明，"一带一路"就是造福各国的"发展带"、惠及世界的"幸福路"。

开放的中国敞开大门，欢迎各方朋友共享中国的发展机遇。商务部门将以一流的服务，让各位朋友感受到投资中国，就是投资希望，投资未来！

制定良好测量标准，促进国际贸易竞争合作

魏仲加

中国环境与发展国际合作委员会外方首席顾问，国际可持续发展研究院原院长

我想主要围绕良好测量的重要性讲3点。目前，包括中国、英国、日本、欧洲在内的各个国家和地区都在针对气候目标设定自己的碳中和目标。与此同时，想要知道我们能否真正实现碳中和，政府和企业能否实现这个目标，都需要一个好的衡量体系来帮助我们。我们只有进行好的测量，才能进行好的管理。

首先，说到高质量发展，最重要的就是从全国两会上发出的信号。中国持续强调要实现高质量发展，在这样一个高质量发展的框架之下，"绿色发展"成为各行各业、不同方面都不断强调的一个词。从传统的高数量发展，即速度越快越好，数量越多越好，转型到高质量发展，实际上需要一系列新的指标。传统的指标主要指 GDP，即 GDP 增长速度这一重要经济增长指标。然而 GDP 不是衡量资产价值的。我觉得中国的确展现出了一个非常令人兴奋的变化，即一方面强调 GDP，但是又有一个包括生产、人力、自然和社会资源在内的更大的框架。这 4 个方面放在一起，我们才能够看到它们之间达成平衡的重要性。尤其当气候作为一个具有外部性的全球危机时，我们需要有新的思维模式来实现高质量发展。私人部门在投资时要考察的一个重要指标是碳抵消指标，自然资源是重要资本。

其次，我要说的是绿色融资。它是一个非常重要的工具，使得我们能够实现绿色技术的转型。在新冠疫情的第二年，也就是 2021

年，1 万亿美元的绿色融资大部分被投入了低碳、负碳、零碳技术。2020—2021 年，绿色技术相关的新投资增长了 40%。根据国际能源署的预测，在未来 5 年中，即 2022—2027 年，绿色融资中投资于可再生能源的将增长 85%，这是非常重大的增长和变化。其中一个原因就是这些可再生能源——太阳能、风能、水能到 2025 年时，将取代煤炭。未来可再生能源将会变得可负担得起，而化石能源变得更加昂贵。在这样的框架之下，这些数字令人十分震惊。

联合国政府间气候变化专门委员会（IPCC）最近的报告表明，私营部门在清洁能源技术方面进行投资很重要，这使我想到了测量问题。很多国家和地区，例如新加坡、中国香港、欧盟、美国都在建立起新的标准，尤其是金融行业企业应如何衡量和报告气候风险。我认为现在是重要的转型机遇。我尤其希望中国有一个更加标准的方法衡量气候风险并带来更多机遇。我想强调的是我们新的国际财务报告准则，在 2023 年 6 月宣布新的一系列气候和环境、社会和治理标准举措。其意义在于，一是建立起一个新的绿色投资标准，二是吸引更多绿色投资。

最后，我想重申在气候变化能源转型方面国际合作的重要性。我们要让各位科学家、专家一起合作，更重要的是，通过国际贸易竞争建立合作。

此外，我想说的是关于世界贸易组织评估、跟踪，由于绿色滞后，全球可进行贸易的产品和服务比例基本停滞在 4% ~ 5%，2020 年迎来了增长，并增加到 16%。到 2025 年，全世界大约 1/4 的贸易服务都是绿色的，包括太阳能、水电、风电、新能源车，以及钢铁、水泥、铝这些大宗商品。

各国的保护主义抬头将会提高清洁技术的成本，较脆弱的国家将会因此受到影响，所以我们需要一个开放的全球贸易来实现巴黎气候变化大会目标，这样做同样也是为了我们的未来。

经济增长：何去何从

艾哈迈德·赛义德

亚洲开发银行副行长

长期以来，中国发展高层论坛为中国提供了一个了解世界的窗口，也为世界打开了一个读懂中国的窗口。很高兴看到这一传统延续至今。

在此，我想简要概述一下亚洲开发银行对经济增长的认识，包括未来经济的发展方向及对在座各位乃至整个世界的影响。尚达曼先生呼吁我们一定要树立乐观心态。我接下来的发言也是秉承着乐观精神。

以 2008 年国际金融危机为分水岭，近期经济增长史可明显分为前后两个阶段。2008 年之前，全球经济经历了一段持续增长期，可谓中国等发展中国家及发达国家发展史上的黄金时期。

不过，2008 年国际金融危机爆发后，情况急转直下。自此，发达国家的高水平增长难以为继，而新兴市场的增长速度也日趋缓慢。

在增速业已放缓的背景下，竟然还出现了一个意义更为深远的转变：过去，我们过度拔高了"增长"在公共政策中的地位，将其列为最优先的政策事项之一；现在才意识到，只盯着增长这一个目标是不够的。中国政府将"人民对美好生活的向往"作为奋斗目标。亚洲开发银行现已明确，我们不片面追求增长，要致力于实现一个繁荣、包容、有适应力和可持续发展的亚洲。

这些新订立的、更加微妙的宏大目标体现了一种共识，即不应以增长或繁荣为唯一的最高理想。事实上，如果没有公平地分享增长的果实，如果以牺牲他人或地球利益的方式实现增长，抑或增长在遇到难以预料的状况时不堪一击，那么增长会反噬其所依附的社会结构。遗憾的是，即使是在 2008 年之前全球和新兴市场增长的黄金时代，我们所有人也可能付出了不小的代价。

没有什么比气候变化更能证明这一点了。作为亟须应对的紧迫挑战，气候变化既是增长的直接产物，又可能导致之前的大部分增长成果付诸东流。

以上是我们的现状。那么，经济增长将走向何方呢？

关于未来的增长走向，从多角度来看，我们似乎正处在一个岔路口。

一方面，不利于增长加速的逆风重重，似势不可当，比如高通胀和高利率、贸易和政治分裂、资本自由流动长期停滞不前甚至逆转等。让人不免担心 2008 年之后的增长困境仍将持续，近期重返过去好时光的希望渺茫。

另一方面，我们也有充分的理由保持乐观。人类的聪明才智和科技进步不断带来惊喜。人工智能、机器人、生物技术、数字化，均有望大幅提高生产率，推动未来的经济增长。

依我之见，还有一个更有说服力的因素让人对未来保持乐观，那就是广大的发展中国家。未来世界人口增长将主要来自发展中国家。因此，尽管这并非易事，但通过公共部门的各类机构（如今天在场的相关机构）和私营部门大规模增加融资流和资金流，将在基本层面上利好经济金融发展。

对此，经济学家、美国前财政部部长拉里·萨默斯（Larry Summers）曾精辟地指出，如果遥远的外太空有名经济学家在观察地球，只有一件事会让其大为吃惊，即从持续变老、增长缓慢的全球北方到更为辽阔的全球南方之间的大规模、持续性流动匮乏。要扩大人类繁荣圈，依然任重而道远。

基于以上，下面谈几点个人看法。

无论我们选择哪条道路——是缓慢增长之路还是迈向高质量增长之路——都将深受以下两方面的影响：一是发展中国家所作的政策选择，在气候变化和能源转型的背景下尤其如此；二是公共和私营部门中决心与发展中国家合作的各方所采取的行动。

作为世界第二大经济体，中国坚守循环经济原则，追求绿色发展，努力争取 2060 年前实现碳中和，亚洲开发银行将全力全程与中国合作。

发展中国家，特别是像中国这样的中高收入国家，可通过以下措施在迈向更可持续增长模式的道路上快马加鞭。

首先，采纳体现"脱碳即发展"这一坚定信念的总方针。换言之，在脱碳领域加大投资能够产生经济效益，并且脱碳和发展二者的重要性不相上下。此外，我们还需要细致挖掘具体机会之所在。

其次，在追寻上述机会的过程中，需在公共和私营部门间建立一种新的社会契约，包括通过利用财政和货币政策、运用现有手段加速资金流动等，以期激励技术转型和部署。不仅在早期阶段需要如此，还要支持大规模推广成熟的绿色技术和推动成本曲线的下移。

再次，必须明确转型过程中的关键瓶颈，根据具体情况谋划如何攻坚克难。

对于亚洲开发银行这类组织而言，帮助各国向新增长模式转型所面临的挑战要求我们必须作好准备，在转型过程中给发展中国家和地区的政府以支持，包括重新审视某些历史假设，如有关结构转型期公共和私营部门之间最佳关系的假设。同时，我们还需要促进组织的架构从封闭走向开放，培育合作伙伴关系，催生"1+1>2"的协同效应。

最后，我们必须开拓进取，寻求新的方式方法和伙伴关系，促进私人资本流入发展中国家。

亚洲开发银行尚处于这一征程的初始阶段。我们已将到 2030 年的气候融资雄心大幅提高至 1000 亿美元。我们正在努力响应二十国集团的号召，通过创新手段优化资产负债表，同时整体保持高度审慎。脱碳路上，我们正与各国政府携手合作，贡献新的发展理念，进而将理念转化为政策、政策转化为行动。同时，我们还在试点推出新型合作伙伴关系平台、慈善融资工具、混合融资工具和新形式的转型金融，合作伙伴的范围也大大超越以往，其中就包括今天在场的一些机构。

我们各方，包括公共部门、私营部门、金融界和慈善界等，需要全力以赴奋进新征程。一条颠扑不破的真理是：最成功的机构，无论是公共机构还是私营机构，永远当属能够真正解决重大社会问题的机构。

有一点是明确的：我们都是同路人。至于能否向更强有力的新增长模式成功转型，能否加快能源转型进程，都将取决于我们是否同心协力。让我们为了共同的事业和衷共济，充实社会资本存量。社会资本乃支撑其他公共产品的根基之所在。

共享新发展机遇

高瑞宏

宏利金融集团总裁、首席执行官

非常高兴又回到了北京来参加中国发展高层论坛。在宏利金融集团，中国及亚洲市场一直占据着我们全球业务的核心，这始于 1897 年我们在上海售出第一份保单的那一刻。1996 年，中宏保险成为中国首家中外合资人寿保险公司，扎根中国近 27 年以来，中宏保险将业务足迹扩展到了中国的 50 多个城市，并与当地政府、企业以及大学建立了成功的合作伙伴关系。随着中国高水平开放步伐的进一步加快，2022 年底，宏利金融集团成为中国大陆首家合资转外资控股获批的公募基金管理公司，这也进一步体现了宏利金融集团对中国市场坚定的信念与长期的承诺。今天，中国已经成为全球第二大经济体，也是增长最快的经济体之一，现代化建设给我们带来了许多机遇与挑战。关于发展的机会，我想回应一下刚才施奈德先生的观点，我们如何推动最佳的业务模式来服务于中国的客户？

我们要面临的第一个挑战就是人口老龄化以及养老金的缺口。到 2030 年，全世界 1/6 的人口年龄将达 60 岁以上，其中 60% 的 65 岁以上人口将生活在亚洲，到 2050 年全球预计将有 15 亿 65 岁以上的人口没有任何形式的退休金。目前养老金资金缺口大约是 100 万亿美元，更糟糕的是，预计到 2050 年，这一数字将增加到 400 万亿美元，养老金收支极不平衡。到 2050 年底，中国老年人口预计将达到 3 亿人，中国的退休金缺口估计为 18 万亿美元。如今在中国，养老金在国家 GDP

的占比为 2.2%，远低于经济合作与发展组织国家和其他主要经济体的平均值，这一问题将对多代人产生影响，包括社会稳定，人口的流动性、竞争力以及生活质量等，而在我们看来，这是最大的发展机遇之一，我们可以通过以下几个关键步骤来解决。

第一，考虑对退休储蓄制定额外的积极税收政策作为激励，一旦有经济激励，个人与雇主的行为将会发生显著的变化，并将对个人与政府产生深远的影响。2022 年 11 月，中国出台了个人养老金实施办法，我们也希望今后能看到更多振奋人心的激励措施。

第二，我们需要有更强的以雇主和个人账户为主导的养老支柱体系，由于刚才提到非常大的退休养老金的缺口，我们需要通过这两个支柱来进行补充。

第三，对于资产管理、保险资产管理，需要允许更多投资主体的参与来分散风险，并通过合理的资产配置实现更佳的回报。

宏利金融集团对中国市场潜在的商机感到振奋，我们拥有非常专业的技术和经验来解决这样的问题，因为我们在其他发达国家的市场主体也遇到过同样的问题并都给予了妥善解决。这些宝贵的经验都将有助于我们参与中国高质量的金融体系建设，包括参与高质量的金融服务工作。然后我们还需要考虑可持续的问题，包括经济、社会、气候以及能源的可持续。我们可以看到，全球和中国正面临市场波动和资金紧张所带来的一系列经济挑战。包括在中国，住房以及负担能力正影响出生率。然而，中国在很多方面都处于领先地位，2023 年 1 月，中国的通货膨胀率降至过去一年来的最低点。另外，全球超过 80% 的太阳能供应来自中国。作为全球最大的电动汽车市场，中国对电动汽车的需求不断增长。另外清洁能源占中国电力的 34%，创历史新高，中国将继续保持世界最大、增长最快的可再生能力生产国的地位。可以看到中国在短期取得的成就让人赞叹，我们希望在亚洲，尤其是在中国能够进一步地通过可持续的投资，包括林业、教育和交通业的投资来实现可持续发展。同时，我们通过这样的一种投资也可以实现规模上的成功。所以我相信通过这样一些机会的挖掘和利用，我们能够实现互利共赢。

期待未来与你们继续开展对话与交流，为广大中国民众提供最好的保障和金融解决方案。

贸易不是问题本身，而是解决问题的一剂良方

柯文胜

马士基集团首席执行官

我们正处于极具挑战的时代转折期。世界刚刚经历了近百年来最严重的全球疫情，欧洲陷入了近75年来首个重大冲突，通货膨胀导致数百万人生活变得艰难，人们对地缘政治紧张局势充满担忧，世界充满了不确定性。

尽管全球面临多种难题，但中国与其他地区的贸易似乎并未受到太大影响。中国对欧美的出口额在2022年创下历史新高。对于大家经常谈到的"脱钩"问题，西方与中国"脱钩"并未在贸易额上有所体现。近几年的紧张局势和贸易摩擦并未对贸易额产生明显的影响。

从贸易差额来看，欧美对华贸易逆差在新冠疫情暴发后持续扩大，目前处于历史高位。就贸易额而言，中国对欧洲出口约为进口的3倍，中国对美国出口超过进口的3倍。需要说明的是，欧美对中国的技术出口限制只影响极小部分对华出口业务，所以贸易逆差的主要原因是中国需求趋缓以及某种程度上进口替代。从长远来看，如此巨大的贸易失衡是不健康的，很可能会导致摩擦。这种不平衡需要得到妥善处理，避免发展成为一个政治问题。

我想表达的重点是，尽管面临各种挑战，我们仍然看到贸易额的不断增长。由此可见，在面临观点分歧和局势紧张的情况下，各国的企业显然已经找到了继续合作的途径。我认为这无疑是一件好事，原因包括：

第一，贸易有促进经济发展和帮助人民脱贫的潜力，中国就是最好的例子。

第二，贸易有助于世界各国凝聚在一起。

第三，贸易相互依存并非坏事。正如我们在全球贸易中所见，相互依存极大推动了各国之间的对话。

当然，我们应该清醒地认识到，前面所提的贸易失衡是不可持续的。另外，新冠疫情期间所经历的供应链中断告诉我们，当下供应链存在灵活性和韧性不足的问题。

供应链的韧性可以通过采购来源的多样化建立。也可以通过利用技术和整合物流链来更好地创造可视性和灵活性。

疫情还告诉我们，过度依赖某些产品会带来风险，例如制药行业的前体化学品。研究如何多渠道获得此类关键资源，是一个明智的选择。与此同时，我们必须正确地看待这个问题，因为并非所有贸易都具有战略性。

2021年，欧盟委员会根据贸易数据对欧盟贸易脆弱性进行了"自下而上的分析"。经过对欧盟进口的5200种产品进行分析，仅有137种被确定为欧盟高度依赖的产品，其价值约占进口商品总额的6%。在这个价值为6%的进口商品中，大约一半来自中国，其次是越南和巴西。其中的34种产品，占进口商品总额的0.6%，因其不能进一步多样化或欧盟生产替代的可能性较低，被委员会认为具有极高的依赖性。

换句话说，对依赖性的担忧不应成为去全球化的主要原因。2023年全球贸易面临逆势甚至下降的困境，同时又遭受不可持续的严重贸易失衡问题。自给自足的呼声使全球贸易变得曲折。但是，我们不能陷入贸易危害论的陷阱，因为贸易具有当今世界需要的许多特性，包括：贸易促进合作；贸易相互依存，激励对话；如果处理得当，贸易能创造财富和机会；贸易并不是问题本身，而是解决问题的一剂良方。

开拓共同发展新机遇、互利合作新路径

石道成

力拓集团首席执行官

我很荣幸出席今天的论坛，也很高兴我们能从过去几年的新冠疫情冲击中复苏，再次来到中国。

2023年的论坛重点关注复苏这一进程及其为所有人带来的机遇，以及合作作为共同发展繁荣基础的重要性。中国的对外开放为以下理念提供了几十年的佐证。它们包括：全球发展不是零和博弈，分裂会威胁全球发展；一个国家的经济增长可以为所有人创造繁荣；发展只有在其红利得到共享时才能长久持续。

过去40多年，中国实现了历史上最非凡的经济转型。数以亿计的民众摆脱贫困，世界1/5的人口重新与全球经济相连。对今天在座的大多数人而言，中国的对外开放从根本上改变了我们的业务和我们所处的世界。中国是众多国家重要的贸易伙伴之一。中国自加入世界贸易组织以来，一直驱动全球经济增长。这种开放不仅打开了一个市场，还释放了14多亿人的能量、智慧和梦想。因此，2023年中国有望再次为全球经济增长作出重大贡献，并成为新技术开发和应用的领导者。

这些技术连同其他因素，将助力我们应对气候变化的共同挑战。我们这一代人如何应对这一挑战，很可能将决定后世如何评价我们。我们能否成功，将取决于我们携手合作实现互利共赢的能力，我们拥抱变化的能力，以及我们在共享增长红利的同时，保护实现增长的驱动要素的能力。这包括保护环境，保护自由贸易，保护"携手合作才能更加强大"的理念。在力拓集团，这些理念深深根植于我们的工作方式中。40多年来，在中国向世界开放的进程中，我们一直与中国并肩前行。我们向中国供应矿物和金属，包括超过35亿吨的铁矿石，助力中国现代化建设。我们与领先的中国企业建立开创性合作伙伴关系，共同开发澳大利亚和非洲的矿产资源，以最高的环境、社会和治理标准提供可靠的资源供给。我们与中国最创新的人才合作，助力钢铁行业减碳，同时使自身业务向可再生能源转型。在中国，我们与中国发展研究基金会等中方伙伴合作，支持贵州毕节乡村振兴行动，我们还在中国国际进口博览会等推动中外合作、促进经济复苏的活动中主动发挥积极作用。我们全力支持中国继续对外开放，全力支持为促进经济强劲复苏、实现共同增长和发展营造更好国际环境。

分裂主义和保护主义回归只会使经济复苏更加困难，对我国应对气候变化等挑战的能力产生威胁。这就是为什么中国发展高层论坛如此重要。论坛将我们共聚一堂，加强共同的使命感，并提醒我们，我们的共同之处远大于不同之处。因此，非常感谢主办方和在座所有人。我期待在未来与各位携手前行，继续开拓共同发展新机遇、互利合作新路径。

以专业与信任，共享复苏机遇

舒亚玟

德勤全球理事会主席

从科技创新到数字化，从消除贫困到绿色发展，我的中国同事们向我讲述了中国在各个领域所展现出来的强大活力。

高质量发展与创新不仅有益于中国，更为全世界带来了巨大的机遇。

经济活力源自健康的企业。关于企业如何把握和共享中国发展新机遇，作为一家国际专业服务机构的代表，我想分享 3 个主要建议：发挥高质量专业服务的重要作用，助力中国企业持续发展；以更加完善的公司治理能力，为中国发展贡献力量，助力中国企业以前瞻性目标和行动推动经济复苏；以人才为先，以人才投资助力经济社会发展。

一、要发挥高质量专业服务的重要作用，助力中国企业持续发展

任何企业要健康发展，要提升竞争力，都要获得更及时深刻的市场与客户洞察，提供高附加值的服务，让产品和运营更加智能化，用技术赋能企业的客户和员工，同时致力于推动创新。在此过程中，全球化的专业服务机构扮演着关键的角色。它们可以助力中国企业对接全球，获取所需资源，实现一流发展，更有效地在国际舞台上开展竞争。我曾与多位中国企业领导者就此展开对话。

专业服务是中国经济高质量发展的重要商业基础设施，对中国扩大内需、促进国内国际双循环发挥着不可或缺的作用。

二、要以更加完善的公司治理能力，为中国发展贡献力量，助力中国企业以前瞻性目标和行动推动经济复苏

对企业而言，充分利用好董事会成员的技能和经验，对监督和支持执行管理层的工作、确保企业整体成功极为重要。尤其在当前复杂多变、充满挑战的全球格局下，董事会治理的重要性更加凸显。完善的公司治理能力还有助于增强市场对中国企业及其全球合作伙伴的信心。

德勤已发布了一系列聚焦董事会及其职责的研究报告，持续探索不同企业和国家在公司治理方面的前沿实践。

德勤中国公司治理中心致力于促进中国企业的董事会和董事会主席与国际对等企业的同行交流经验，探讨董事会运营、绿色转型、企业社会责任、数字化转型与科技向善等关键话题。

我们从中国企业董事会得到的共识是，企业治理层和资本市场正在从只关注每股净收益（EPS），转变为全面审视和推进环境、社会和治理建设。全面提升环境、社会和治理水平，是企业乃至社会实现更具活力、更具韧性的长远发展的必要条件。完善的环境、社会和治理标准和框架，有助于企业提高透明度，抵御风险及对企业价值造成的影响，同时帮助投资者和利益相关方深入了解企业运营的可持续性，最终帮助引导资本转向能够实现可持续发展的企业，促进全球资本市场的稳健和高效发展，应对全球气候变化和联合国可持续发展目标等紧迫议题。

三、要以人才为先，以人才投资助力经济社会发展

中国正在加快建设世界重要人才中心，并要为此加强国际人才交流。因而，中国企业应当在人才培养方面加大投入，并重点聚焦于培养新技能、强化专业度和提升多样性。

在人才发展方面，国际专业服务机构可以提供独特的平台。以德勤为例，我们曾为支持中国改革开放和市场经济建设，培养了数以万计的专业人才。通过跨国项目、技能开发，以及包含各类复杂准则的专业工作，德勤为他们提供职业发展机遇。

2003 年以来，德勤已在全球 90 多个国家配置了由 3000 多名专业人士组成的全球中国服务部，团队以中国人才为主，全面支持中国企业全球化发展以及跨国企业在华投资和增长。

中国是德勤最重要的市场之一。作为德勤全球网络的成员所，德勤中国是本土合伙人拥有、管理和运营的独立实体，既能根据中国发展及客户所需，自主决策对本土业务和人才的投入，又能利用德勤国际网络共享的方法论、客户服务标准、质量控制体系，形成立足本土、连接全球的综合性优势，为推动中国人才发展、创造客户价值提供最有力的支持。

最后，我相信基于专业与信任的国际合作，将有助于推动高质量发展、提升公司治理能力以及环境、社会和治理实践，加速人才建设，共同为中国的现代化建设提供重要支撑。同时，中国的发展必将为世界提供更多合作共赢的机遇。

德勤将继续发挥多元专业服务所长，致力为增强经济活力、促进广泛合作、推动创新发展贡献专业力量。

下一个"中国"，在中国

倪以理
麦肯锡中国区主席

从企业端怎么看未来 10 年的中国？2023 年我到世界任何一个地方，尤其是 1 月份去达沃斯时大家都在问："下一个'中国'在哪里？"过去 10 年、20 年大家都享受到了中国经济的红利，都实现了规模增长，所以大家想知道下一个"中国"在哪里。

最近高管们跑到印度、印度尼西亚、新加坡等很多地方去考察，去看一下在哪里投资。后来我作了一个简单测算，如果未来 10 年中国 GDP 仅仅保持 2% 的增速，未来 10 年累计新增 GDP 相当于 2021 年印度 GDP 总量；如果中国 GDP 增速能达到 5%，则同期新增 GDP 规模等于印度、印度尼西亚以及日本 2021 年 GDP 总和。所以下一个"中国"在哪里？答案很简单，下一个"中国"在中国。

但是为什么有些企业、投资者对未来 10 年的中国市场仍有些忧虑？我认为未来 10 年中国市场的内容在改变，企业竞争的内容也在改变。过去 10 年我专注于金融行业，在金融术语中，我们说要从 β 增长到 α 增长。β 是什么？β 就是参与、投入，前 10 年、前 20 年最重要的是什么？是铺垫，找渠道，要有参与，你参与中国市场就会有回报，就会盈利。在前 10 年、前 20 年，大家在中国也看到很多红利，比如人口红利，很多企业，包括外资、民营企业、国有企业都看到这个红利；但是未来 10 年，我们正从 β 增长转向 α 增长，α 在投资端就是要取得超出市场大盘的回报。从以前重参与到以后重精细化管理，从重规模到重质量转变的时候，为什么企业会感到忧虑？我想是因为对企业的要求提高了，企业转型必要性加强了。所以我认为现在无论是北京、天津还是河北，这些市场依然颇具吸引力，下一个"中国"还在中国，机会还在我们面前。但是对企业管理者而言，未来成功的门槛升高了、过去成功不代表未来10年仍能成功。这个市场是非常好的，但是我要提醒企业，无论你到任何一个地方，都要加速自我成长步伐，加速过去10年的转型步伐，加速应对下一阶段竞争，这是赢得未来的需要。

这既是我的提醒，也是对企业界的呼吁。

提升资本市场国际化水平　深化联结　挖掘机遇

祈耀年

汇丰控股有限公司集团行政总裁

中国市场的开放是非常了不起的，外国投资者的反响也是非常积极的，机遇也是巨大的。展望未来，随着中国证券监督管理委员会全面实行股票发行注册制，中国资本市场将与国际规则和市场惯例进一步接轨，有助于提高市场的透明度和吸引力。

首先，继续优化现有的互联互通机制，为投资者提供更多的产品选择，简化技术流程。

其次，放宽市场准入限制，简化牌照与业务资质审批流程，打造更加国际化的投资生态系统。

再次，充分利用全球对环境、社会和治理投资的日益关注。我非常高兴看到中国证监会在中国发展碳期货市场中发挥的主导作用，包括在广州期货交易所推出碳期货产品等。要求上市公司进行环境、社会和治理的信息披露，可以更好地利用当前环境、社会和治理投资策略的增长趋势，同时也提升中国企业制定自身低碳转型路径以及获得国际融资的能力。我们 2023 年给中国发展高层论坛（CDF）提交了一个专题报告，关注的就是气候变化和创新解决方案。我们期待与中国的合作伙伴紧密协作，朝共同的可持续发展目标迈进。

最后，持续推动重点领域的协调沟通。像 CDF 这样有影响力的平台非常适合企业和监管机构之间的对话。

在中国，为世界

苏博科

阿斯利康首席执行官

今天非常荣幸能够跟大家一起参加中国发展高层论坛。我每次回到中国都非常开心，本周阿斯利康在这里宣布了新的合作伙伴关系和投资项目，以推动医疗保健行业的发展。

关于愿景的讲话中我很兴奋地听到了对我和公司都能产生共鸣的主题：增长、科学和创新、绿色发展和合作。这些主题一直是阿斯利康的 DNA，也是我们多年来专注的事情。

阿斯利康是全球领先的生物制药企业，2023 年也恰逢我们进入中国 30 周年。在此期间，中国经历了巨大的增长和变化，阿斯利康也经历了飞速发展，我们在发展公司、培养人才和建立合作方面进行了大量投资。

阿斯利康进入中国 30 年以来，共引进了 40 多种创新药物，将来还会给中国患者带来史多的创新药物。此外，我们有 160 个项目正在筹备中，还有 30 个三期项目将在 2023 年启动。

阿斯利康来到中国的最初理念主要是为有需要的患者提供创新药物。秉持"在中国，为中国"的理念，我们在无锡和泰州投资建立了两个世界级生产基地，通过本地化生产更好地满足中国患者需求。我们不久前又宣布了一项约 4.5 亿美元的新投资，计划在青岛建立一个新的生产基地，生产治疗呼吸疾病、哮喘和慢阻肺的药物。

随着时间的推移，我们将理念逐渐调整为"在中国，为世界"，我们将中国作为创新产品和领导力的来源基地，从中国向 80 多个国家和地区输出药品，并将阿斯利康国际部管理层设在了上海。

此外，我们看到中国在科学方面的卓越成就以及许多创新生物医药企业和技术的出现，这促使我们在上海建立了阿斯利康全球研发中国中心。我们能更好地支持参与当地的科学发展，增强对疾病的理解，从而更好地助力"健康中国 2030"目标的实现。

通过区域创新中心网络，我们与当地政府和合作伙伴开展合作，共同创新医疗解决方案。近期，我们又在青岛建立了一个罕见病国际创新研究中心，将这个创新中心网络扩展到国内 7 个城市。

我们还共同创立了阿斯利康中金医疗产业基金，加速本地创新的规模化。通过合作，我们已在中国开发了 12 种创新药品，并正与和黄医药、西比曼生物科技集团、康诺亚生物医药科技有限公司等合作将中国创新药推向世界。

我们坚定承诺支持可持续发展，这是阿斯利康所有业务开展的基石。我们计划在 2025 年实现运营的碳负排放，并在 2030 年实现整个供应链的碳负排放。卫生部门产生的碳排放量占全球碳排放量的 5%（在发达国家高达 8%），高于航空业。

"可持续市场倡议"（Sustainable Markets Initiative，SMI）由时任英国王储的查尔斯在 2020 年提出，旨在联合全球力量，共同应对气候变化和保护生物多样性，实现可持续发展。我主持该倡议卫生系统工作组的工作，我很高兴看到在中国形成了一个地方分会，这将为进一步发展带来许多机会。

合作对加速创新至关重要。我非常感谢我们在中国的合作伙伴，特别是上海、江苏、山东和北京的合作伙伴，以及和黄医药、西比曼生物科技集团和康诺亚生物医药科技有限公司这样的创新药公司。中国医药行业近几年创新步伐非常快，我们非常高兴有机会和这里的生物医药公司合作，帮助它们开发创新药并使其惠及全球患者。

阿斯利康中国业务目前已经成为阿斯利康全球业务的核心组成部分，从最初单纯的药物分销到参与全球创新产品的研发和制造。阿斯利康与中国的共生程度与它和其他几个重要市场的共生程度相同。我们希望将全球人才会聚到中国，共同合作以应对人类现在面临的最紧迫的挑战，包括为顽固性疾病寻找解决方案，共同应对气候变化，等。

最后我想重申，增长、科学和创新、绿色发展和合作，这些目标都是阿斯利康重要的优先事项和价值所在，专注于此为阿斯利康带来了很多机会。我对中国的未来充满信心，我坚信，与中国开展合作并造福中国及世界的企业将拥有无限的发展空间。

助力中国高质量可持续发展

博乐仁

西门子股份公司总裁、首席执行官

　　与人互动和建立信任很重要。在新冠疫情期间，我们相互支持，并致力于保持全球经济的活力。保持供应链稳定，继续为客户服务，维持生产，这些都是非常重要的。现在，我们应该加强我们的伙伴关系，寻找新的合作方式。

　　降低碳排放是一个全球大趋势。它影响着每个公司、每个城市、每个市场、每个国家。没有人能够独自实现这一目标。我们必须一起找到解决方案。那么，我们如何应对气候变化和实现脱碳呢？

　　我们必须提高可再生能源产能，提高效率，因此我们不得不使用氢能等新能源。但有一个"妙计"：数字化。举个例子——西门子在南京开设的数字工厂，它展示了数字技术如何助力减少碳排放。这个工厂我们去了两次。首先是在数字世界，我们对其所有方面进行了优化，直到完全满意为止。之后，我们才在现实世界中建立了它。结果如何？这是一个效率很高的工厂：生产力提高20%，上市时间减少20%，年碳排放量减少3300多吨。这是一个能让我们用更少的资源做更多事情的工厂。

　　数字化也有助于应对其他大趋势，例如老龄化社会。劳动力不断萎缩的影响只能通过部署技术和提高生产力来弥补，从而保持强劲的增长势头和经济发展。在推动城市化方面：在铁路部门，数字信号技术可以将运力增加20%，无须建造额外的基础设施。

数字化是关键。这就是为什么我们随时准备与中国客户合作，实现他们的业务运营数字化。在中国，80% 的中小企业仍处于数字化转型的初始探索阶段。我们可以通过 2022 年推出的西门子 Xcelerator 提供帮助。这是一个开放的数字商业平台，可以帮助公司加快数字化转型。这里不仅仅是西门子提供数字产品的地方，还有很多产品和服务来自我们的生态系统合作伙伴。在一个生态系统中，每个人都受益。

伙伴关系带来增长。"吃改革饭，走开放路"，我们期待着与我们的合作伙伴一起走过这条路。

有 3 件事对我们有帮助：

第一，数据的安全交换。这种安全性是创建生产线数字化双胞胎和开发数据驱动的工业应用程序的基本要求。

第二，一个公平的竞争环境。公平竞争可以加速创新，它有助于发展先进产业和建立信任。

第三，有相同的行业标准。这是合作的基础，单方面的数据和网络安全标准显著减缓了工业数字化的进程。

西门子作为中国的合作伙伴已经有 150 多年的历史，让我们共同面对挑战，为我们所有人创造更美好的未来。

总结篇

感谢交流合作　期待未来成就

奥利弗·贝特

中国发展高层论坛外方主席，安联保险集团董事会主席、首席执行官

　　我非常喜欢中国这个用敲锣来警示时间的方式，我非常高兴能够总结过去 3 天会议的讨论，但是我们更多的交流是在会后的私人交流，大家看到这半杯水，可以说它是半满，也可以说是半空。我想我们在离开中国的时候，应该是一种水半满的心情，因为我们和在中国的合作伙伴交流的时候，他们给了我们很多的信心，所以我想感谢各位给我们带来的这种乐观的情绪和鼓励，不光是承诺，而且是我们在很多方面所取得的实际的成就。

　　我想所有人都能看到中国的开放，以及在新冠疫情期间所取得的成就，中国正为从增长引领转向质量引领作出努力，因为要实现高质量发展，我们需要保护资源，实现应对气候危机。我想我们一起合作的话，能够实现高质量发展，我们需要尊重自然、尊重人类，我们也非常期待在这个领域和中国继续合作。

　　在结束之前，我想利用这个机会来感谢一下我们的主办方和承办方。在这次成功的会议背后，是很多工作人员的辛苦付出，我想再次感谢陆昊先生，还有所有的接待人员，他们让我有宾至如归的感觉，我非常荣幸能够作为这届论坛的外方主席，参与如此成功的一届论坛。

　　下面，我也想利用这个时间感谢国务院发展研究中心和中国发展研究基金会，我希望大家能够和它们共同合作进行研究，因为它们都是顶级的智库。我是安联保险集团 130 多年历史中的第十个首席执行

官，其实我是站在巨人的肩膀上，尤其是卢迈先生是我很多年的老朋友，他给予了我们很多机会，所以要再次感谢卢迈先生。

还有一群人是我们可能很少接触的，那就是在幕后努力工作的安保人员、接待人员，他们使得我们的这个讨论能够非常透明和公平。很多的志愿者是大学生，但是我们没有充分的时间和他们交流，我们非常感谢他们付出时间来为国际友人提供服务。

我想对我个人来讲，我度过了非常愉快的 3 天时间，我也想代表我的德国同事们表示，中国不光是德国最大的贸易伙伴，同时也是德国的好朋友。

加强合作　共促复苏

陆昊

中国发展高层论坛主席，国务院发展研究中心主任、党组书记

中国发展高层论坛 2023 年年会已接近尾声。大家坦诚交流、深入沟通，既让我们感到十分亲切，也形成了一系列重要的、有价值的观点。我刚才特别注意到高瑞宏先生的用词是"又回到了北京"，而不是"来到北京"。虽然只是一种表达方式，但是体现了我们内心里的真诚和友好。

我作这个总结是十分困难的，因为大家的重要观点实在太多了。过去有这个惯例，我也要尊重这个惯例。结合我注意到的各个方面的声音和每一场研讨会的记录组反馈，本届论坛有以下几个特点。

第一，习近平主席的贺信引起了与会代表的热烈反响。当前，推动经济稳健复苏是各国共同的期盼，但共同的期盼能否转化为有效的行动，并不必然。正如习近平主席在贺信中强调的，复苏需要共识与合作。在论坛的讨论中，各方代表高度赞同习主席的贺信，都表达了要加强沟通、凝聚共识，通过合作推动世界经济稳步复苏的共同意愿。

第二，论坛鲜明阐述了中国政府坚持扩大对外开放的坚定立场。大家从习近平主席的贺信、丁薛祥副总理的重要主旨演讲以及各部委负责人的很多发言中，都听到了中国进一步扩大开放的坚定决心和重要举措。特别是丁薛祥副总理在主旨演讲中讲到，对外开放是中国的基本国策。所谓基本国策就是不可或缺的国家重大政策，是国家发展的基本需要，就像人类要吃饭、要喝水、要呼吸、要睡眠一样不可缺

少。从论坛讨论情况看，跨国公司对中国稳步扩大规则、规制、管理、标准等制度型开放给予了积极回应，愿意继续深度参与中国现代化建设。

第三，论坛交流中形成了一些重要的一致看法。在论坛的交流中，嘉宾们提出了很多重要的观点，虽然也有碰撞，甚至有不同角度的认识，但仍然形成了一些重要的、共同的看法。一是维护多边主义的全球化。很多朋友都感到，现在比过去任何时候都需要国家合作和政策协调，践行真正的多边主义，推动全球化朝着更加开放、包容、普惠、平衡、共赢的方向发展。二是应对气候变化是人类社会的共同责任。气候变化超越国界，任何国家都难以置身事外。大家必须共同采取行动，推动全球整体绿色低碳转型，才能真正应对气候变化的挑战。三是稳定的产业链供应链是全球性公共产品。供应链网络是推动全球资源高效配置的重要基础，事实上已经成为全球公共产品。有的国家有取舍地切断某些供应链，又可能引发对方作出相应的反制性措施，如果如此循环，必会影响甚至伤害到普通民众的生活。所以大家的共识是，各国政府、国际组织、跨国公司都应当担负起责任，共同维护全球产业链供应链稳定。四是跨国公司在推动全球合作和未来中国经济发展中既有重大机遇，也可以发挥重要作用。跨国公司是全球化的重要推动者、参与者和实践者，是各国经济联系的重要节点，在全球合作，包括在中国推动国内国际双循环相互促进中将有重大机遇，也可以发挥更大作用。五是要重视新技术突破，并减少负的外部性。新一轮技术革命和产业变革正加速演进，需要正视新技术新模式的应用，让新技术造福普通民众的生活，同时完善全球科技治理、提升监管的适应性，尽可能使由新技术应用带来的垄断、不正当竞争等负的外部性最小化。六是政界和产业界真诚务实的沟通非常必要。充分沟通可以消除误解、增进理解。无论是政策调整，还是新事物的规制，乃至经济安全，都可以用合适的方式谈 —— 可以在大会上谈，也可以在闭门会议中谈。提升政策针对性，回应企业关切，需要政府与企业间的真诚沟通。

当前，中国已成为国际经贸联系最广泛的国家，是 51 个经济体的第一大进口来源国和 24 个经济体的第一大出口目的国。根据联合国贸易和发展会议（UNCTAD）的统计分析，中国已同美国、德国并列成为全球价值链的三大枢纽。总之，中国经济已紧密融入全球经济发展之中，充分关注全球各个角度的重要见解和智慧，对我们的稳定和均衡发展非常重要。所以，我们举办这样的论坛，愿意听取各方面真诚的、有价值的意见。

女士们，先生们，朋友们！论坛形成的共同认识就是本届论坛最大的成果，这既离不开中国政府的高度重视和大力支持，也离不开各位中外嘉宾的深度参与和有价值的重要思考，同时离不开我们会议支持团队的辛勤付出。同时，我们也感谢新闻媒体的广泛报道。当然，我们的会议安排还有需要进一步改进的地方。在此，我谨代表国务院发展研究中心，向大家表示衷心感谢！

期待 2024 年 3 月我们在这里再次相聚，届时还请你们用"回到北京"这样的表达。